LE LIVRE DU DIVAN

STENDHAL
—

VIE
DE ROSSINI

I

ÉTABLISSEMENT DU TEXTE ET PRÉFACE PAR
HENRI MARTINEAU

PARIS
LE DIVAN
37, Rue Bonaparte, 37

MCMXXIX

I. - VIE DE ROSSINI.

VIE DE ROSSINI

I

CETTE ÉDITION A ÉTÉ TIRÉE A 1.825 EXEMPLAIRES : 25 EXEMPLAIRES NUMÉROTÉS DE I A XXV SUR PAPIER DE RIVES BLEU ET 1.800 EXEMPLAIRES NUMÉROTÉS DE 1 A 1.800 SUR VERGÉ LAFUMA.

EXEMPLAIRE N° 418

STENDHAL

VIE DE ROSSINI

> Laissez aller votre pensée comme cet insecte qu'on lâche en l'air avec un fil à la patte.
>
> SOCRATE. *Nuées d'Aristophane.*

I

PARIS
LE DIVAN
37, Rue Bonaparte, 37

MCMXXIX

PRÉFACE DE L'ÉDITEUR

La Vie de Rossini *parut en France vers la fin de mai 1824, chez Auguste Boulant et Cie, libraires à Paris, rue du Battoir.*
Cette même année, Beyle fit tirer un autre titre avec la mention : seconde édition, titre qui contenait du reste une faute d'impression, car on ne voyait qu'un s à Rossini. Un carton de quatre pages donnant une notice sur la vie et les ouvrages de Mozart avait en outre été glissé entre la préface et l'introduction de cette pseudo seconde édition.
Le livre, favorablement accueilli, suscita à ce point la curiosité du public qu'il amena l'épuisement de la première édition, en un volume, de Rome, Naples et Florence *en 1817. Sa propre vente fut également fort honorable, mais il demeurait cependant des exemplaires de cet ouvrage chez les libraires, en 1834, puisque Beyle le faisait annoncer encore à cette date en même temps qu'il se préoccupait d'activer la vente de tous ses premiers livres. Nulle*

autre édition non plus n'en fut donnée avant celle des œuvres complètes chez Michel-Lévy, en 1854. Celle-ci, constamment réimprimée depuis lors, était seule dans le commerce jusqu'au jour où, dans la collection Champion, parut en 1923, grâce aux soins particulièrement heureux de M. Henry Prunières, l'édition critique en deux volumes que cette œuvre méritait.

Fidèle à mon plan, j'ai suivi dans la présente édition le texte original, tout en en corrigeant les fautes typographiques, les lapsus évidents, et souvent la ponctuation. A la suite de M. Prunières, et en me servant de ses recherches, j'ai rétabli fréquemment le texte correct des citations : on sait que Stendhal citait toujours de mémoire et de façon fort inexacte. Pour les erreurs de fait qu'il a parfois commises, je n'avais pas à les rectifier et à y substituer ma leçon : les dictionnaires sont là pour venir en aide aux lecteurs. Je me suis contenté d'indiquer en note les fautes trop marquantes. Ainsi aurai-je sans doute réussi à offrir un texte convenable non seulement aux dévôts, peut-être un peu clairsemés, de Rossini, mais aux fidèles de Stendhal moins soucieux du grand compositeur italien, que de l'âme mélomane que révèle à chaque page de ce recueil l'auteur de la Chartreuse.

*
* *

Stendhal attribue volontiers son goût pour la musique à cette origine italienne qu'il voulût toujours et assez spécieusement se reconnaître : les Gagnon, ses ancêtres maternels, seraient descendus, d'après une tradition familiale, d'un Guadagni qui s'était autrefois réfugié à Avignon après avoir en Italie assassiné un homme. Mais, comme il se voit, ses dispositions héréditaires avaient sauté quelques générations, car le jeune Beyle était né, il en fait encore l'aveu, « dans une famille essentiellement inharmonique. » Si haut qu'il remonte dans ses souvenirs il ne trouve durant toute son enfance d'autres plaisirs musicaux que les cloches de la paroisse Saint-André, le bruit de la pompe de la place Grenette quand les servantes, le soir, puisaient l'eau avec une grande barre de fer, et aussi une flûte dont un commis marchand jouait sur cette même place, au quatrième étage d'une maison voisine.

En dehors de ces sensations un peu brutes, et, chronologiquement, après elles, l'ouïe du jeune Beyle n'est réellement enchantée que lorsqu'il entend le Traité Nul de Gaveau, qu'il devait juger plus tard « si sautillant, si filet de vinaigre, si français », mais dont il raffole toute une saison aux alentours de sa quinzième année. Encore est-il croyable que cet opéra lui plaît surtout parce que Mlle Cubly qui le chante, le rend du même coup amoureux de l'amour. C'est moins le spectacle que la femme qu'il chérit ; il nous le laisse explicitement entendre quand il ajoute que pour lui tous les mauvais petits opéras du temps furent alors portés au sublime.

La vraie révélation de la musique lui reste encore à acquérir, du moins en soupçonne-t-il l'existence. Sa curiosité est avertie, il s'inquiète d'en savoir davantage. C'est environ l'époque où il obtient de sa famille de prendre un professeur de violon : un nommé Mention, fort pauvre avec le cœur d'un artiste. Mais un jour que son élève joue plus mal qu'à l'ordinaire, le maître refuse de lui continuer son enseignement. Henri Beyle se transporte alors chez un allemand du nom d'Hoffmann qui tente vainement de lui enseigner la clarinette. Puis il se remet quelque peu au violon avec un M. Holleville. Plus tard il revient une dernière fois à la clarinette quand en 1801, dragon en garnison à Bergame, il lui prend la fantaisie de demander des leçons au chef de musique du 91e de ligne. Mais il a le bon sens de reconnaître bientôt qu'il vaut mieux ne pas insister et il ne pousse pas cette dernière expérience au delà de quelques semaines.

Auparavant il étudia également la musique vocale à l'insu de ses parents chez un fort bon chanteur, prétend-il. Le résultat n'est pas meilleur, et il nous raconte tous ces insuccès avec modestie : « J'avais horreur tout le premier des sons que je produisais. J'achetais des airs italiens, un entre autres où je lisais Amore, ou je ne sais quoi, nell' cimento ; je comprenais : dans le ciment, dans le mortier. J'adorais ces airs italiens auxquels je ne comprenais rien. J'avais commencé trop tard. Si quelque chose eût été capable de me dégoûter de la musique, c'eût été les sons exécrables qu'il faut produire pour l'apprendre. »

Son bagage musical est donc fort léger quand soudain à Ivrée, dans les derniers jours de mai 1800, venant à peine de pénétrer en Italie, il assiste au Matrimonio Segreto et en reçoit une empreinte ineffaçable. En une soirée, et pour la vie entière, Beyle comprend et sent la musique. Désormais il ne cessera d'en être passionné. Durant les dix-sept mois qu'il va séjourner en Lombardie, son plus doux passe-temps sera la Scala de Milan. Il garde de ces représentations un tel souvenir que le cœur lui bat avec une cruelle et délicieuse intensité quand, de retour à Paris, un mot dans une conversation ou une gravure sur un mur ravivent soudain le regret de ces belles heures.

En France cependant, il est plus occupé de tragédie et de comédie que d'opéra. Il ne sait néanmoins se désintéresser de la musique et dans une lettre du 6 octobre 1807, il mande à sa sœur Pauline : « La musique me console de bien des choses ; un petit air de Cimarosa que je fredonne d'une voix fausse me délasse de deux heures de paperasserie. »

A cette même sœur, la confidente fidèle de sa bonne et de sa mauvaise fortune, il raconte encore ce service en l'honneur de Haydn auquel il assiste à Vienne, en 1809, sans penser assurément qu'il consacrerait un jour un livre à ce grand musicien :

« Haydn s'est éteint ici il y a un mois environ ; c'était le fils d'un simple paysan, qui s'était élevé à l'immortelle création par une âme sensible et des études qui lui donnèrent le moyen de transmettre aux autres les sensations qu'il éprouvait. Huit jours après sa mort, tous les musiciens de la ville se réunirent à Schotten-Kirchen pour exécuter en son honneur le Requiem de Mozart. J'y étais, et en uniforme, au deuxième banc ; le premier était rempli de la famille du grand homme : trois ou quatre pauvres petites femmes en noir et à figure mesquine. Le Requiem me parût trop bruyant et ne m'intéressa pas, mais je commence à comprendre Don Juan, qu'on donne en allemand, presque toutes les semaines, au théâtre de Wieden. »

L'Italie, que revoit Beyle en 1811, redevient tout naturellement pour lui la terre de la musique. Les impressions de sa dix-huitième année se réveillent dès qu'il repose le pied dans cette divine Scala que l'éloignement même avait parée de tant d'agréments. Il commence à avoir des idées musicales arrêtées ; il a ouvert des livres d'histoire, il connaît la biographie des principaux compositeurs et se vante de n'ignorer pas davantage à quelle date exacte se place l'apogée de la musique. Cette assurance lui vient d'un ouvrage napolitain dont, il ne le dissimule point, il partage très volontiers les opinions. Il l'utilisera du reste par la suite pour écrire la quatorzième de ses Lettres sur Haydn.

Rentré en France, il s'oriente à nouveau vers la comédie, car il n'a point encore renoncé à devenir un autre Molière ; mais il n'en fréquente pas moins assidûment les salles de musique. D'autant plus qu'il a pour maîtresse, depuis 1811 et durant trois années, la jeune chanteuse de musique italienne Angéline Béreyter. Il devient à cette époque un familier de l'opera-buffa où cette aimable personne tient de petits rôles.

Chaque soir elle vient s'établir dans son lit et il lui fait chanter les airs qu'il aime de Cimarosa et de Mozart. Angéline a certainement eu « sa petite part dans les livres que Stendhal écrivit plus tard sur la musique »[1]. *En ce temps, Beyle revient exprès de Saint-Cloud à Paris pour assister à un acte du* Matrimonio Segreto *et souper d'un perdreau froid et d'une bouteille de champagne avec elle.*

C'est sa période de splendeur : il dépense plus de trois mille francs par an pour les spectacles, les livres et les filles, il possède une calèche, un cabriolet et deux chevaux. On le voit dans les restaurants à la mode parler haut avec un insupportable air de fat.

En quelques mois, à la chute de Napoléon tout s'écroule, mais ce cataclysme nous vaut un écrivain. Henri Beyle ayant perdu ses places se trouve des loisirs. Pour ne plus songer aux ennuis de sa situation et parce qu'il pense se procurer ainsi les ressources qui lui font cruellement défaut, il imagine d'écrire un volume de biographie anecdotique.

Comment il compose au juste ces Lettres sur Haydn *suivies d'une vie de* Mozart *et de considérations sur* Métastase *qui*

[1]. Paul Arbelet: *Stendhal et le petit Ange.* Les Amis d'Édouard, n° 99.

virent le jour en *1814*, jusqu'à quel point il démarque Carpani pour la première partie de son livre et différents autres auteurs pour la suite, nous l'avons vu ailleurs [1]. Le fait est qu'il vient de consacrer un livre entier à la musique ; et bien que la fortune de ce livre ait été assez peu brillante, l'auteur n'en est pas moins classé dès lors, et bon gré mal gré, parmi les musicographes. Les rares personnes averties de son pseudonyme le tiennent pour tel et lui-même, quelque peu de penchant qu'il ait jamais eu à se prendre au sérieux, se doit justement reconnaître des idées personnelles sur le sujet. Il ne désire que les fortifier et les mûrir. Précisément il décide d'aller vivre en Italie où tout l'attire : l'amour, les arts et aussi le bon marché de la vie. Il y reprend cette douce existence d'amateur dont le seul souvenir lui arrache ce cri si véridique : « A force d'être heureux à la Scala (salle de Milan), j'étais devenu une espèce de connaisseur. »

Il est certain que Stendhal a déjà entendu pas mal de musique en Italie, en France, en Autriche et en Allemagne. Il fréquente à Milan chez Elena Vigano qui connaissait tous les compositeurs à la mode et chez ces sœurs Mombelli, Esther et Annette,

---

1. Préface de l'éditeur aux *Vies de Haydn, Mozart et Métastase*. Le Divan, 1928.

qu'il appelle les premières chanteuses de l'Italie. Il discute avec les dilettantes et les compositeurs de sa connaissance, ou du moins il écoute avec ravissement leurs propos. Rossini rencontre en sa présence le poète Monti et peut-être lui arrive-t-il de prendre part à leur conversation.

Chassé des États autrichiens en 1821, Beyle se refait à Paris une vie analogue à celle qu'il menait à Milan. Il va fréquemment à l'Opéra, et il termine ses soirées chez Mme Pasta qui habite ainsi que lui-même l'hôtel des Lillois, au n° 63 de la rue de Richelieu. C'est dans cette chambre d'hôtel qu'il vient de mettre au point ses deux petits volumes sur l'Amour, et qu'il va maintenant consacrer son temps libre à la musique. Colomb, dans sa Notice a bien évoqué la genèse de l'œuvre future : « Mme Pasta, alors à l'apogée de son magnifique talent, occupait le premier étage de la même maison ; elle y recevait tous les soirs, de onze à deux heures, une société d'élite ; beaucoup d'Italiens faisaient partie de ces réunions, auxquelles Beyle manquait rarement. Là, soit par conviction, soit par courtoisie pour la maîtresse de la maison, personne n'aurait osé élever la voix en faveur de la musique française ; on s'abstenait d'en parler. Vivant habituellement au milieu de cette atmosphère, regrettant profondément la société de Milan dont on l'avait prié de s'éloigner deux années auparavant, il n'est pas étonnant que Beyle, dans la Vie de Rossini, montre tant de dédain pour la musique française. »

On parle beaucoup à cette époque de Rossini. Nul ne le connaît mieux que Stendhal, qui arrive d'Italie, a entendu presque tous ses opéras et s'est fait lentement sur lui une opinion complexe et mûrie. Avant 1814, il l'ignorait, ou presque. Il ne le mentionne que très hâtivement dans son étude sur Métastase. On peut dire qu'il le découvre en 1816 et qu'il ne commence à l'apprécier qu'un an ou deux après : « Je m'imagine que Paër et Spontini sont jaloux de Rossini. Vif, généreux, brillant, rapide, chevaleresque, aimant mieux peindre peu profond que s'appesantir; sa musique, comme sa personne, est faite pour faire raffoler Paris », écrit-il à Mareste, de Milan, le 26 août 1818.

Ce qui ne l'empêche aucunement de critiquer ferme dans le même temps quelques œuvres du maestro, en particulier Dorliska. Il n'a garde d'oublier non plus tout ce que Rossini doit à Cimarosa : « Rossini a fait cinq opéras qu'il copie toujours; la Gazza est une tentative pour sortir du cercle; je verrai. Quant au Barbier, faites bouillir quatre opéras de Cimarosa et deux de Paisiello, avec une symphonie de Beethoven ; mettez le tout en mesures vives, par des croches, beaucoup de triples croches, et vous avez le Barbier, qui n'est pas digne de dénouer les cordons de Sigillara, de Tancrède, et de l'Italiana in Algeri. » Ce n'était pas là le jugement d'un partisan bien fanatique. D'autant plus que Beyle, dès 1820, estime que Rossini ne fait plus que se répéter. C'est que la faconde de cet homme d'esprit qu'il vit souvent à Milan de 1819 à 1821 lui paraît, à la longue, grossière. Mais quand à la fin de 1821 il constate quelles médiocrités tiennent en France l'affiche du théâtre italien, il oublie un peu ses sévérités; la musique de Rossini comparée à ce qui fait d'ordinaire les délices de Paris lui semble au moins vivante, empreinte d'énergie rustique, féconde, agréable, légère. Et il n'est pas jusqu'à la couleur de Crébillon fils répandue sur le tout qui n'achève de le séduire.

Déjà collaborateur de quelques revues anglaises, car nous sommes à l'époque où pour vivre, Beyle a besoin d'augmenter ses très modiques ressources, il donne sur Rossini, en janvier 1822, à The Paris Monthly Review, un article qui paraît en anglais, sous le pseudonyme d'Alceste. L'article est bientôt démarqué par The Blackwood's Edinburg Magazine, dans son numéro d'oc-

tobre. Ce démarquage est reproduit textuellement à son tour dans le numéro de novembre de The Galignani's Monthly Review. *Puis une feuille de Milan en publie une traduction italienne qui est ensuite insérée dans un volume paru dans cette même ville en 1824, sous ce titre :* Rossini e la sua musica.

On voit par ce simple exposé combien Rossini piquait alors la curiosité et combien le plagiat était courant à cette époque. Stendhal fut trop souvent le bénéficiaire de ces mœurs littéraires pour que nous ne signalions pas hautement qu'il lui arriva d'en être aussi la victime.

Toujours est-il qu'en Italie l'article était en général considéré comme un pamphlet et la signora Gertrude Giorgi Righetti, ancienne cantatrice retirée de la scène et qui vivait à Bologne, publia en réponse une brochure de 62 pages qui s'élevait violemment non seulement contre l'article de Stendhal, mais contre tous ceux qui avaient mal parlé de Rossini ou qui, par omission, avaient paru nier son propre talent de comédienne[1].

Devant le succès de son étude du Paris Monthly Rewiev, *Stendhal propose à l'éditeur Murray qui avait précédemment publié*

1. M. Henry Prunières a donné la traduction intégrale de ce libelle en appendice à son édition de la *Vie de Rossini,* chez Champion, en 1923.

la traduction des Vies de Haydn, Mozart et Métastase, de lui donner une sorte d'histoire de la musique au commencement du XIXe siècle, où il développerait les idées exprimées dans son premier article sur Rossini. Les pourparlers n'aboutissent pas. Beyle n'en travaille pas moins à l'ouvrage projeté, mais il voit qu'il est plus opportun de s'attacher au seul Rossini. Son manuscrit, terminé au printemps 1823, est aussitôt envoyé à Londres où le livre est mis en vente, l'année suivante, en janvier, chez l'éditeur Hookham sous le titre de : Memoirs of Rossini by the author of the Life of Haydn and Mozart. Mais avec un sans-gêne assez curieux le traducteur y prévient le lecteur qu'il a assez mutilé le manuscrit anonyme qui lui a été remis, notamment en ce qui touche la religion, la politique et les mœurs italiennes. De son côté, pendant que le livre est traduit et imprimé en Angleterre, Stendhal retravaille son ouvrage, le corrige, le complète et le gonfle en ajoutant des notes et des chapitres nouveaux. Il lui ajoute une préface qu'il date de Montmorency le 30 septembre 1823, et, en avril 1824, donne à Paris le bon à tirer de l'édition française profondément différente de l'édition anglaise et beaucoup plus longue. Cette Vie de Rossini n'est pas à proprement parler une biographie ; d'autant plus qu'elle est incomplète et, s'arrêtant à 1819, ignore les œuvres plus fortes de la seconde manière du compositeur. C'est en outre un ouvrage écrit à bâtons rompus, pleins de digressions, de redites et d'un désordre charmant. Il trahit la hâte et l'improvisation, mais il fourmille toutefois d'analyses curieuses et d'idées originales. L'auteur avait bien tort de dire avec son habituelle modestie : « J'espère bien que si notre brochure existe encore en 1840, on ne manquera pas de la jeter au feu. » Grand Dieu ! que c'eût été dommage ! d'autant plus que de l'avis de l'homme le plus qualifié, M. Henry Prunières, qui s'est préoccupé de ses sources, la Vie de Rossini est tout entière de première main et de premier jet. Et pourtant plusieurs critiques malveillants n'avaient pas manqué, sur la seule foi de la mauvaise réputation de Beyle et de la ressemblance des titres, d'alléguer qu'il avait encore dû profiter des travaux de Carpani qui venait de publier de son côté les Rossiniane. Calomnie pure : les deux œuvres ne se ressemblent en rien. Ce n'est pas, bien entendu, que Beyle se soit privé d'emprunter de toutes parts, sinon aux livres qui ont précédé le sien, il n'y en a pas, du moins aux articles des journaux et à la conversation des dilettantes. On sait ainsi par sa correspondance qu'il réclamait à son ami de Mareste un chapitre sur l'établissement de l'opéra bouffe à Paris. Mais un fait à noter c'est le parallélisme absolu des jugements émis par Stendhal dans ses lettres intimes avec ceux que nous retrouvons dans le livre. Celui-ci ne reproduit au travers même des opinions empruntées que le jugement réfléchi de l'auteur, et dans une langue, dans un style, un tour de pensée qui n'appartiennent bien qu'à lui.

L'ouvrage parut à son heure. L'actualité le servit : Rossini arrivait à Paris peu après sa publication. Et le succès en fut assez grand pour valoir à Beyle une réputation bien établie de mélomane. Aussi le Journal de Paris lui offrit-il de tenir la rubrique du théâtre italien dans ses colonnes. Durant près de trois ans, du 9 septembre 1824 au 8 juin 1827, il y publiera quarante-deux chroniques signées M. où il défendra ses idées les plus chères en faisant une campagne généreuse pour la musique italienne. Sans doute est-ce la seule qu'il connût bien, mais on ne peut dénier qu'il soit sur ce sujet tout à fait renseigné ni qu'il en parlât clairement et avec feu.

*
* *

Beyle affirme que la rêverie fut ce qu'il préféra à tout, « même à passer pour homme d'esprit ». Il confesse par ailleurs que son état habituel a été celui d'amant malheureux. Quelles ressources voluptueuses la musique ne devait-elle pas apporter alors à ce sentimental ? « La bonne musique, dit-il dans sa Vie de Haydn, ne se trompe pas et va droit au fond de l'âme chercher le chagrin qui nous dévore. »

Suivant M. Henri Delacroix qui en a donné une analyse fort minutieuse [1], Stendhal a esquissé une véritable idéologie de la musique. Pour bien la dégager, il faut glaner avec patience à travers son œuvre entière. Il ne s'est pas contenté en effet de parler musique dans les livres qu'il consacre à Haydn ou à Rossini, dans les essais où il se complaît à décrire pour les mieux goûter tous les aspects de l'Italie, ou encore dans ses œuvres autobiographiques. Dans ses romans eux-mêmes il note fréquemment le pouvoir qu'une douce mélodie exerce sur une âme sensible.

Pour lui, la musique apporte toujours une aide efficace à ses pensées. Elle le fait songer avec une intensité plus grande, avec plus de clarté, à ce qui l'occupe. Elle exalte surtout son sentiment amoureux, et il établit une analogie constante entre l'amour et la musique. Les mêmes lois du reste les régissent.

1. Henri Delacroix : *La Psychologie de Stendhal*, 1 vol. Alcan, 1918.

On connaît le rôle de l'imagination dans l'amour d'après les théories stendhaliennes, et tout ce qu'elle apporte à la cristallisation. L'imagination de Beyle est de même si vivement fouettée par la musique qu'il n'aperçoit tout d'abord que son rôle d'excitant et qu'il note dans son Journal : « Si je perdais toute imagination, je perdrais peut-être en même temps mon goût pour la musique. »

On découvre pareillement qu'il sent surtout la musique quand il est amoureux ou, ce qui chez lui revient à peu près au même, quand il est désolé par un amour malheureux. D'où ce corollaire : « L'habitude de la musique et de sa rêverie prédispose à l'amour. » Idée qu'il développe plusieurs fois ailleurs avec une abondante et magnifique plénitude : « Je viens d'éprouver ce soir que la musique, quand elle est parfaite, met le coeur exactement dans la même situation où il se trouve quand il jouit de la présence de ce qu'il aime ; c'est-à-dire qu'elle donne le bonheur apparemment le plus vif qui existe sur cette terre. »

Toute musique sublime nous jette donc dans une rêverie profonde et nous donne de tendres regrets en nous procurant la vue du bonheur. Or voir le bonheur, même en songe, qu'est-ce, sinon donner de l'espérance ? C'est-à-dire commencer à tenir ces promesses que la beauté apporte toujours avec elle. Car en même temps que la musique fait briller l'espérance, elle console des chagrins passés : « Les beaux-arts sont faits pour consoler. C'est quand l'âme a des regrets, c'est durant les premières tristesses des jours d'automne de la vie, c'est quand on voit la méfiance s'élever comme un fantôme funeste derrière chaque haie de la campagne, qu'il est bon d'avoir recours à la musique. » Mais de même qu'un remède agit différemment suivant les tempéraments, la puissance de la musique sur un être demeure proportionnelle à la richesse de sa vie intérieure.

S'il fallait illustrer ces théories par un exemple emprunté à la vie d'un homme et à l'histoire de sa sensibilité, on pense bien que nul mieux que Stendhal n'en fournirait plus éclatante confirmation. Ces théories ne sont en effet que les reflets de toute son existence sentimentale, les émanations mêmes de son art et de son génie. M. Romain Rolland a bien noté qu'il était tout « imprégné d'une sorte de buée musicale ». Il n'écrit que pour noter les sons de son âme sur qui toute œuvre d'art, tout beau paysage joue comme un archet. Il compare sans cesse les sites pittoresques et les tableaux aux passages d'opéras qui le charmèrent le plus. Avant Baudelaire et Rimbaud il perçoit l'analogie *des sons et des couleurs, quand le son de la flûte le fait songer au bleu d'outremer qu'on voit aux draperies des tableaux de Carlo Dolce. Et, pour les lecteurs de la* Vie de Haydn, *il ne sera point besoin d'insister sur ce singulier parallèle entre les peintres et les musiciens dont l'inspiration ou le métier ont, d'après lui, une exacte correspondance.*

Tous les héros de ses romans sont du reste à cet égard peints à sa propre ressemblance. Fabrice del Dongo pleure à chaudes larmes en entendant chanter des airs de Pergolèse et de Cimarosa ; Mathilde de la Môle exalte sa passion en répétant sur son piano la cantilène qui, toute la soirée, à l'Opéra, lui a fait rêver de Julien avec extase. Et de même la musique de Mozart dans les jardins du Chasseur Vert amène à fleur d'âme le sentiment mutuel, secret encore pour eux-mêmes, de Lucien Leuwen et de Mme *de Chasteller.*

C'est que pour Stendhal la musique en résumé n'est autre chose que le langage du cœur : « Dans les instants de peine et de bonheur, la situation du cœur change, à chaque seconde. Il est tout simple que nos langues vulgaires qui ne sont qu'une suite de signes convenus pour exprimer des choses généralement connues, n'aient point de signe pour exprimer de tels mouve-

ments que vingt personnes peut-être sur mille ont éprouvés... Sept ou huit hommes de génie trouvèrent en Italie, il y a près d'un siècle, cette langue qui leur manquait. » Il importe au surplus assez peu si le grand nombre ne comprend pas cette langue, Beyle n'a jamais dédaigné pour sa part d'être classé dans l'élite. Mais quand il en vient à s'interroger sur son propre goût, il ne peut éluder cette juste question: « La musique me plaît-elle comme signe, comme souvenir du bonheur de la jeunesse, ou par elle-même ? Je suis pour ce dernier avis. » Parfois il lui semble au contraire que certains airs ne lui plaisent que comme des signes, ceux mêmes de la passion à son paroxysme, mais d'autre part il croit reconnaître que c'est, dégagée de tout sens particulier, et par elle-même, que la musique du Matrimonio Segreto lui plaît tant. Il l'a peut-être entendu durant ses séjours à Paris soixante ou cent fois à l'Odéon. Pareillement le Don Juan de Mozart lui a, dit-il encore, procuré un plaisir plus vif qu'aucun ouvrage de littérature.

En revanche, il abhorre tout ce qui est français en musique : romance, ou opéra. Et ce jugement lui est en quelque sorte dicté par sa théorie des passions, auxquelles il croit impropre le Français vain, léger, jamais mélancolique, quand l'Italien sait de plain-pied éprouver tous les transports de l'âme.

Il est peut-être plus inattendu de voir encore Beyle préférer l'opera-buffa à l'opéra-seria : mais le premier est plein d'une vie, d'une vivacité et d'un capricieux enjouement, en face de quoi l'emphase du second, cousine germaine de l'hypocrisie, lui a toujours déplu. Sans doute aussi l'opera-bouffe est-il plus spécifiquement italien, et cet argument a toujours son poids auprès d'un Stendhal. Une logique semblable lui fait préférer la musique vocale à la musique instrumentale. On eût pu croire que, n'étant plus bridée par les contraintes du livret, son imagination emportée par le rythme des seuls instruments vagabonderait avec plus de délices. Tout au contraire. Et il s'est expliqué fort nettement sur ce point : « Je n'ai aucun goût pour la musique purement instrumentale, la musique même de la Chapelle Sixtine et du chœur du chapitre de Saint-Pierre ne me fait aucun plaisir... La seule mélodie vocale me semble le produit du génie. Un sot a beau se faire savant, il ne peut, suivant moi, trouver un beau chant. » Il convient certainement ici de ne point oublier que chez Stendhal le mélomane se double toujours d'un psychologue et que la voix du chanteur exprimant ses états d'âme remuera toujours, *avec une intensité à laquelle ne saurait atteindre une harmonie sans paroles, cet auditeur qui veut poursuivre partout la connaissance du cœur humain. Aucune sonate, aucune symphonie ne peut donc lutter avec un opéra réussi qui offre à lui seul toutes les ressources du meilleur roman d'analyse. Les acteurs expriment en chantant le sens général du drame et les passions qui les meuvent, cependant que l'orchestre vient de sa riche palette souligner la première impression fournie par la mélodie, et peindre par surcroît d'autres nuances fugitives de sentiments qui se confondent avec la révélation du principal état d'âme. Voilà un précieux point d'appui pour l'étude de l'homme et grâce auquel on ne risque plus de s'égarer. Et Beyle songe uniquement à l'opéra quand il prétend que la musique vaut surtout par son pouvoir de suggestion et parce qu'elle est un des plus puissants moyens de représenter, d'analyser et en même temps de saisir,* avec évidence, force et clarté, des sentiments, une âme, un caractère.

La musique ainsi, de toutes ses merveilleuses avenues, ramène Stendhal à l'étude de l'homme. Il emprunte aux trois quarts sa Vie de Haydn *à divers devanciers, mais il a soin d'y introduire, et c'est là un apport qui lui est rigoureusement personnel, une sorte de géographie de la sensibilité musicale. Il multiplie les observations sur les différents peuples, sur la mélancolie foncière des Italiens, sur la société viennoise à qui la volupté seule est permise, sur la psychologie amoureuse des Allemands. Il brosse à chaque page un tableau de mœurs et il recherche constamment les rapports existant entre le plaisir que donne la musique aux individus et le tempérament de ces individus, ce qui le conduit logiquement à la psychologie des races. Sujet fécond où il se montre dès son premier ouvrage le précurseur de Taine et de Gobineau ; mais il n'abandonnera jamais dans ses livres postérieurs ces mêmes recherches et ces mêmes théories et il aboutira à cette conclusion que l'on ne peut comprendre la musique d'un peuple sans se rendre un compte exact du sol dont elle émane :* « *Cette espèce d'écume qu'on nomme Beaux-Arts, est le produit nécessaire d'une certaine fermentation. Pour faire connaître l'écume, il faut faire voir la nature de la fermentation.* »

Bien entendu Beyle ne saurait goûter que la musique romantique et son goût ressort de sa définition même, puisque dans cet art charmant, pose-t-il en principe, nous avons la bonne habitude de n'applaudir que ce qui nous fait plaisir. Et chez tous les auteurs qu'il aime, il loue indistinctement leur style moderne.

Il ne les met cependant point pour cela sur le même rang. Ses préférences au contraire sont fort nettes, et, sans discussion possible, il place au-dessus de tous : Cimarosa et Mozart. L'idée de faire graver sur sur sa tombe que durant toute sa vie il adora ces deux grands hommes lui vint à Milan en 1820, et quinze ans environ plus tard, au moment où il trace la Vie de Henri Brulard, *son jugement n'a changé en rien : « J'avouerai que je ne trouve parfaitement beaux que les chants de ces deux seuls auteurs Cimarosa et Mozart, et l'on me pendrait plutôt que de me faire dire avec sincérité lequel je préfère à l'autre... » Il avait précédemment avancé dans des termes à peu près identiques, que le dernier qu'il entendait, était toujours le plus grand.*

Cette admiration pour Mozart nous semble aujourd'hui fort légitime : presque un lieu commun. Au temps où Stendhal proclamait le génie du musicien autrichien, celui-ci était encore assez discuté pour qu'il parût original, audacieux même à beaucoup, d'écrire, non seulement en France mais en Italie et en Autriche, que l'auteur de la Flûte enchantée *possède un miraculeux pouvoir d'expression psychologique et qu'il ne craint aucun rival pour les* cantilènes *qui expriment les passions. Accorder surtout à* Idomeneo *une place de choix entre tous les opéras du jeune maître passait pour une opinion singulièrement révolutionnaire. Henri Beyle, à cent ans de distance, se trouve parfaitement d'accord avec M. Adolphe Boschot qui affirme que pour comprendre Mozart et pour l'aimer rien ne vaut le contact immédiat de sa musique, et surtout un contact journalier, intime et fervent. Comment n'eut-il pas contresigné cette opinion, celui qui, séduit sans doute moins instantanément que par Cimarosa, avait découvert peu à peu le charme unique qui se dégage des opéras de Mozart, et qui, ayant compris que cette musique était celle qui convenait le mieux à son âme, ne se lassa jamais de l'entendre ? Il fut toujours véritablement transporté par l'amoureuse mélancolie, la nuance de tristesse pensive, qui se dégage des airs en apparence les plus pleins de folie du divin Mozart dont il disait : « Il n'amuse jamais, c'est comme une maîtresse sérieuse et souvent triste, mais qu'on aime davantage, précisément à cause de sa tristesse... » L'homme, il ne l'avait pas connu et il le regrettait profondément ; du moins, à Vienne, il avait acheté son portrait et avait recherché les gens qui, l'ayant approché, pouvaient parler de lui.*

⁎

Quelques censeurs sévères et fort mal instruits se sont parfois demandés comment Beyle qui montre un si juste enthousiasme pour Mozart et l'apprécie avec tant de justesse peut ensuite s'engouer aussi facilement de Rossini. Certes il se plaît à la gaieté et à la grâce légère de ce dernier, mais il a bien trop de discernement pour le comparer à Mozart : l'auteur du Barbier de Séville *lui semble trop peu poétique pour cela. Tant qu'il habite l'Italie il le goûte même médiocrement, nous avons déjà insisté sur ce point. Il n'en vient en France à lui adresser des éloges que par réaction et parce qu'il l'y voit trop durement critiqué. Il le compare à Simon Mayer, à Paer, à bien d'autres alors célèbres et dont il a percé l'agrément relatif et la réelle médiocrité. Rossini, reconnaît-il volontiers, a plus de style que presque tous ses émules, plus même que le délicieux Cimarosa qui, par ailleurs, rappelle Raphaël. Encore faut-il bien entendre ce que le mot style représente aux yeux de Beyle. Sur un exemplaire des* Promenades dans Rome, *M. Jacques Boulenger*[1] *a découvert cette note de sa main :*

[1]. *Candidature au Stendhal Club* : Stendhal inédit, p. 126 Edition du Divan.

« *Même stile : Rossini et M. Scribe.* » Stendhal indique ainsi partout avec liberté dans son petit livre, qu'on aurait le plus grand tort de prendre pour une apologie sans nuances, le fort et le faible de ce Rossini. S'il avait bien reconnu que l'esprit primesautier et tout d'improvisation du maestro n'était point sans analogie avec le sien propre, si l'artiste au demeurant lui paraît « *vif, léger, piquant, jamais ennuyeux* », et s'il le loue et le blâme fort judicieusement, le plaçant en fin de compte au rang exact que lui assignent encore aujourd'hui les connaisseurs les plus autorisés, — l'homme en revanche lui fut toujours antipathique: son cynisme le choquait non moins que son formidable appétit et sa grossière désinvolture vis-à-vis des femmes. Que cette délicatesse ne nous surprenne point : elle rayonne dans toute l'œuvre de Beyle. Et il fallait être singulièrement aveugle ou pressé pour se laisser égarer par quelques boutades volontairement outrancières et destinées à donner le change. Rien de plus faux que d'en faire un héros de table d'hôte.

Il serait au surplus fastidieux de passer en revue tous les musiciens que Stendhal énumère complaisamment dans ses ouvrages. Ne retenons pour sa malice que son jugement sur Paisiello qui lui semble une piquette assez agréable et que l'on boit avec plaisir dans les moments où l'on trouve le vin trop fort. Mais, ajoute-t-il fort pertinemment, il n'en faut boire qu'un verre, car au bout d'un moment on trouve cette piquette assez plate.

Toutes ces nuances prouvent assez que Stendhal, tout en aimant la musique de son temps et tout en n'étant pas assez fou pour bouder ce qu'on lui offrait chaque soir à la Scala de Milan, savait fort bien faire montre de goût et créer parmi tant de compositeurs une hiérarchie point du tout méprisable.

Au surplus ces opinions ne sont peut-être pas aussi désuètes qu'on aurait pu le craindre à les rencontrer sous la plume d'un critique improvisé. Evidemment la formation musicale de Stendhal a pu paraître hâtive : quelques heures de violon, quelques leçons de clarinette ou de musique vocale n'ont pu suffire à lui donner la culture technique qui lui manquera toujours. Mais à côté des dispositions propres qu'il apportait, à côté de ce don inné qui dans les lettres et dans les arts demeure la part principale et la plus mystérieuse du génie, il faut se souvenir qu'il fut toujours en contact avec des musiciens, des artistes et des critiques professionnels, qu'il lisait beaucoup aussi et qu'il savait fort bien lire. Il n'a jamais désiré non plus être pris trop au sérieux, il lui suffisait de passer pour un amateur *distingué. Il s'est expliqué lui-même à ce sujet avec beaucoup de netteté*[1] *: « A peine je connaissais les notes (M. Mention m'avait renvoyé comme indigne de jouer du violon), mais je me disais: les notes ne sont que l'art d'écrire les idées, l'essentiel est d'en avoir. Et je croyais en avoir. Ce qu'il y a de plaisant, c'est que je le crois encore aujourd'hui, et je suis souvent fâché de n'être pas parti de Paris pour être laquais de Paisiello à Naples.*

....

» *Dans les beaux temps de mon goût pour la musique à Milan, de 1814 à 1821, quand le matin d'un opéra nouveau j'allais retirer mon libretto à la Scala, je ne pouvais m'empêcher en le lisant d'en faire toute la musique de chanter les airs et les duos. Et oserai-je le dire ? quelquefois, le soir, je trouvais ma mélodie plus noble et plus tendre que celle du maestro.*

» *Comme je n'avais et je n'ai absolument aucune science, aucune manière de fixer la mélodie sur un morceau de papier, pour pouvoir la corriger sans crainte d'oublier la cantilène primitive, cela était comme la première idée d'un livre qui me vient. Elle*

---

1. Cf. *Vie de Henri Brulard*, tome II, pp. 203-205, édition du Divan.

est cent fois plus intelligible qu'après l'avoir travaillée.

» Mais enfin cette première idée, c'est ce qui ne se trouve jamais dans les livres des écrivains médiocres. Leurs phrases les plus fortes me semblent comme le trait de Priam, sine ictu.

» Par exemple, j'ai fait, ce me semble, une charmante mélodie et j'ai vu l'accompagnement, pour ces vers de La Fontaine (critiqués par M. Nodier comme peu pieux, mais vers 1820, sous les Bourbons) :

> Un mort s'en allait tristement
> S'emparer de son dernier gîte,
> Un curé s'en allait gaîment
> Enterrer ce mort au plus vite.

» C'est peut-être la seule mélodie que j'aie faite sur des paroles françaises. J'ai horreur de l'obligation de prononcer gi-teu, vi-teu. Le Français me semble avoir le métalent le plus marqué pour la musique, comme l'Italien a le métalent le plus étonnant pour la danse. »

Ce fut néanmoins un constant objet d'étonnement, d'abord pour ses amis et ses contemporains, aujourd'hui pour les gens qui aiment ranger leurs semblables dans des catégories toutes faites, que de découvrir un Stendhal dilettante et connaisseur en musique. Nous venons de voir comme il répondait à cette perpétuelle objection d'ignorance : « Je dois dire sans affectation aucune, ajoutait-il, qu'au même moment je sentais dans le morceau qu'on exécutait des nuances qu'ils (ses amis) n'apercevaient pas. Il en est de même pour les nuances des physionomies dans les copies du même tableau. Je vois ces choses aussi clairement qu'à travers un cristal. Mais, grand Dieu ! on va me croire un sot ! »

Il est toujours présomptueux de prendre Stendhal pour un sot. Cette présomption est cependant assez répandue chez les techniciens, ou du moins chez ceux qui se prétendent tels, pour fermer la bouche aux amateurs sur des sujets qu'ils croient être les seuls à bien posséder.

Stendhal fut ainsi critiqué avec violence, d'abord par Berlioz qui avait relevé, sans doute avec raison, plus d'une inexactitude de vocabulaire musical dans les livres de son compatriote. Le grincheux M. Saint-Saëns jugea bon, cinquante ans plus tard, de lui faire écho. Il ne limita pas ses griefs au seul domaine où il lui fut permis de les formuler sans ridicule ; il ne craignit pas d'aborder les lettres pures et d'affirmer la stupidité de tous les livres de Stendhal dans le moment même où il reconnaissait n'avoir jamais pu en lire dix pages. Il n'en affirmait pas moins, entre autres choses, que *les* Vies de Haydn, Mozart et Métastase *renferment des opinions du dernier bourgeois sur la musique. L'attaque à peine déclanchée, Maurice Barrès se porta au secours de Beyle pour le féliciter au contraire d'avoir demandé avant tout à la musique « de nous procurer un plaisir physique ». C'est là l'expression propre de Stendhal et beaucoup de lecteurs y trouveront probablement un simple truisme. Il faut cependant de nos jours une sorte de courage pour bien marquer ainsi le point de départ sensoriel de tout plaisir esthétique. M. Saint-Saëns, lui, était de ceux qui s'élevaient avec le plus de violence contre cette opinion : la musique, clamait-il, est un des produits les plus délicats de l'esprit humain. Hé! sans doute, mais convient-il pour cela d'oublier qu'il n'est rien dans l'esprit de l'homme qui n'ait dû auparavant passer par ses sens? Et est-ce le moyen de bien séduire l'esprit que de commencer par déchirer le tympan?*

M. Saint-Saëns montre suffisamment par ailleurs qu'il n'a jamais lu Stendhal quand il lui reproche encore de se pâmer sans aucun discernement devant toute musique italienne, et de ne se pâmer que devant elle. Ne venons-nous pas au contraire de voir combien le jugement de Beyle sur Rossini est nuancé, comme il sait être sévère pour

Paisiello ? Nous pourrions de même montrer aisément comme il est méprisant pour un Mercadante, pour un Paccini, pour un Donizetti, « ce Marmontel, sans aucune espèce de talent... »

Sans doute Beyle connaissait-il moins la musique allemande que la musique italienne. Il n'a cependant point trop maltraité Haydn, et l'un des premiers il rendit hommage au Freischütz de Weber. Il n'a pas, il est vrai, entièrement compris Beethoven, dont l'œuvre ne lui fut jamais bien familière. Il adoucit pourtant, en 1814, le jugement qu'il empruntait à Carpani ; et plus tard, dans son livre sur Rossini, il saura louer sa fougue à la Michel-Ange. Faut-il l'accabler davantage parce que la déclamation de Glück lui semble « la plus triste chose du monde »? Debussy tout près de nous ne pensera pas bien différemment et les partisans de Glück auraient mauvaise grâce à répliquer que Claude Debussy n'entendait rien à la musique.

Toutes les anecdotes, plus ou moins déformées, qu'on apportera sur Stendhal ne changeront jamais ce qu'il a clairement écrit de sa main. Nous croyons volontiers à la laide grimace qu'on lui vit faire un soir que, dans le salon privé de l'Ambassade de France à Rome, on chantait les mélodies de Schubert. Nous le voyons fort bien de *même soutenir avec son goût du paradoxe et de la contradiction que Beethoven faisait trop de bruit pour avoir du talent, et nous admettons qu'Ingres, son contradicteur, au comble de l'exaspération lui ait en suite de ces propos fait fermer sa porte.*

Beyle en ce temps-là ne voulait plus sacrifier qu'aux dieux de sa jeunesse. Après 1830, l'ère du dilettantisme était close. Le consul n'allait pas renier les principes si chers autrefois à l'amateur qu'il avait été.

Mais en définitive Stendhal fut un critique assez sage. Nous en tenons encore l'assurance de ce spécialiste qu'on ne saurait récuser : M. Henry Prunières, directeur de la Revue Musicale, qui résume ainsi le débat : « Si l'on passe sur quelques boutades, sur quelques traits de plume hasardés, on est frappé de la justesse des jugements qu'il porte sur les musiciens de son temps ».

A l'abri de cette autorité nous n'avons plus grand besoin de nous inscrire trop vivement en faux contre l'assertion de M. André Maurel qui, n'ayant pas fréquenté suffisamment Stendhal, lui prête presque toujours des opinions qui ne sont pas les siennes. Ce n'est pas la musique qu'aime Beyle, allègue-t-il entre autres choses, ce sont les femmes. Bien sûr, Stendhal aime papoter dans les loges avec les jolies femmes ; et même loin d'elles, au parterre de la Scala, il entend poursuivre son perpétuel songe amoureux. Il nous a dit quelle douce griserie prolongeait encore en lui la voix des chanteurs. Mais nous nous serions bien mal exprimé dans cette étude si l'on pouvait encore prétendre que son plaisir ne fut jamais désintéressé et qu'il ne recherchait absolument dans la musique que l'idée de l'amour.

Stendhal analyse avec trop de sagacité les opéras qu'il aime, pour qu'on lui vienne reprocher sérieusement de les avoir mal écoutés. C'était un épicurien qui savait tirer de la musique des jouissances complexes, — et il a certes bien pu errer assez souvent sur la technique et les canons de l'art, sa critique impressionniste n'en demeure pas moins viable et charmante.

A qui fera-t-on croire que c'est être stupide que d'aimer la rêverie tendre et d'écrire : « La bonne musique me fait rêver avec délices à ce qui occupe mon cœur dans le moment... Mes sentiments brodent sur un chant ce qui, d'après la passion dominante, peut faire le plus de plaisir à mon âme » ? Il faudrait être soi-même bien austère pour ne voir qu'un dérèglement de l'imagination dans cette façon sensible de goûter les arts. Nous entendons au surplus ne restreindre ni la part du goût, ni celle de l'éducation. Pour aujourd'hui nous croirions cependant plus urgent de réhabiliter « le plaisir en musique. » Mais nous n'avons voulu que retracer le rôle qu'elle a joué dans la vie de Stendhal et rappeler que dans un élan de sincérité il a pu un jour s'écrier : « *La musique, mes uniques amours* » !

Henri MARTINEAU.

PRÉFACE

Depuis la mort de Napoléon, il s'est trouvé un autre homme duquel on parle tous les jours à Moscou comme à Naples, à Londres comme à Vienne, à Paris comme à Calcutta.

La gloire de cet homme ne connaît d'autres bornes que celles de la civilisation, et il n'a pas trente-deux ans ! Je vais essayer de tracer une esquisse des circonstances qui, si jeune, l'ont placé à cette hauteur.

Les titres du conteur à la confiance du lecteur, sont d'avoir habité huit ou dix ans les villes que Rossini électrisait par ses chefs-d'œuvre ; l'auteur a fait des courses de cent milles pour se trouver à la première représentation de plusieurs d'entre eux ; il a su, dans le temps, toutes les petites anecdotes qui couraient dans la société, à Naples, à Venise, à Rome, lorsqu'on y jouait les opéras de Rossini.

L'auteur de l'ouvrage suivant en a déjà fait deux ou trois autres, toujours sur des sujets frivoles. Les critiques lui ont dit que quand on se mêlait d'écrire, il fallait employer les précautions oratoires, académiques, etc. ; qu'il ne saurait jamais faire un livre, etc., etc. ; qu'il n'aurait jamais l'honneur d'être homme de lettres. A la bonne heure. Quelques personnes que le public nommera, ont si bien arrangé ce titre, que tel galant homme peut s'estimer fort heureux de n'y arriver jamais.

Le présent livre n'est donc pas un livre. A la chute de Napoléon, l'écrivain des pages suivantes, qui trouvait de la duperie à passer sa jeunesse dans les haines politiques, se mit à courir le monde. Se trouvant en Italie, lors des grands succès de Rossini, il eut occasion d'en écrire à quelques amis d'Angleterre et de Pologne.

Des lambeaux de ces lettres, transcrits de suite, voilà ce qui forme la brochure qu'on va lire, parce que l'on aime Rossini, et non pas pour le mérite de la brochure. De quelque manière que l'histoire soit écrite, elle plaît, dit-on, et celle-ci a été écrite en présence des petits événements qu'elle raconte.

Je m'attends bien qu'il y aura trente ou quarante inexactitudes dans le nombre infini de petits faits qui remplissent les pages suivantes.

Il est si difficile d'écrire l'histoire d'un homme vivant ! et d'un homme comme

Rossini, dont la vie ne laisse d'autres traces que le souvenir des sensations agréables dont il remplit tous les cœurs ! Je voudrais bien que ce grand artiste, qui est en même temps un homme charmant, eût l'idée d'écrire lui-même ses Mémoires, à la manière de Goldoni. Comme il a cent fois plus d'esprit que Goldoni, et qu'il se moque de tout, ses Mémoires seraient bien autrement piquants. J'espère qu'il y aura assez d'inexactitudes dans cette *Vie de Rossini* pour le fâcher un peu, et l'engager à écrire. Avant qu'il se fâche (s'il se fâche), j'ai besoin de lui dire que je le respecte infiniment, et bien autrement, par exemple, que tel grand seigneur envié. Le seigneur a gagné un gros lot *en argent* à la loterie de la nature, lui y a gagné un nom qui ne peut plus périr, du génie, et surtout du bonheur.

Le présent livre avait été fait pour être publié en anglais ; c'est une école de musique qu'il a vue près de la place Beauvau, qui a donné à l'auteur l'audace d'imprimer en France.

Montmorency, 30 septembre 1823.

INTRODUCTION

I

Le 11 janvier 1801, Cimarosa mourut à Venise, des suites des traitements barbares qu'il venait d'éprouver à Naples, dans les prisons où l'avait fait jeter la reine Caroline.

Paisiello n'est mort qu'en 1816 ; mais on peut dire que depuis les dernières années de l'autre siècle, le génie musical, qui se manifeste de si bonne heure, mais s'éteint si vite, avait cessé d'animer le compositeur aimable et gracieux plutôt qu'énergique et brillant du *Roi Théodore* et de la *Scuffiara*.

Cimarosa agit sur l'imagination par de longues périodes musicales qui joignent, à une extrême richesse, une extrême régularité.

Je citerai pour exemple les deux premiers duetti du *Matrimonio segreto*, et entre autres le second :

> Io ti lascio perchè uniti.

Ces chants sont les plus beaux qu'il ait été donné à l'âme humaine de concevoir : remarquez cependant qu'ils sont *réguliers*, et d'une régularité que notre esprit peut saisir : c'est un grand mal ; dès qu'on en connaît plusieurs, on peut en quelque sorte *prévoir* la suite et le développement de ceux dont on entend le début. Tout le mal est dans ce mot *prévoir*, et c'est de là que nous verrons dans peu sortir le style et la gloire de Rossini.

Paisiello ne remue jamais aussi profondément que Cimarosa ; il n'évoque pas dans l'âme du spectateur les images qui donnent des jouissances aux passions profondes, ses émotions ne s'élèvent guère au delà de la *grâce* ; mais il a excellé dans ce genre ; sa grâce est celle du Corrège, tendre, rarement piquante, mais séduisante, mais irrésistible. Je citerai comme exemple connu à Paris, le *quartetto* de *la Molinara*.

Quelli la,

lorsque le notaire *Pistofolo* se charge si plaisamment de faire à la meunière les déclarations d'amour du gouverneur et du seigneur féodal, ses rivaux.

La manière bien remarquable de Paisiello est de répéter plusieurs fois le même trait de chant, et à chaque fois avec des grâces nouvelles qui le font entrer de plus en plus avant dans l'âme du spectateur.

Rien au monde n'est plus opposé au style de Cimarosa, étincelant de verve comique, de passion, de force et de gaieté. Rossini aussi se répète, mais ce n'est pas exprès ; et ce qui fait le comble de la grâce chez Paisiello, est en lui belle paresse incarnée. Je me hâte d'ajouter, de peur qu'on ne me range avec les détracteurs de cet homme aimable, que, seul parmi les modernes, il a mérité d'être comparé aux deux grands maîtres qui cessèrent de briller vers le commencement du XIXe siècle. En connaissant mieux le style de ces grands artistes, nous serons tout étonnés un beau jour de sentir et de voir dans leur musique des choses dont nous ne nous doutions pas auparavant. Réfléchir sur les beaux-arts fait sentir.

II

DIFFÉRENCE DE LA MUSIQUE ALLEMANDE ET DE LA MUSIQUE D'ITALIE

En musique, on ne se rappelle bien que les choses que l'on peut répéter ; or un homme seul se retirant chez lui le soir, ne peut pas répéter de l'harmonie avec sa voix seule.

Voilà sur quoi est basée l'extrême différence de la musique allemande et de la musique italienne. Un jeune Italien plein d'une passion, après y avoir réfléchi quelque temps en silence, pendant qu'elle est plus poignante, se met à chanter à mi-voix un air de Rossini, et il choisit, sans y songer, parmi les airs de sa connaissance, celui qui a quelque rapport à la situation de son âme ; bientôt, au lieu de le chanter à mi-voix, il le chante tout haut, et lui donne, sans s'en douter, l'expression particulière de la nuance de passion qu'il endure. Cet écho de son âme le console ; son chant est, si l'on veut, comme un miroir dans lequel il s'observe : son âme était irritée contre le destin, il n'y avait que de la colère ; elle va finir par avoir pitié d'elle-même.

A mesure que le jeune Italien se distrait par son chant, il remarque cette couleur nouvelle qu'il donne à l'air qu'il a choisi ; il s'y complaît, il s'attendrit. De cet état de l'âme à écrire un air nouveau, il n'y a qu'un pas ; et comme le climat et leurs habitudes ont donné aux habitants de l'Italie méridionale une voix très-forte, le plus souvent ils n'ont pas besoin de piano pour composer[1]. J'ai connu vingt jeunes gens à Naples qui écrivent un air avec aussi peu de prétention qu'à Londres on fait une lettre ou à Paris un couplet. Souvent en rentrant chez eux le soir, ils se mettent au piano, et, sous ce délicieux climat, passent une partie de la nuit à chanter et à improviser. Leur esprit est à mille lieues de songer à écrire et à la gloriole d'auteur ; ils ont donné jour à la passion qui les anime, voilà tout leur secret, voilà tout leur bonheur. En Angleterre, un jeune homme, dans des circonstances semblables, aurait lu jusqu'à une heure ou deux quelque auteur favori, mais il aurait moins créé que le Napolitain, son âme aurait été moins

[1]. C'est ainsi que sont nés ces chants sublimes, plaintifs pour la plupart, qui depuis plusieurs siècles se répètent dans le royaume de Naples. Je citerai pour exemple à ceux qui connaissent ce beau pays, le chant national nommé *la Cavœjola*, et le *Pestagallo*, particulier aux Abruzzes. Un habitant d'Aquila, qui me les chantait, me dit : La musica è il lamento dell' amore, o la preghiera a gli Dei. 12 mai 1819

active ; donc il a eu moins de plaisir. Il n'y a plus de distraction possible dès qu'on improvise au piano, et l'on ne songe qu'à l'expression ; il est inutile de s'occuper de la justesse des sons.

Pour bien jouer du violon, il faut faire des gammes trois heures par jour, pendant huit ans. Alors il vient des durillons énormes au bout des doigts de la main gauche, durillons qui la déforment entièrement ; mais l'on parvient à tirer de l'instrument des sons parfaits. Si le plus habile joueur de violon passe trois ou quatre jours sans faire deux heures de gammes, ses sons ont déjà moins de pureté et ses passages moins de brillant. Le degré de patience et de constance nécessaire pour ce genre de talent est fort rare dans les pays du midi, et ne s'allie guère à une tête ardente. Tout le temps que l'on joue du violon ou de la flûte, l'on est attentif à la beauté ou à la justesse des sons, et non pas à ce qu'*ils expriment*. Notez ce mot, il explique encore le secret des deux musiques.

Il y a eu des pères en Italie qui, dans le siècle dernier, ont condamné leur fils à devenir un bon violon ou un bon hautbois, à peu près comme d'autres faisaient de leurs enfants des castrats ; mais de nos jours, le talent de la **musique instrumen-**

tale s'est tout à fait réfugié dans la tranquille et patiente Allemagne. Au milieu des forêts de la Germanie, il suffit à ces âmes rêveuses, de la beauté des sons, *même sans mélodie*, pour redoubler l'activité et les plaisirs de leur imagination vagabonde.

Il y a une vingtaine d'années qu'à Rome on entreprit de donner *Don Juan* ; les symphonistes essayèrent, pendant quinze jours, de faire aller ensemble les trois orchestres qui se trouvent au dernier acte de cet opéra, pendant le souper de don Juan. Jamais les musiciens de Rome n'en purent venir à bout. Ils étaient pleins d'âme, et n'avaient nulle patience. Par contre, j'ai vu, il y a quinze jours, l'orchestre de l'Opéra, rue Le Peletier, jouer admirablement, à la première vue, une symphonie diabolique de Cherubini, et ne pouvoir accompagner le duo d'*Armide*, chanté par madame Pasta et Bordogni. J'ai vu à l'Opéra de superbes talents, cultivés avec une patience à toute épreuve, et pas de génie musical.

A Rome, il y a vingt ans, on déclara, d'une voix unanime, que les étrangers vantaient beaucoup trop l'œuvre de Mozart, et que le morceau des trois orchestres, en particulier, était tout à fait absurde, et digne de la barbarie tudesque.

Le despotisme minutieux[1] qui depuis deux siècles enlace et étouffe le génie italien, a fait tomber la critique permise par la censure dans les journaux, au dernier degré de grossièreté et de bassesse ; on appelle un homme un scélérat, un âne, un voleur, etc., à peu près comme à Londres[2], et bientôt à Paris, pour peu que la liberté de la presse continue à nous apprendre à mépriser un homme vulgaire, même lorsqu'il imprime. Ordinairement en Italie le journaliste est lui-même l'un des principaux espions de la police, et celui par lequel elle fait injurier tout ce qui acquiert une notabilité quelconque, et par là lui fait peur. Or, en Italie comme en France, comme partout, l'opinion publique sur les spectacles

1. En 1795, un homme de beaucoup d'esprit, très-jeune alors, M. Toni, qui depuis est devenu un imprimeur célèbre, était employé du gouvernement vénitien à Vérone ; il y vivait heureux et content d'un petit emploi de dix-huit cents fr., et faisait la cour à la princesse P****. Tout à coup il fut destitué, avec menace de prison. Il courut à Venise ; après trois mois de finesses et de sollicitations, il put adresser un mot, entre deux portes, à un membre du conseil des Dix, qui lui dit : « Pourquoi diable aussi avez-vous fait « faire un *habit bleu?* nous vous avons cru jacobin. » L'année 1822 a été témoin, à Milan, de traits de cette espèce. Aimer le Dante, qui écrivait en 1300, passe, en Lombardie, pour un trait de carbonarisme, et les amis *libéraux* d'un homme qui aime trop le Dante cessent peu à peu de le voir aussi fréquemment.

2. Voir les injures atroces dont un nommé Philpott vient d'affubler le célèbre M. Jeffrey, le directeur du meilleur journal qui existe, la *Revue d'Edimbourg*.

ne peut se former que par les journaux : c'est une pensée qui s'évapore si personne ne se présente pour la recueillir, et, faute d'avoir noté la première chaîne du raisonnement, jamais l'on n'arrive à la seconde.

Je demande pardon d'avoir présenté une idée odieuse, mais je serais au désespoir qu'on jugeât de la belle Italie, de la terre sublime qui recouvre les cendres, encore chaudes, des Canova et des Vigano, par les turpitudes de sa presse périodique, ou sur les phrases vides d'idées des livres que la peur ose encore imprimer. Jusqu'à ce que l'Italie ait un gouvernement modéré, comme celui dont on jouit en Toscane depuis dix-huit mois, je demande en grâce, et je puis dire en justice, qu'on ne la juge que sur cette partie de son âme qu'elle peut révéler par les beaux-arts. Aujourd'hui il n'y a que les espions ou les nigauds qui impriment.

Je me trouvais il y a quelques années (1816) dans une des plus grandes villes de Lombardie. Des amateurs riches, qui y avaient établi un théâtre bourgeois, monté avec le plus grand luxe, eurent l'idée de célébrer l'arrivée dans leurs murs, de la princesse Béatrix d'Este, belle-mère de l'empereur François. Ils firent composer, en son honneur, un opéra entièrement nouveau, paroles et musique ; c'est le plus grand honneur qu'on puisse rendre en Italie. Le poëte imagina d'arranger en opéra une comédie de Goldoni, intitulée *Torqualo Tasso*. On fait la musique en huit jours, la pièce est mise en répétition, tout marche rapidement ; la veille même de la représentation, le chambellan de la princesse vint dire aux citoyens distingués qui tenaient à honneur de chanter devant elle, qu'il était peu respectueux de rappeler, devant une princesse de la maison d'Este, le nom du Tasse, d'un homme qui a eu des torts envers cette illustre famille.

Ce trait ne surprit personne, on substitua le nom de Lope de Vega à celui du Tasse.

La musique ne peut, ce me semble, avoir d'effet sur les hommes qu'en excitant leur imagination à produire certaines images analogues aux passions dont il sont agités. Vous voyez par quel mécanisme indirect, mais sûr, la musique d'un pays doit prendre la nuance du gouvernement qui forme les âmes en ce pays. De toutes les passions généreuses, la tyrannie ne permettant en Italie que l'amour, la musique n'a commencé à être belliqueuse que dans *Tancrède*, postérieur de dix ans aux prodiges d'Arcole et de Rivoli. Avant que ces grandes journées eussent réveillé l'Italie [1], le nom de la guerre et des armes n'était employé en musique que pour faire valoir les sacrifices faits à l'amour. Comment des gens à qui la gloire était défendue, et qui ne voyaient dans les armes qu'un instrument d'insolence et d'oppression, auraient-ils pu trouver du charme à rêver aux sensations guerrières ?

Voyez, au contraire, la musique à peine née en France, produire sur-le-champ le sublime : *Allons, enfants de la patrie*, et *le Chant du départ*. Depuis trente ans que nos compositeurs imitent les Italiens, ils n'ont rien fait d'égal ; c'est qu'ils copient, à l'aveugle, l'expression de l'amour et que l'amour, en France, n'est qu'une passion secondaire que la *vanité* et *l'esprit* se chargent d'étouffer.

Quoi qu'il en soit de la vérité de cette remarque impertinente, je pense que tout le monde est d'accord que la musique n'a d'effet que par l'imagination. Or il est une chose qui paralyse sûrement l'imagination, c'est la *mémoire*. A l'instant qu'en entendant un bel air, je me rappelle les illusions et le petit roman qu'il avait

---

1. Voir dans la correspondance de Napoléon, année 1796, l'esprit public de Milan et de Brescia. Vingt-quatre coquins habillés de rouge, chargés de la police de la ville, formaient toute l'armée milanaise. Voir, dans les bulletins de l'armée d'Espagne, ce que Napoléon avait fait de ce peuple.

fait naître en moi à la dernière fois que j'en fus ravi, tout est perdu, mon imagination est glacée, et la musique n'est plus une fée toute-puissante sur mon cœur. Si je la sens, ce ne sera que pour admirer quelque effet secondaire, quelque mérite subalterne, la difficulté de l'exécution par exemple.

Un de mes amis écrivait, il y a un an, à une dame qui se trouvait à la campagne : « L'on va donner *Tancrède* au théâtre Louvois ; ce n'est qu'à la trois ou quatrième représentation que nous sentirons bien les finesses de cette musique si fraîche et si belliqueuse. Après l'avoir comprise, elle s'emparera de plus en plus de notre imagination, et sera dans la plénitude de sa puissance durant vingt ou trente représentations, après quoi elle sera usée pour nous. Plus vif aura été notre amour dans le commencement, plus souvent il nous aura engagés à chanter cette musique sublime en sortant du spectacle, plus complète sera notre *saturation*, si j'ose m'exprimer ainsi. » On ne saurait, en musique, être fidèle à ses anciennes admirations. Si *Tancrède* ravit encore après quarante représentations, ce sera un autre public ; une autre classe de la société sera venue à Louvois, attirée par les articles des journaux ; ou bien, c'est que l'on est si mal à ce théâtre, le corps éprouve un tel supplice pendant que les oreilles sont charmées, que la fatigue se montre bien vite, et qu'on ne peut guère goûter à chaque soirée qu'un acte d'un opéra ; au lieu de quarante représentations, il en faudra quatre-vingts pour apprécier *Tancrède*.

Une chose fort triste, qui est peut-être une vérité, c'est que *le beau idéal* change tous les trente ans, en musique. De là vient que cherchant à donner une idée de la révolution opérée par Rossini, il a été inutile de remonter beaucoup au delà de Cimarosa et de Paisiello [1].

Lorsque, vers l'an 1800, ces grands hommes cessèrent de travailler, ils fournissaient de nouveautés, depuis vingt ans, tous les théâtres d'Italie et du monde. Leur style, leur manière de faire, n'avaient plus le charme de l'*imprévu*. Le vieux et aimable Pachiarotti me contait, à Padoue, en me faisant admirer son jardin anglais, la tour du cardinal Bembo, et ses beaux meubles, curieusement apportés de Lon-

1. Je n'ai pas besoin de rappeler que le docteur Burney a donné une excellente histoire de la musique. Je trouve que ce bel ouvrage est gâté par un peu d'obscurité. Peut-être que le voile désagréable qui s'interpose entre notre œil et les idées de l'auteur vient de ce qu'il ne nous a pas dit bien clairement quel était son *credo* en musique. Peut-être aurait-il dû donner des exemples de ce qu'il trouve beau, sublime, médiocre, etc.

dres, qu'autrefois, à Milan, on lui faisait répéter chaque soirée, jusqu'à cinq fois, un certain air de Cimarosa ; j'avoue que pour ajouter foi à un tel excès d'amour et de folie chez tout un peuple, j'ai eu besoin que cette anecdote me fût confirmée par une foule de témoins oculaires. Comment le cœur humain pourrait-il aimer toujours ce qu'il aime avec cette fureur ?

Si un air que nous avons entendu il y a dix ans, nous fait encore plaisir, c'est d'une autre manière, c'est en nous rappelant les idées agréables dont alors notre imagination était heureuse ; mais ce n'est plus en produisant une ivresse nouvelle. Une tige de pervenche rappelait aussi à Jean-Jacques Rousseau les beaux jours de sa jeunesse.

Ce qui fait de la musique le plus entraînant des plaisirs de l'âme, et lui donne une supériorité marquée sur la plus belle poésie, sur *Lalla-Rook*, ou la *Jérusalem*, c'est qu'il s'y mêle un plaisir physique extrêmement vif. Les mathématiques font un plaisir toujours égal, qui n'est pas susceptible de plus ou de moins ; à l'autre extrémité de nos moyens de jouissance, je vois la musique. Elle donne un plaisir extrême, mais de peu de durée, et de peu de fixité. La morale, l'histoire, les romans, la poésie, qui occupent, sur le clavier de nos plaisirs, tout l'intervalle entre les mathématiques et l'Opéra-Buffa, donnent des jouissances d'autant moins vives, qu'elles sont plus durables, et qu'on peut y revenir davantage, avec la certitude de les éprouver encore.

Tout est, au contraire, incertitude et imagination en musique ; l'opéra qui vous a fait le plus vif plaisir, vous pouvez y revenir trois jours après, et n'y plus trouver que l'ennui le plus plat, ou un agacement désagréable de nerfs. C'est qu'il y a dans la loge voisine une femme à voix glapissante ; ou il fait étouffant dans la salle ; ou l'un de vos voisins, en se balançant agréablement, communique à votre chaise un mouvement continu et presque régulier. La musique est une jouissance tellement physique, que l'on voit que j'arrive à des conditions de plaisir presque triviales à écrire.

C'est souvent une cause d'un genre pas plus relevé qui gâte une soirée où l'on a le bonheur d'entendre madame Pasta et d'avoir une loge commode. On va chercher bien loin une belle raison métaphysique ou littéraire pour expliquer pourquoi l'*Elisabetta* ne fait aucun plaisir ; c'est tout simplement qu'on étouffait dans la salle, et qu'on était mal à son aise. La salle de Louvois est excellente pour donner au plaisir musical cette espèce de *draw-back* (difficulté de naître) ; ensuite on écoute avec *pédanterie* ; on se *fait un devoir* de tout entendre. *Se faire un devoir!* quelle phrase anglaise, quelle idée anti-musicale ! C'est comme se faire un devoir d'avoir soif.

Le plaisir tout physique et machinal que la musique donne aux nerfs de l'oreille, en les forçant de prendre un certain degré de tension (par exemple, durant le premier final de *Cosi fan tutte* de Mozart), ce plaisir physique met apparemment le cerveau dans un certain état de tension ou d'irritation qui le force à produire des images agréables, et à sentir avec vingt fois plus d'ivresse les images qui, dans un autre moment, ne lui auraient donné qu'un plaisir vulgaire ; c'est ainsi que quelques baies de *bella-dona* cueillies par erreur dans un jardin, le forcent à être fou.

Cotugno, le premier médecin de Naples, me disait lors du succès fou de *Moïse :*
« Entre autres louanges que l'on peut
« donner à votre héros, mettez celle
« d'assassin. Je puis vous citer plus de
« quarante attaques de fièvre cérébrale
« nerveuse, ou de convulsions violentes,
« chez des jeunes femmes trop éprises de
« la musique, qui n'ont pas d'autre cause
« que la prière des Hébreux au troisième

« acte, avec son superbe changement
« de ton. »

Le même philosophe, car ce grand médecin Cotugno était digne de ce titre, disait que le demi-jour était nécessaire à la musique. La lumière trop vive irrite le nerf optique ; or la vie ne peut pas se trouver *à la fois* présente au nerf optique et au nerf auditif. Vous avez le choix des deux plaisirs ; mais la force du cerveau humain ne suffit pas aux deux à la fois. Je soupçonne une autre circonstance, ajoutait Cotugno, qui tient peut-être au galvanisme. Pour trouver des sensations délicieuses en musique, il faut être isolé de tout autre corps humain. Notre oreille est peut-être environnée d'une atmosphère musicale de laquelle je ne puis dire autre chose, sinon que peut-être elle existe. Mais pour avoir des plaisirs parfaits, il faut être en quelque sorte isolé comme pour les expériences électriques, et qu'il y ait au moins un intervalle d'un pied entre vous et le corps humain le plus voisin. La chaleur animale d'un corps étranger me semble fatale au plaisir musical.

Je suis bien loin de prétendre affirmer cette théorie du philosophe napolitain, je n'ai peut-être pas même assez de science pour la répéter correctement.

Tout ce que je sais par l'expérience de

quelques amis intimes, c'est qu'une suite de belles mélodies napolitaines force l'imagination du spectateur à lui présenter certaines images, et en même temps met son âme dans la situation la plus propre à sentir tout le charme de ces images.

Lorsqu'on commence seulement à aimer la musique, on est étonné de ce qui se passe en soi, et l'on ne songe qu'à goûter le nouveau plaisir dont on vient de faire la découverte.

Lorsqu'on aime déjà depuis longtemps cet art enchanteur, la musique, lorsqu'elle est parfaite, ne fait que fournir à notre imagination des images séduisantes relatives à la passion qui nous occupe dans le moment. On voit bien que tout le plaisir n'est qu'en illusion, et que plus un homme est solidement raisonnable, moins il en est susceptible.

Il n'y a de réel dans la musique que l'état où elle laisse l'âme, et j'accorderai aux moralistes que cet état la dispose puissamment à la rêverie et aux passions tendres.

III

HISTOIRE DE L'INTERRÈGNE APRÈS CIMAROSA ET AVANT ROSSINI, DE 1800 A 1812

Après Cimarosa, et lorsque Paisiello eut cessé de travailler, la musique languit en Italie jusqu'à ce qu'il parût un génie original. Je devrais dire le plaisir musical languit ; il y avait bien toujours des transports et de l'admiration folle dans les salles de spectacle, mais c'est comme il y a des larmes dans de beaux yeux de dix-huit ans, même en lisant les romans de Ducray-Duminil, ou des mouchoirs agités et des *viva!* pour la joyeuse entrée même des plus mauvais souverains.

Rossini a écrit avant 1812 ; mais ce n'est qu'en cette année-là qu'il obtint la faveur de composer pour le grand théâtre de Milan.

Pour apprécier ce génie brillant, il faut de toute nécessité voir dans quel état il trouva la musique, et jeter un coup d'œil sur les compositeurs qui eurent des succès de 1800 à 1812.

Je remarquerai en passant que la musique est un art vivant en Italie, uniquement parce que tous les grands théâtres ont l'obligation de donner des opéras nouveaux à certaines époques de l'année ; sans quoi, sous prétexte d'admirer les anciens compositeurs, les pédants du pays n'auraient pas manqué d'étouffer et de proscrire tous les génies naissants ; ils n'eussent laissé prospérer que de plats copistes.

L'Italie n'est le pays du *beau* dans tous les genres que parce qu'on y éprouve le besoin du nouveau dans le beau idéal, et que chacun n'écoutant que son propre cœur, les pédants y jouissent de tout le mépris qu'ils méritent.

Après Cimarosa et avant Rossini, deux noms se présentent, Mayer et Paër.

Mayer, Allemand perfectionné en Italie, et qui depuis quarante ans s'est fixé à Bergame, a donné une cinquantaine d'opéras, de 1795 à 1820. Il eut du succès, parce qu'il présentait au public une petite nouveauté qui surprenait et attachait l'oreille. Son talent consistait à mettre dans l'orchestre, et dans les ritournelles et les accompagnements des airs, les richesses d'harmonie qu'à la même époque Haydn et Mozart créaient en Allemagne. Il ne savait guère faire chanter la voix humaine, mais il faisait parler les instruments.

Sa *Lodoïska*, donnée en 1800, enleva tous les suffrages. Je l'ai vue admirablement chantée à Schoenbrunn en 1809, par la charmante Balzamini, qui mourut bientôt après, au moment où elle allait devenir une des cantatrices les plus distinguées de l'Italie. Madame Balzamini devait son talent à sa laideur.

Les *due Gironate* de Mayer sont de 1801 ; en 1802, il donna *I Misteri Eleusini*, qui se firent la réputation qu'a aujourd'hui *Don Juan*. *Don Juan* n'existait pas alors pour l'Italie, comme trop difficile à lire. *I Misteri Eleusini* passèrent pour l'œuvre musicale la plus forte et la plus énergique de l'époque. La marche de l'art était frappante, on allait de la mélodie à l'harmonie.

Les maîtres italiens quittaient le *facile* et le *simple* pour le composé et le savant. MM. Mayer et Paër osant faire en grand, avec hardiesse, avec une science profonde, ce que tous les autres *maestri* essayaient timidement, et en commettant à chaque instant des fautes contre la grammaire de la langue, ces messieurs eurent un faux air de génie ; ce qui acheva de compléter l'illusion, c'est qu'ils avaient réellement beaucoup de talent.

Leur malheur a été que Rossini soit venu dix ans trop tôt. La vie d'une musique d'opéra devant, à ce qu'il paraît, se borner à trente ans, ces maîtres ont à se plaindre au sort de ce qu'il ne les a pas tranquillement laissés achever leur temps. Si Rossini n'avait paru qu'en 1820 MM. Mayer et Paër figureraient dans les annales de la musique au rang des Leo, des Durante, des Scarlatti, etc., grands maîtres du premier ordre, qui ne sont passés de mode qu'après leur mort. *Ginevra di Scozia* est de 1803 ; c'est l'épisode d'*Ariodant*, qui forme l'un des chants les plus admirables du délicieux *Orlando*, de l'Arioste. L'Arioste excite tant de transports en Italie, précisément parce qu'il a écrit comme il faut écrire pour un peuple musicien ; à l'autre extrémité du clavier poétique, je vois le petit abbé Delille.

Ainsi qu'on pouvait s'y attendre de la part d'un Allemand, tous les airs de passion et de jalousie d'*Ariodant* et de la belle *Ecossaise*, qu'il croit infidèle, sont *forts* presque uniquement en effets d'harmonie et en accompagnements. Ce n'est pas que les Allemands manquent de sentiment, à Dieu ne plaise que je sois injuste à ce point envers la patrie de Mozart ; mais en 1823, par exemple, ce *sentiment* leur fait voir l'histoire de toute la révolution française et de ses suites, dans l'*Apocalypse*[1].

Le sentiment des Allemands, trop dégagé

---

1. Historique, Bâle, 1823.

des liens terrestres, et trop nourri d'imagination, tombe facilement dans ce que nous appelons en France le genre niais [1]. Les têtes qui éprouvent des passions en Allemagne, manquant de logique, supposent bientôt l'existence de ce dont elles ont besoin.

Le sujet d'*Ariodant* est si beau pour la musique, que Mayer a trouvé trois ou quatre inspirations ; par exemple, le chœur chanté par les pieux solitaires, au milieu desquels Ariodant, au désespoir, vient chercher un asile. Ce chœur réclamant des effets d'harmonie, des oppositions de voix plutôt que de beaux chants, est magnifique. On se souvient encore à Naples du duetto entre Ariodant, qui a la visière de son casque baissée, et sa maîtresse, qui ne le reconnaît pas. Ariodant va se battre contre son propre frère pour essayer de sauver sa maîtresse ; il est sur le point de lui avouer tous ses soupçons, et de lui dire qu'il est Ariodant, quand la trompette sonne et l'appelle au combat. La situation, une des plus touchantes, peut-être, que puisse fournir la plus touchante des passions de l'homme, est tellement belle, qu'il fallait qu'une musique fût

---

1. Voir leur célèbre tragédie de l'*Expiation*, par Müllner. Je ne voudrais pas du héros Hugo, comte d'Erldur, pour en faire un caporal.

bien dure à l'oreille, fût bien peu musique, pour ne pas mettre des larmes dans tous les yeux. Celle-ci est un chef-d'œuvre.

Il est odieux de critiquer ce duetto en Italie, tant les cœurs tendres l'ont pris sous leur protection. Je ne ferai qu'une réflexion : qu'eût-il été avec l'énergie de Cimarosa, ou la mélancolie de Mozart ? Nous aurions eu une seconde scène de Sara, dans l'oratorio d'*Abraham*. Cette scène de Sara avec les pasteurs, auxquels elle demande des nouvelles de son fils Isaac, qui est parti pour la montagne du sacrifice, est le chef-d'œuvre de Cimarosa dans le genre pathétique. Cela est supérieur aux plus beaux airs de Grétry et de Dalayrac.

Chaque année Mayer donnait deux ou trois opéras nouveaux, et était applaudi sur les premiers théâtres. Comment ne pas se croire l'égal des grands maîtres ? L'opéra de 1807, *Adelasia ed Aleramo*, parut supérieur à tout ce que le compositeur bavarois avait encore donné. *La Rosa bianca e la Rosa rossa*, sujet superbe tiré de l'histoire des guerres civiles d'Angleterre, eut un grand succès en 1812. Walter Scott n'avait pas encore révélé quelle quantité de sublime renferme, pour un peuple, l'histoire de ses guerres civiles de la fin du moyen âge. Le ténor Bonoldi fit admirer, dans la *Rosa bianca*, une voix charmante.

Le premier *allegro* de l'ouverture de cet opéra montre dans quel abîme de trivialité tombe d'ordinaire un compositeur allemand qui prétend trouver des chants gais.

La reconnaissance d'*Enrico* et de son ami *Vanoldo* est remplie d'une grâce naïve que n'a jamais rencontrée Rossini, parce qu'elle tient à l'absence de certaines qualités plus sublimes. Ce duo est de Paër.

Le même genre de mérite brille dans le fameux duetto *E de serto il bosco intorno*. C'est le chef-d'œuvre de Mayer, et ce serait un des chefs-d'œuvre de la musique s'il y avait quelques traits de force vers la fin. Le poëte a fourni au *maestro* une manière délicieuse, et vraiment digne de Métastase, d'excuser la trahison de Vanoldo envers son ami Enrico. Enrico en apprenant que son ami a cherché à plaire à celle qu'il aime, s'écrie :

> Ah chi può mirarla in volto
> E non ardere d'amor !

Mayer a eu la bonne fortune de trouver une mélodie italienne pour exprimer cette idée charmante. Toutes les âmes tendres et douces plutôt qu'énergiques préféreront ce duetto, je n'en fais aucun doute, aux traits les plus vifs de Rossini et de Cimarosa.

Dans le genre bouffe, Mayer a eu la grosse gaieté d'un bonhomme sans esprit.

Gli Originali font plaisir lorsqu'on n'a pas entendu depuis longtemps de vraie musique italienne. C'est *la Mélomanie*. Lorsque cet opéra parut (1799), il fit cruellement sentir l'absence de Cimarosa, retenu alors dans les prisons de Naples, et que le bruit public disait pendu. On se demandait : Quels airs délicieux dans le genre de

> Sei morelli e quatro baj,

de
> Mentr' io ero un mascalzone,

de
> Amicone del mio core,

Cimarosa n'eût-il pas faits sur un tel sujet ?

Le Mélomane véritable, ridicule assez rare en France, où d'ordinaire il n'est qu'une prétention de la vanité, se trouve à chaque pas en Italie.

Lorsque j'étais en garnison à Brescia, l'on me fit faire la connaissance de l'homme du pays qui était peut-être le plus sensible à la musique. Il était fort doux et fort poli ; mais quand il se trouvait à un concert, et que la musique lui plaisait à un certain point, il ôtait ses souliers sans s'en apercevoir. Arrivait-on à un passage sublime, il ne manquait jamais de lancer ses souliers derrière lui sur les spectateurs.

J'ai vu à Bologne le plus avare des hommes jeter ses écus à terre, et faire une mine de possédé, quand la musique lui plaisait au plus haut degré.

Le Mélomane de Mayer ne fait que répéter sur la scène des actions que l'on voit tous les jours dans la salle. Du reste, la forme seule des regrets qu'inspirait l'absence de Cimarosa, indiquait que ce grand homme allait cesser d'être à la mode. S'il eût fait de nouveaux airs, au lieu de s'en laisser charmer avec naïveté, les amateurs eussent appelé la *mémoire* pour troubler l'empire de l'*imagination*, on se fût rappelé mal à propos le souvenir des chefs-d'œuvre qui venaient, pendant vingt ans de suite, de charmer tous les cœurs.

Mayer est le maestro le plus savant de l'interrègne, comme il en est le plus fécond ; tout chez lui est correct. Vous pouvez examiner dans tous les sens les partitions de *Medea*, de *Cora*, d'*Adelazia*, d'*Eliza*, vous n'y trouverez pas une faute ; c'est la perfection désespérante de Despréaux : vous ne savez pourquoi vous n'êtes pas plus ému. Passez à un opéra de Rossini, vous sentez tout à coup l'air pur et frais des hautes Alpes ; vous vous sentez respirer plus à l'aise ; on croit renaître ; vous aviez besoin de génie. Le jeune compositeur jette à pleines mains les idées nouvelles ; tantôt il réussit, souvent il manque son objet. Tout est entassé, tout est pêle-mêle, tout est négligence ; c'est la profusion et l'insouciance de la richesse sans bornes. On redit : Mayer est le compositeur le plus correct, Rossini est le grand artiste.

Je ne disconviendrai pas que Mayer n'ait huit ou dix morceaux qui, pendant trois ou quatre soirées, ont un faux air de génie ; par exemple, le *sestetto* d'*Elena*. Je me souviens que dans un temps aussi je trouvais que Dalayrac avait de jolies idées, quoique mal arrangées. Depuis, j'ai étudié un peu sérieusement Cimarosa, où j'ai retrouvé la plupart des jolies idées de Dalayrac : peut-être, si l'on étudiait Sacchini, Piccini, Buranello, y trouverait-on une raison suffisante pour les éclairs de génie du bon Mayer. Seulement, comme l'Allemand a un grand talent, et qu'il est aussi savant que Dalayrac est écolier, il aura admirablement déguisé ses emprunts.

Le bon Mayer, volant un jour Cherubini à Venise, ne déguisait rien, et dit tout bonnement au copiste du théâtre : « Voilà *la Faniska* de Cherubini, vous allez copier depuis telle page jusqu'à telle autre. » C'était un morceau de vingt-sept pages, où il ne changea pas un bémol.

Mayer fut pour la musique ce que Johnson a été pour la prose anglaise ; il créa un genre emphatique et lourd, qui s'écartait beaucoup du beau naturel, mais qui cependant n'était pas sans mérite, surtout une fois qu'on avait pu s'y accoutumer. Cette emphase a été cause que la réputation de Mayer a été anéantie par Rossini en un clin d'œil ; c'est le sort qui attend toutes les affectations dans les arts. Le *beau* naturel paraît un jour, et l'on s'étonne d'avoir pu être dupe si longtemps. On voit que nos classiques ont bien leurs raisons pour empêcher qu'on ne joue *Shakspeare*, et pour lancer contre lui la jeunesse libérale. Le jour où l'on jouera *Macbeth*, que deviendront nos tragédies modernes ?

Je crois qu'après Mayer, M. Paër, musicien né à Parme, malgré son nom allemand, est celui de tous les compositeurs de l'interrègne qui a eu le succès le plus européen. Cela tient peut-être à ce que M. Paër, outre un talent incontestable et très remarquable, est un homme très-fin, de beaucoup d'esprit, et fort agréable dans le monde. On dit qu'une des preuves les plus frappantes de cet esprit a été de tenir huit ans de suite Rossini caché aux Parisiens. Notez que s'il y eut jamais un homme fait pour plaire à des Français, c'est Rossini, Rossini le Voltaire de la musique.

Toutes les premières pièces de Rossini jouées à Paris, ont été montées d'une manière ridicule. Il me souvient encore de la première représentation de *l'Italiana in Algeri*. Lorsque peu après l'on donna *la Pietra del Paragone*, on eut l'attention de supprimer les deux morceaux qui ont fait la fortune de ce chef-d'œuvre en Italie : l'air *Eco pietosa*, et le finale *sigillara*. Il n'est pas jusqu'au chœur délicieux du second acte de *Tancrède*, chanté sur le pont, dans la forêt, par les chevaliers de Syracuse, qu'on n'ait trouvé prudent de raccourcir de moitié.

Le jour même où je fais transcrire cette page, je vois que l'on fait chanter le grand rôle *bouffe* de *l'Italiana in Algeri* par mademoiselle Naldi.

Un des premiers ouvrages de M. Paër est l'*Oro fa Tutto* (1793). Son premier chef-d'œuvre est *la Griselda* (1797). A quoi bon parler de cet opéra qui a fait le tour de l'Europe ? Tout le monde connaît l'air délicieux chanté par le ténor. Tout le monde admire *Sargine* (1803). Je mettrais volontiers ces deux opéras au-dessus de tout ce qu'a fait M. Paër. L'*Agnese* ne me paraît pas du même rang ; elle doit son succès européen à la facilité qu'il y a d'imiter d'une manière effrayante les fous, que personne ne se soucie d'aller étudier avec trop de détails dans les retraites affreuses où les place la pitié publique. L'âme profondément ébranlée par le spectacle horrible d'un père devenu fou parce que sa fille l'a abandonné, s'ouvre facilement aux impressions de la musique. Galli, Pelegrini, Ambrogetti, Zuchelli, ont été sublimes dans le rôle du fou. Ce succès ne m'empêche pas de croire que les beaux-arts ne doivent jamais s'emparer des sujets horribles. La charmante piété filiale de Cordelia me console de la folie de *Lear* (tragédie de Shakspeare) ; mais rien ne rend supportable pour moi l'état affreux où se trouve le père de l'*Agnèse*. La musique centuplant ma sensibilité, me rend cette scène horrible tout à fait insupportable. *L'Agnese* fait pour moi souvenir désagréable, et d'autant plus désagréable que le sujet est plus vrai. C'est comme la mort : on fera toujours peur aux hommes en leur parlant de la mort ; mais leur en parler sera toujours une sottise ou un calcul de prêtre. Puisque la mort est inévitable, oublions-la.

La *Camilla* (1798), quoique devant en partie son succès à la mode de l'horreur qui, dans ce temps-là, nous valut les romans de madame Radcliffe, a cependant plus de mérite que *l'Agnese;* le sujet est moins horrible et plus tragique. Bassi, l'un des premiers bouffes de l'Italie, était excellent dans le rôle du valet, lorsque, couché entre les jambes de son maître, et chantant fort pour le réveiller, il lui crie :

> *Signor, la vita è corta,*
> *Partiam per carità.*

A tout moment dans cette pièce on trouve de la déclamation chantée, comme Gluck. C'est la plus triste chose du monde, cela est dur ; or, dès qu'il n'y a pas *douceur pour l'oreille*, il n'y a pas musique.

Madame Paër, femme du compositeur, et fort bonne cantatrice, s'est toujours acquittée, en Italie, du rôle de Camille ; elle y a eu les plus grands succès, et ces succès ont duré dix ans ; je ne vois guère aujourd'hui que madame Pasta qui pût jouer Camille avec talent. Ce talent amènerait-il la vogue ? Rossini nous a accoutumés à la surabondance des idées, Mozart à leur profondeur ; il est peut-être bien tard pour la musique de Gluck.

Après MM. Mayer et Paër, les deux hommes célèbres de l'interrègne qui s'écoula entre Cimarosa et Rossini, il me reste à nommer quelques talents inférieurs. Je renvoie ces noms-là à l'appendice [1].

IV

MOZART EN ITALIE

J'oubliais qu'il faut encore parler de Mozart, avant de nous occuper pour toujours, et exclusivement, de Rossini.

La scène musicale en Italie était occupée depuis dix ans par MM. Mayer, Paër, Pavesi, Zingarelli, Generali, Fioravanti, Weigl, et par une trentaine de noms plus ou moins oubliés aujourd'hui, et qui y régnaient tranquillement. Ces messieurs se croyaient les successeurs des Cimarosa et des Pergolèse, le public le croyait aussi ; Mozart parut tout à coup comme un colosse au milieu de tous ces petits compositeurs italiens, qui n'étaient grands que par l'absence des grands hommes.

Mayer, Paër, et leurs imitateurs, cher-

---

[1]. Anfossi, Coccia, Farinelli, Federici, Fioravanti, Generali, les deux Guglielmo père et fils, Manfroce, Martini, Mosca, Nazolini, Nicolini, Orgitano, Orlandi, Pavesi, Portogallo, Salieri, Sarti, Tarchi, Trento, Weigl, Winter, Zingarelli, etc., etc.

chaient depuis longtemps à adapter le genre allemand au goût italien, et, comme tous les *mezzo-termine*, plaisant aux faibles des deux partis, ils avaient des succès flatteurs pour qui n'est pas difficile en admiration. Mozart, au contraire, comme tous les grands artistes, n'ayant jamais cherché qu'à se plaire à lui-même, et aux gens qui lui ressemblaient, Mozart, tel qu'un conspirateur espagnol, ne pouvait se flatter de prendre la société que par les sommités ; ce rôle est toujours dangereux.

D'ailleurs, la présence personnelle lui manquait ; il n'était pas là pour flatter les puissants, payer les journaux, et faire mettre son nom dans la bouche de la multitude : aussi n'a-t-il pénétré en Europe que depuis sa mort. Ses rivaux étaient présents, écrivaient leur musique pour les voix des acteurs, composaient de petits duos pour la maîtresse du prince, se conciliaient des protections ; et cependant qu'est-ce aujourd'hui qu'une musique de Mayer ou de ***, à côté d'un opéra de Mozart ? La position était inverse en Italie vers l'an 1800. Mozart était un barbare romantique, voulant envahir la terre classique des beaux-arts. Il ne faut pas croire que cette révolution, qui nous semble si naturelle aujourd'hui, se soit faite en un jour.

Mozart, encore enfant, avait fait deux opéras pour le théâtre de la Scala à Milan, *Mitridate*, en 1770, et *Lucio Silla*, en 1773[1]. Ces opéras ne manquèrent pas de succès, mais il n'est pas probable qu'un enfant ait osé braver la mode. Quel qu'ait été le mérite de ces ouvrages, bientôt absorbés dans le torrent, guidé par Sacchini, Piccini, Paisiello, ces succès n'avaient laissé aucune trace.

Vers 1803, les triomphes de Mozart à Munich et à Vienne vinrent importuner les dilettanti d'Italie, qui d'abord refusèrent bravement d'y croire. Un barbare venir moissonner dans le champ des arts ! On connaissait depuis longtemps ses symphonies et ses quators, mais Mozart faire de la musique pour la voix ! On dit de lui ce que le parti des vieilles idées dit en France de Shakspeare : « C'est un sauvage qui « ne manque pas d'énergie ; on peut trou- « ver quelques paillettes d'or dans le « fumier d'Ennius ; s'il eût eu l'avantage « de prendre des leçons de Zingarelli et de « Paisiello, il aurait peut-être fait quelque « chose. » Et il ne fut plus question de Mozart.

En 1807, quelques Italiens de distinc-

---

1. Mozart, né à Salzbourg en 1756, mort à Vienne en 1796*, avait quatorze ans lorsqu'il écrivit le *Mitridate*.

* Mozàrt mourut en 1791. N. D. L. E.

tion, que Napoléon avait menés à sa suite, dans ses campagnes de 1805 et de 1806, et qui avaient passé par Munich, se mirent à reparler de Mozart : on se décida à essayer une de ses pièces, *l'Enlèvement du Sérail*, je crois. Mais pour exécuter cet opéra, il fallait être symphoniste parfait ; il fallait surtout être un excellent *tempiste*, ne jamais faire d'infidélités à la *mesure*. Il ne s'agissait plus de cette musique qui s'apprend d'oreille, en l'entendant chanter une ou deux fois, comme à Paris la romance : *C'est l'amour*[1], ou *Di tanti palpiti*, de *Tancrède*. Les symphonistes italiens se mirent à travailler, mais il ne sortait rien de cet océan de notes, qui noircissaient la partition de cet étranger. Il fallait d'abord que tout le monde allât en mesure, et surtout *entrât* et *sortît* juste, au moment prescrit. Les paresseux appelèrent cela de la barbarie ; ce mot fut sur le point de prendre, et l'on faillit renoncer à Mozart. Cependant, quelques jeunes gens riches, que je pourrais nommer, et qui avaient plus d'orgueil que de vanité, trouvèrent ridicule, pour des Italiens, de renoncer à de la musique

---

1. Ce chant ignoble me semble moins plat, je l'avoue à ma honte, que les romances célèbres de M. R. et de tant d'autres. Il a au moins un rythme en rapport avec la vivacité du caractère national.

comme trop difficile ; ils menacèrent de retirer leur protection au théâtre où l'opéra allemand était en répétition, et l'on donna enfin l'œuvre de Mozart. Pauvre Mozart ! des personnes qui se trouvaient à cette représentation, et qui, depuis, ont appris à aimer ce grand homme, m'ont assuré n'avoir jamais vu de tel charivari. Les morceaux d'ensemble, et surtout les finales, produisaient une cacophonie épouvantable ; on eût dit un sabbat de diables en colère. Deux ou trois airs, et un duetto, surnagèrent au milieu de cet océan de cris discordants, et furent assez bien exécutés.

Le même soir il se forma deux partis. Le *patriotisme d'antichambre*, comme disait M. Turgot à propos du *Siège de Calais*, tragédie nationale, en 1763 ; le patriotisme d'antichambre, qui est la grande maladie morale des Italiens, se réveilla dans toute sa fureur, et déclara dans tous les cafés que jamais homme né hors de l'Italie ne parviendrait à faire un bon air. Le chevalier M... dit alors avec cette mesure parfaite qui le caractérise : *Gli accompagnamenti tedeschi non sono guardie d'onore pel canto, ma gendarmi.*

L'autre parti, guidé par deux ou trois jeunes militaires, qui avaient été à Munich, soutenait qu'il y avait dans Mozart, non pas assurément des morceaux d'ensemble,

mais deux ou trois petits airs, ou *duetti*, écrits avec génie, et, mieux encore, écrits avec nouveauté. Les gens à *honneur national* eurent recours à leur grand argument, ils déclarèrent qu'il fallait être *mauvais Italien* pour admirer de la musique faite par un ultramontain. Au milieu de ces cris, les représentations de l'opéra de Mozart arrivèrent à leur fin, l'orchestre jouant plus mal chaque soir. Les gens supérieurs (et il y a souvent dans une grande ville d'Italie, deux ou trois hommes à vues profondes, mais génies à la Machiavel, défiants, persécutés, sombres, qui se gardent bien de parler à tout venant, et à plus forte raison d'écrire), ces gens dirent : « Puisque le nom de Mozart excite
 « tant de haine, puisqu'on met tant d'achar-
 « nement à prouver qu'il est médiocre,
 « puisque nous lui voyons prodiguer des
 « injures qu'on n'a jamais adressées aux
 « Nicolini et aux Puccita (les plus faibles des
 « compositeurs de l'époque), il serait bien
 « possible que cet étranger eût un coin
 « de génie. »
Voilà ce qu'on disait chez la comtesse Bianca et dans d'autres loges de personnes de la première distinction de la ville, que je ne nomme pas pour ne point les compromettre. Je passe sous silence les injures grossières des journaux écrits par les

agents de la police. La cause de Mozart semblait perdue, et scandaleusement perdue.

Un amateur de musique, fort noble et fort riche, mais qui n'avait pas grand sens, de ces gens qui se font une existence dans le monde en adoptant, tous les six mois, quelque paradoxe qu'ils répètent partout et à tue-tête, ayant su, par une lettre qu'une de ses maîtresses lui écrivait de Vienne, que Mozart était le premier musicien du monde, se mit à en parler avec mystère. Il fit appeler les six meilleurs symphonistes de la ville, qu'il éblouissait de son luxe, et étourdissait du fracas de ses chevaux anglais et de ses calèches fabriquées à Londres, et il fit essayer en secret à ces musiciens le premier finale de *Don Juan*. Son palais était immense ; il leur abandonna tout un corps de logis situé sur les jardins. Il menaça de toute sa colère quiconque oserait parler ; et quand un homme riche en vient à ces paroles en Italie, il est sûr d'être obéi. Celui dont je parle avait à ses ordres cinq ou six *buli* de Brescia, capables de toutes les violences.

Il ne fallut pas moins de six mois aux symphonistes du prince pour parvenir à jouer *in tempo* (en mesure) le premier finale de *Don Juan*. Alors pour la première fois, ils virent apparaître Mozart. Le prince prit six chanteurs et chanteuses, auxquels il ordonna la discrétion. En deux mois de travail, les chanteurs furent instruits. Le prince fit exécuter à sa maison de campagne, toujours avec le secret d'une conspiration, les finales et les principaux morceaux d'ensemble de *Don Juan*. Il a de l'oreille comme tous les gens de son pays, il les trouva bien. Assuré de cet effet, il devint un peu moins mystérieux en parlant de Mozart ; il se laissa attaquer, il arriva enfin à engager un pari considérable pour l'amour-propre, et qui, au milieu de cette tranquillité profonde d'une ville d'Italie, devint bientôt la grande nouvelle de toute cette partie de la Lombardie. Il avait parié qu'il ferait exécuter quelques morceaux de *Don Juan*, et que messieurs tels et tels, des juges impartiaux, des noms desquels l'on convint sur-le-champ, diraient que Mozart était un homme à peu près du mérite de Mayer et de Paër, péchant comme eux par trop d'amour pour le tapage et le fatras germanique mais en tout presque aussi fort que les auteurs de *Sargine* et de *Cora*. On mourait de rire, à ce que l'on m'a conté, rien qu'à entendre ces assertions. Le prince, dont la vanité goûtait des plaisirs très vifs, retarda le grand jour sous divers prétextes ; il vint enfin ce jour mémorable. Le concert d'épreuve eut lieu à la maison de campagne du prince, qui gagna tout d'une voix ; et pendant deux ans, il en a été plus fat de moitié.

Cet événement fit du bruit ; on se mit à jouer Mozart en Italie. A Rome, vers 1811, on estropia *Don Juan*. Mademoiselle Eiser, celle qui a joué un rôle au congrès de Vienne, et qui fit un instant oublier l'Apocalypse à de grands personnages, jouait aussi un rôle dans *Don Juan*, et fort bien. Sa voix était admirable, mais l'orchestre n'allait en mesure que par hasard, les instruments couraient les uns après les autres ; cela ressemblait toujours à une symphonie de Haydn jouée par des amateurs (ce dont le ciel veuille nous garder). Enfin, en 1814, on donna *Don Juan* à la *Scala*, succès d'étonnement. En 1815, on donna *les Noces de Figaro*, qui furent mieux comprises. En 1816, *la Flûte enchantée* tomba et ruina l'entreprise Petrachi ; mais la reprise de *Don Juan* eut enfin un succès fou, si l'on peut appeler *fou* un succès lorsqu'il s'agit de Mozart.

Aujourd'hui Mozart est à peu près compris en Italie, mais il est loin d'y être senti. Son principal effet dans l'opinion publique a été de jeter au second rang

Mayer, Weigl, Winter, et toute la faction allemande.

En ce sens, il a aplani les voies à Rossini, dont l'immense réputation ne date que de 1815, et qui, en paraissant sur l'horizon, n'a trouvé de rivaux que MM. Pavesi, Mosca, Guglielmi, Generali, Portogallo, Nicolini, et autres derniers imitateurs du style des Cimarosa et des Paisiello. Ces messieurs jouaient à peu près le rôle que font aujourd'hui en France les derniers copistes du style épique et magnifique, et des scènes nobles de Racine. Ils étaient sûrs d'être extrêmement applaudis, extrêmement loués, et en beau style ; mais il restait toujours un peu d'*ennui* au fond de l'âme de leurs prôneurs, qui, partant, étaient toujours prêts à se fâcher. C'étaient des succès comme ceux de *Saül*, du *Maire du palais*, de *Clytemnestre*, de *Louis IX;* personne dans la salle n'osait convenir de l'ennui, et chacun, tout en bâillant, prouvait à son voisin que c'était fort beau.

V

DU STYLE DE MOZART

Aujourd'hui, en 1823, les Italiens, après une belle résistance de dix ans, ayant cessé d'être hypocrites en parlant de Mozart leur voix mérite d'être comptée, et leur jugement pris en considération.

Mozart n'aura jamais en Italie le succès dont il jouit en Allemagne et en Angleterre ; c'est tout simple, sa musique n'est pas *calculée pour ce climat;* elle est destinée surtout à toucher, en présentant à l'âme des images mélancoliques, et qui font songer aux malheurs de la plus aimable et de la plus tendre des passions. Or, l'amour n'est pas le même à Bologne et à Königsberg ; il est beaucoup plus vif en Italie, plus impatient, plus emporté, se nourrissant moins d'imagination. Il ne s'y empare pas peu à peu, et pour toujours, de toutes les facultés de l'âme ; il l'emporte d'assaut, et l'envahit tout entière et en un instant : c'est une fureur ; or, la fureur ne peut pas être mélancolique, c'est l'excès de toutes les forces, et la mélancolie en est l'absence. L'amour italien n'a encore été peint, que je sache, dans aucun roman, et de là vient que cette nation n'a pas de romans. Mais elle a Cimarosa, qui, dans le langage du pays, a peint l'amour supérieurement, et dans toutes ses nuances, depuis la jeune fille tendre, *Ha! tu sai ch' io vivo in pene*, de *Carolina*, dans le *Matrimonio segreto*, jusqu'au vieillard, fou d'amour, *Io venia per sposarti*. J'abandonne ces idées sur la différence de l'amour dans les divers climats, qui nous mèneraient à une métaphysique infinie. Les âmes faites pour comprendre ces sortes de pensées, qui sont presque des sentiments, m'entendront de reste, sur le peu que j'en ai dit ; quant aux autres, et c'est l'immense majorité, elles n'y verront jamais que de la métaphysique ennuyeuse ; tout au plus, si la mode en venait, elles daigneraient apprendre par cœur une vingtaine de phrases sonores sur cet objet, mais je ne me sens pas d'humeur à faire des phrases pour ces sortes de gens.

Revenons à Mozart et à ses chants pleins de *violence*, comme disent les Italiens. Il a paru sur l'horizon avec Rossini, vers l'an 1812 ; mais j'ai grand'peur qu'on ne parle encore de lui quand l'astre de Rossini aura pâli. C'est qu'il a été inventeur de tous points et dans tous les sens ; il ne ressemble à personne, et Rossini ressemble encore un peu à Cimarosa, à Guglielmi, à Haydn.

La science de l'Harmonie peut faire tous les progrès qu'on voudra supposer, on verra toujours avec étonnement que Mozart est allé au bout de toutes les routes. Ainsi, quant à la partie mécanique de son art, il ne sera jamais vaincu. C'est comme un peintre qui entreprendrait de faire mieux que le Titien, pour la vérité et la force des couleurs ; ou mieux que Racine, pour la beauté des vers, la délicatesse et la convenance des sentiments.

Quant à la partie morale, Mozart est toujours sûr d'emporter avec lui, dans le tourbillon de son génie, les âmes tendres et rêveuses, et de les forcer à s'occuper d'images touchantes et tristes. Quelquefois la force de sa musique est telle, que l'image présentée restant fort indistincte, l'âme se sent tout à coup envahie et comme inondée de mélancolie. Rossini amuse toujours, Mozart n'amuse jamais ; c'est comme une maîtresse sérieuse et souvent triste, mais qu'on aime davantage, précisément à cause de sa tristesse : ces femmes-là, ou manquent tout à fait de faire effet, et passent sous le nom de prudes, ou, si elles touchent une fois, font une impression profonde et s'emparent de l'âme tout entière et pour toujours. Mozart est à la mode dans la haute société, qui, quoique nécessairement sans passions, prétend toujours faire croire qu'elle a des passions, et qu'elle est éprise des grandes passions. Tant que cette mode durera, l'on ne pourra pas juger avec sûreté du véritable effet de sa musique sur le cœur humain.

En Italie, il y a certains amateurs qui, quoique en petit nombre, parviennent, à la longue, à faire l'opinion dans les beaux-arts. Leur succès vient : 1º de ce qu'ils sont de bonne foi ; 2º de ce que peu à peu leur voix se fait entendre de tous les esprits faits pour avoir une opinion, et qui n'ont besoin que de l'entendre énoncer ; 3º enfin, de ce que, pendant que tout change autour d'eux, suivant les caprices de la mode, eux n'élèvent jamais la voix, mais, quand ils sont interrogés, répètent toujours et avec modestie le même sentiment.

Ces gens-là ont été amusés par Rossini, ils ont applaudi avec transport *la Pietra del Paragone* et *l'Italiana in Algeri;* ils ont été touchés du quartetto de *Bianca e Faliero;* ils disent que Rossini a porté la vie dans l'opéra *seria;* mais, au fond, ils le regardent comme un brillant hérésiarque, comme un Pierre de Cortone (peintre du plus grand effet, qui éblouit l'Italie pendant un temps, et fit presque tomber Raphaël, qui semblait froid ; Raphaël avait justement plusieurs des qualités tendres et des perfections modestes qui caractérisent Mozart. Rien ne fait moins de *fracas* en peinture que l'air modeste et la céleste pureté d'une vierge du peintre d'Urbin ; ses yeux divins sont abaissés sur son fils : si ce cadre ne s'appelait pas Raphaël, le vulgaire passerait sans daigner s'arrêter devant une chose si simple, et qui, pour les âmes *communes*, est une chose si *commune*).

Il en est de même du duetto :

> Là ci darem la mano
> La mi dirai di si.

Si cela ne s'appelait pas Mozart, cette mesure lente paraîtrait le comble de l'ennui à la plupart de nos *dandys*.

Ils sont au contraire réveillés et électrisés par l'air *Sono docile* de Rosine dans le *Barbier de Séville*. Qu'importe que cet air soit un contre-sens ? est-ce qu'ils voient les contre-sens ?

La durée de la réputation de Mozart a un bonheur, c'est que sa musique et celle de Rossini ne s'adressent presque pas aux mêmes personnes; Mozart peut presque dire à son brillant rival ce que la tante dit à la nièce, dans la comédie des *Femmes*, de Dumoustier :

> Va,
> Tu ne plairas jamais à qui j'aurai su plaire.

Ces gens de goût d'Italie, dont je parlais naguère, disent que si Rossini ne brille pas par la verve comique et la richesse d'idées au même degré que Cimarosa, il l'emporte sur le Napolitain par la vivacité et la rapidité de son style. On le voit sans cesse syncoper les phrases que Cimarosa prend toujours le soin de développer jusque dans leurs dernières conséquences. Si Rossini n'a jamais fait un air aussi comique que

> Amicone del mio core,

Cimarosa n'a jamais fait de duetto aussi rapide que celui d'Almaviva avec Figaro,

> Oggi arriva un reggimento
> È mio amico il colonello,
> (1er acte du *Barbier*).

ou un duetto aussi léger que celui de Rosine avec Figaro (1er acte). Mozart n'a rien de tout cela, ni légèreté, ni comique ; il est le contraire, non-seulement de Rossini, mais presque de Cimarosa. Jamais il ne lui serait venu de ne pas mettre de mélancolie dans l'air

> Quelle pupille tenere,

des *Horaces*.

Il ne comprenait pas qu'on pût ne pas trembler en aimant.

Plus on se laisse ravir, plus on se nourrit de la musique de Rossini et de Cimarosa, plus on se cultive pour la musique de Mozart ; plus on sera *saturé* des mesures vives et des petites notes de Rossini, plus on reviendra avec plaisir aux grosses notes et aux mesures lentes de l'auteur de *Cosi fan tutte.*

Mozart n'a, je crois, été gai que deux fois en sa vie ; c'est dans *Don Juan*, lorsque Leporello engage à souper la statue du commandeur, et dans *Cosi fan tutte;* c'est justement aussi souvent que Rossini a été mélancolique. Il n'y a rien de sombre dans *la Gazza ladra*, où un jeune militaire voit condamner à mort sous ses yeux, et mener au supplice, une maîtresse adorée. Il n'y a de mélancolique dans *Otello* que le duetto des deux femmes, la prière et la romance. Je citerai ensuite le quartetto de *Bianca e Faliero*, le duetto d'*Armide*, et même le superbe trait instrumental au moment où Renaud, agité de mille passions, s'éloigne pour se rapprocher ensuite : ce duetto sublime est précisément de l'amour italien, et ce n'est pas de la mélancolie qu'il exprime. C'est de la passion sombre et forte ou bien délirante.

Il n'y a pas une idée de commune entre les véritables chefs-d'œuvre de Rossini, *la Pietra del Paragone*, *l'Italiana in Algeri*, *Tancredi*, *Otello*, et les opéras de Mozart. La ressemblance, mais ressemblance qui ne pénètre pas plus avant que le physique du style, la ressemblance, si ressemblance y a, est venue plus tard, quand, dans *la Gazza ladra* et dans l'introduction de *Moïse*, Rossini a voulu se rapprocher du style *fort* des Allemands.

Jamais Rossini n'a fait quelque chose d'aussi touchant que le duetto :

Crudel, perchè finora farmi languir cosi ?

Jamais il n'a fait quelque chose d'aussi comique que :

Mentr'io ero un mascalzone,

ou bien encore le duel des *Nemici generosi*, de Cimarosa, si bien joué à Paris, il y a quinze ans, par l'inimitable Barilli.

Mais jamais Mozart et Cimarosa n'ont fait quelque chose d'aussi vif et d'aussi léger que le duetto :

D'un bel uso di Turchia

du *Turco in Italia*. Cela est Français dans tout le beau de l'expression.

C'est, ce me semble, dans ce sens qu'il faut marcher pour bien se pénétrer du style de ces trois grands maîtres, qui, suivis chacun de la tourbe de ses imitateurs, se partagent maintenant en Europe la scène musicale. Pour qui sait entendre, on les imite même dans les petites musiques de Feydeau. Mais occupons-nous enfin de Rossini.

FIN DE L'INTRODUCTION

VIE DE ROSSINI

CHAPITRE PREMIER

SES PREMIÈRES ANNÉES

Le 29 février 1792, Joachim Rossini naquit à Pesaro [1], jolie petite ville de l'État du pape, sur le golfe de Venise. C'est un port assez fréquenté. Pesaro s'élève au milieu de collines couvertes de bois, et les bois s'étendent précisément jusqu'au rivage de la mer. Rien de désolé, rien de stérile, rien de brûlé par le vent de mer. Les rivages de la Méditerranée, et en particulier ceux du golfe de Venise, n'ont rien de l'aspect sauvage et sombre que les vagues immenses et les vents puissants de l'Océan donnent à ses bords. Là, comme sur la frontière d'un grand empire despotique, tout est pouvoir irrésistible et désolation ; tout est douce volupté et beauté

1. Son père, Joseph Rossini, sa mère, Anna Guidarini l'une des plus jolies femmes de la Romagne.

touchante vers les rives ombragées de la Méditerranée. On reconnaît sans peine le berceau de la civilisation du monde. C'est là que, il y a quarante siècles, les hommes s'avisèrent, pour la première fois, qu'il y avait du plaisir à cesser d'être féroces. La douce volupté les civilisa ; ils reconnurent qu'aimer valait mieux que tuer : c'est encore l'erreur de la pauvre Italie, c'est pour cela qu'elle fut tant de fois conquise et malheureuse. Ah ! si le bon Dieu en avait fait une île !

Son état politique n'est point à envier ; toutefois, c'est de l'*ensemble* de sa civilisation que nous avons vu sortir, depuis quelques siècles, tous les grands hommes qui ont fait les plaisirs du monde. Depuis Raphaël jusqu'à Canova, depuis Pergolèse jusqu'à Rossini et Vigano, tous les hommes de génie destinés à charmer l'univers par les beaux-arts, sont nés au pays où l'on aime.

Les défauts mêmes des gouvernements singuliers sous lesquels gémit l'Italie, servent aux beaux-arts et à l'amour.

Le gouvernement papal ne demandant pour toute soumission à ses sujets que de payer l'impôt et d'aller à la messe, laisse beaucoup de *danger* en circulation dans la société. Chacun est maître de faire et de dire tout ce qui lui vient à la tête, pour son bonheur particulier, que ce bonheur consiste à empoisonner son rival ou à adorer sa maîtresse. Le gouvernement, abhorré et méprisé de temps immémorial, n'est à la tête d'aucune opinion, d'aucune influence ; il est au travers de la société, mais il n'est point dans la société. (Tout cela est changé depuis vingt ans.)

Je me figure un monstre terrible, un dragon de la fable, gonflé de venin, qui sort de la fange de marais immenses ; il paraît tout à coup au milieu des campagnes riantes et couvertes de fleurs ; la volupté fait place à la terreur ; c'est un être malfaisant, fort, irrésistible, dont il n'y a que mal à attendre, qu'on laisse passer, qu'on se range bien vite pour éviter lorsqu'il se montre, mais que personne ne s'avise de regarder ; c'est un tremblement de terre, c'est la grêle, c'est un mal nécessaire, personne ne s'en irrite.

Le jour où l'on s'avisera de s'en irriter, les beaux-arts auront cessé de vivre en Italie, et l'on aura à leur place de belles discussions politiques comme à Londres ou à Washington.

L'aimable petit gouvernement dont je viens de donner une idée calomnieuse [1],

---

1. Potter, *Histoire de l'Eglise*, état de l'Eglise en 1781. Giannone, *Histoire de Naples*. Il faut excepter l'excellent gouvernement dont on jouit à Florence en 1823. Mais combien durera-t-il ? D'ailleurs, il ne produira rien pour les beaux-arts ; l'enthousiasme est mort en Toscane depuis bien des années.

est bien plus favorable à l'énergie des passions que les gouvernements plus sages de France et d'Angleterre, qui visent à l'opinion, et paient des gens de lettres pour prouver qu'ils ont raison.

Or les beaux-arts ne vivent que de passions ; c'est une des raisons pour lesquelles ils ne peuvent prospérer dans le nord, où la haute société est juge de tout (la haute société, nécessairement sans passions, et d'ailleurs dévastée par l'ironie et la terreur du ridicule poussée jusqu'à la poltronnerie la plus amusante).

Il faut avoir senti le feu dévorant des passions pour exceller dans les beaux-arts. Sans cette condition indispensable, d'avoir encouru des ridicules effroyables dans sa jeunesse, l'homme d'ailleurs le plus spirituel et le plus fin n'aperçoit les beaux-arts que comme au travers d'un voile. Il voit et ne voit pas ce qui en fait le principe. Plein de finesse et d'une admirable sagacité pour tous les autres objets de l'attention humaine, dès qu'il arrive aux beaux-arts, il n'aperçoit plus que le matériel de la chose ; il ne voit que la toile dans la peinture, et que le physique des sons et leurs combinaisons diverses dans la musique. Tel est Voltaire parlant musique ou peinture. S'agit-il d'un tableau de Raphaël, l'homme du nord en fera consister la sublimité dans le talent matériel d'appliquer la couleur sur la toile. Parle-t-on musique... Voyez ce qu'on disait tous les jours dans le *Miroir*.

Je hasarde ces phrases satiriques, parce que j'ai l'espoir d'être jugé précisément par ces gens si fins dont je viens de médire ; leur supériorité intellectuelle est telle qu'ils sont les meilleurs juges du monde, même des descriptions de ces choses qui ne leur sont visibles qu'à demi. Si j'avais à faire une histoire de la musique ou de la peinture, je la sentirais en Italie, mais c'est à Paris que je la publierais.

Dès qu'il s'agit de la vérité d'une pensée ou de la justesse d'une expression, les gens du nord, formés par deux cents ans d'une discussion plus ou moins libre, reprennent toute cette supériorité qui les avait quittés à l'aspect d'une statue, ou à la ritournelle d'un grand air *agitato*.

En France, le peintre ou le musicien trouve la place de toutes les passions occupée par la peur de manquer aux mille convenances, ou le projet de lancer un calembour heureux.

En Angleterre, c'est l'orgueil ou la religion biblique qui se présentent comme ennemis acharnés des beaux-arts. Toutes les passions sont comprimées dans les hautes classes par une timidité souffrante qui n'est encore qu'une des formes de l'orgueil, ou anéanties chez la plupart des jeunes gens par l'horrible nécessité de consacrer quinze heures de chaque journée à un dur travail, et ce sous peine de manquer de pain et de mourir au milieu de la rue.

On voit pourquoi la fertile Italie, patrie du *dolce far niente*, et de l'amour, est aussi la patrie des beaux-arts, et pourquoi cependant, grâce à ses petits tyrans soupçonneux, c'est dans le nord seulement que l'on peut trouver des juges éclairés pour les dissertations sur les beaux-arts.

La Romagne, qui donna le jour à Rossini, est au nombre des contrées les plus sauvages et les plus féroces de toute la péninsule. Il y a longtemps que le gouvernement astucieux des prêtres pèse sur ce pays; il y a longtemps aussi que toute générosité y est le comble de l'absurde.

Le père de Rossini était un pauvre joueur de cor de troisième ordre, de ces symphonistes ambulants qui, pour vivre, courent les foires de Sinigaglia, de Fermo, de Forli et autres petites villes de la Romagne ou voisines de la Romagne. Ils vont faire partie des petits orchestres impromptus qu'on réunit pour l'opéra de la foire. Sa mère, qui a été une beauté, était une *seconda donna* passable. Ils allaient de ville en ville et de troupe en troupe, le mari jouant dans l'orchestre, la femme chantant sur la scène ; pauvres par conséquent : et Rossini leur fils, couvert de gloire, avec un nom qui retentit dans toute l'Europe, fidèle à la pauvreté paternelle, n'avait pas mis de côté, pour tout capital, il y a deux ans, lorsqu'il est allé à Vienne, une somme égale à la paie annuelle d'une des actrices qui le chantent à Paris ou à Lisbonne.

On vit pour rien à Pesaro, et cette famille, quoique subsistant sur une industrie bien incertaine n'était pas triste, et surtout ne s'inquiétait guère de l'avenir.

En 1799, les parents de Rossini l'amenèrent de Pesaro à Bologne ; mais il ne commença à étudier la musique qu'à l'âge de douze ans, en 1804 ; son maître fut D. Angelo Tesei. Au bout de quelques mois, le jeune Gioacchino gagnait déjà quelques *paoli* en allant chanter dans les églises. Sa belle voix de soprano et la vivacité de ses petites manières le faisaient bien venir des prêtres directeurs des *Funzioni*. Sous le professeur Angelo Tesei, Gioacchino apprit fort bien le chant, l'art d'accompagner et les règles du contrepoint. Dès l'année 1806, il était en état de chanter, à la première vue, quelque morceau de musique que ce fût, et l'on commença à concevoir de lui de grandes espérances ; sa jolie figure faisait penser à en faire un ténor.

Le 27 août 1806, il quitta Bologne pour faire une tournée musicale en Romagne. Il tint le piano comme directeur d'orchestre à Lugo, Ferrare, Forli, Sinigaglia et autres petites villes. Ce ne fut qu'en 1807 que le jeune Rossini cessa de chanter dans les églises. Le 20 mars de cette année, il entra au lycée de Bologne, et prit des leçons de musique du père Stanislao Mattei.

Un an après (le 11 août 1808), Rossini fut en état de composer une symphonie et une cantate intitulée : *Il pianto d'Armonia*. C'est son premier ouvrage de musique vocale. Immédiatement après il fut élu directeur de l'académie des *Concordi* (réunion musicale existant alors dans le sein du lycée de Bologne).

Rossini était si savant à dix-neuf ans, qu'il fut choisi pour diriger, comme chef d'orchestre, les *Quatre Saisons* de Haydn, que l'on exécuta à Bologne ; la *Création*, que l'on donna en même temps (mai 1811), fut dirigée par le célèbre soprano Marchesi. Quand les parents de Rossini n'avaient point d'engagement, ils revenaient habiter leur pauvre petite maison à Pesaro. Quelques amateurs riches de cette ville, je crois de la famille Perticari, prirent le jeune Rossini sous leur protection. Une femme aimable, et que j'ai encore connue fort jolie, eut l'heureuse idée de l'envoyer à Venise ; il y composa, pour le théâtre *San-Mosè*, un petit opéra en un acte intitulé *la Cambiale di Matrimonio* (1810). Après un joli petit succès, il revint à Bologne, et l'automne de l'année suivante (1811) il y fit jouer *l'Equivoco stravagante*. Il retourna à Venise, et donna, pour le carnaval de 1812, *l'Inganno felice*.

Ici le génie éclate de toutes parts. Un œil exercé reconnaît sans peine, dans cet opéra en un acte, les idées mères de quinze ou vingt morceaux capitaux qui, plus tard ont fait la fortune des chefs-d'œuvre de Rossini.

Il y a un beau *terzetto*, celui du paysan *Tarabotto*, du seigneur féodal et de la femme que le seigneur a exilée, qu'il adore et qu'il ne reconnaît pas.

L'*Inganno felice* est comme les premiers tableaux de Raphaël sortant de l'école du Pérugin ; on y trouve tous les défauts et toutes les timidités de la première jeunesse. Rossini, effrayé de ses vingt ans, n'osait pas encore chercher uniquement à se plaire à soi-même. Un grand artiste se compose de deux choses : une âme exigeante, tendre, passionnée, dédaigneuse, et un talent qui s'efforce de plaire à cette âme, et de lui donner des jouissances en créant des beautés nouvelles. Les protecteurs de Rossini lui procurèrent un engagement pour Ferrare. Il y donna durant le saint temps de carême de 1812 un *oratorio* intitulé : *Ciro in Babilonia* (Cyrus à Babylone), ouvrage rempli de grâces, mais inférieur, ce me semble, pour l'énergie, à l'*Inganno felice*. Rossini fut appelé de nouveau à Venise ; mais l'*impresario* de *San-Mosè*, non content d'avoir pour quelques sequins un compositeur aimable, chéri des dames, et dont le génie naissant allait procurer la vogue à son théâtre, le voyant pauvre, se permit de le traiter légèrement. Rossini donna sur-le-champ une marque de ce caractère original qui l'a toujours mis à son rang, et que peut-être il n'eût jamais eu s'il fût né dans un pays moins sauvage.

En sa qualité de compositeur, Rossini était maître absolu de faire exécuter tout ce qui lui passerait par la tête aux instruments de son orchestre. Il réunit dans l'opéra nouveau, *la Scala di seta* (l'Échelle de soie), qu'il fit pour l'*impresario* insolent, toutes les extravagances et les bizarreries qui, on peut le croire, n'ont jamais manqué dans cette tête-là. Par exemple, à l'*allegro* de l'ouverture, les violons devaient s'interrompre à chaque mesure pour donner un petit coup avec l'archet sur le réverbère en fer-blanc dans lequel est placée la chandelle qui les éclaire. Qu'on se figure l'étonnement et la colère d'un public immense accouru de tous les quartiers de Venise et même de la Terre-Ferme pour l'opéra du jeune *maestro*. Ce public, qui deux heures avant l'ouverture, assiégeait les portes, et qui ensuite avait été forcé d'attendre deux heures dans la salle, se crut personnellement insulté, et siffla comme un public italien en colère. Rossini, loin d'être affligé, demanda en riant à l'*impresario* ce qu'il avait gagné à le traiter avec légèreté, et partit pour Milan, où ses amis lui avaient procuré un engagement. Rossini reparut un mois après à Venise; il donna successivement deux *farze* (opéras en un acte) au théâtre *San Mosè: l'Occasione fa il ladro* (1812) et *il Figlio per azzardo* (carnaval de 1813). Ce fut dans ce même carnaval de 1813 que Rossini fit *Tancrède*.

On peut juger du succès qu'eut cette œuvre céleste à Venise, le pays d'Italie où l'on juge le mieux de la beauté des chants. L'empereur et roi Napoléon eût honoré Venise de sa présence, que son arrivée n'y eût pas distrait de Rossini. C'était une folie, une vraie *fureur*, comme dit cette belle langue italienne créée pour les arts. Depuis le gondolier jusqu'au plus grand seigneur, tout le monde répétait :

> Ti rivedro, mi rivedrai.

Au tribunal où l'on plaide, les juges furent obligés d'imposer silence à l'auditoire, qui chantait :

> Ti rivedro !

ceci est un fait certain dont j'ai trouvé des centaines de témoins dans les salons de madame Benzoni.

Les *dilettanti* se disaient en s'abordant : *Notre Cimarosa est revenu au monde*[1]. C'était bien mieux, c'étaient de nouveaux plaisirs, c'étaient des effets nouveaux. Avant Rossini, il y avait souvent bien de la langueur et de la lenteur dans l'*opera seria;* les morceaux admirables étaient clair-semés, souvent ils se trouvaient séparés par quinze ou vingt minutes de récitatif et d'ennui : Rossini venait de porter dans ce genre de composition le feu, la vivacité, la perfection de l'opéra buffa.

Le véritable opéra buffa, celui dont les

1. Cimarosa, adoré à Venise, et ami particulier de la plupart des amateurs de musique, y était mort peu d'années auparavant, en 1801.

libretti furent écrits en napolitain par Tita di Lorenzi, a atteint sa perfection par Paisiello, Cimarosa et Fioravanti. Il est inutile de chercher au monde un ouvrage d'art où il y ait plus de feu, plus de génie, plus de vie : on serait prêt à commencer le dialogue avec lui : c'est l'œuvre, jusqu'ici, où l'homme s'est le plus approché de la perfection. Il n'y a donc rien à faire dans ce genre qu'à mourir de rire ou de plaisir, quand on entend un bon opéra buffa et qu'on n'est pas né flegmatique [1]. Le succès de Rossini est d'avoir transporté une partie de ce feu du ciel, fixé dans l'opéra buffa, de l'avoir transporté, dis-je, dans l'opéra *di mezzo carattere*, comme *le Barbier de Séville*, et dans l'opéra séria, comme *Tancrède*; car ne vous figurez pas que *le Barbier de Séville* tout gai qu'il vous semble, soit encore l'opéra buffa ; il n'est qu'au second degré de gaieté.

On ne connaît guère l'opéra buffa hors de Naples, à peine, depuis les progrès de la musique instrumentale, pourrait-on ajouter quelque trait de hautbois ou de basson aux chefs-d'œuvre des Fioravanti et des Paisiello. Rossini s'est bien gardé

---

1. Voir les six tempéraments dans l'immortel ouvrage de Cabanis : *Des Rapports du physique et du moral de l'homme.*

de toucher à ce genre ; c'est comme qui voudrait faire de la terreur d'assassinat après *Macbeth*. Il a entrepris la besogne *faisable* de porter la vie dans l'opéra seria.

CHAPITRE II

TANCRÈDE.

CE charmant opéra a fait le tour de l'Europe en quatre ans. A quoi bon analyser et juger *Tancrède ?* Chaque lecteur ne sait-il pas déjà tout ce qu'il en doit penser, et au lieu de juger *Tancrède* avec moi, ne va-t-il pas me juger avec *Tancrède?* Grâce à madame Pasta, Paris ne voit-il pas *Tancrède* comme il n'a jamais été donné nulle part ?

Quel prodige qu'une jeune femme qui, à peine arrivée à l'âge des passions, nous présente, avec un chant suave, un talent tragique aussi remarquable peut-être que Talma, et surtout un talent *différent*, et un talent plus simple !

Pour faire mon devoir d'historien, et ne pas encourir le reproche d'être incomplet, je vais essayer une analyse rapide de *Tancrède*.

Les premières mesures de l'ouverture ne manquent ni de charme ni de noblesse ; mais, suivant moi, le génie ne commence qu'à l'*allegro*. Il y a là un caractère de nouveauté et de hardiesse qui à Venise, le soir de la première représentation, entraîna tous les cœurs. Rossini n'avait point osé venir se placer au piano, comme c'est l'usage et comme son engagement l'y obligeait ; il avait peur d'être accueilli par des sifflets. L'honneur national du public de Venise avait encore sur le cœur l'accompagnement obligé avec réverbères de fer-blanc de son précédent opéra. Le compositeur enfant s'était caché sous le théâtre, dans le passage qui conduit à l'orchestre. Après l'avoir cherché partout, le premier violon, voyant que l'heure avançait, et que le public commençait à donner des marques de cette impatience toujours si ridicule aux yeux des acteurs, excepté les jours de première représentation, se détermina à commencer l'opéra. Le premier allegro de l'ouverture plut tellement, que pendant les applaudissements et les bravos universels Rossini sortit de sa cachette, et osa se glisser à sa place au piano.

Cet *allegro* est plein de fierté et d'élégance. C'est bien là ce qui convient au nom chevaleresque de *Tancrède ;* voilà bien l'amant d'une femme à grand caractère ; c'est bien là, enfin, le génie de Rossini dans sa pureté. Quand il est lui-même, il a de l'élégance comme un jeune héros français, comme un Gaston de Foix, et non de la force comme Haydn. Il faut de la force pour le beau idéal antique. Cimarosa trouva cette force dans les airs des *Horaces et des Curiaces*. Rossini, suivant, sans s'en douter, les traces de Canova, a substitué de l'*élégance* à cette *force*, si utile et si estimée dans la Grèce antique ; il a compris la tendance de son siècle, il s'est écarté du *beau idéal* de Cimarosa, précisément comme Canova a osé s'écarter du *beau idéal antique*[1].

Quand, plus tard, Rossini a voulu avoir de la force comme Cimarosa, quelquefois il a été *lourd :* c'est qu'il a eu recours à ces *lieux communs* d'harmonie, éternelle ressource des Mayer, des Winter, des Weigl, et autres compositeurs allemands, et qu'il n'a pas eu de la force dans la mélodie.

Quoi qu'il en soit de mon explication, un peu métaphysique, quand Rossini est lui-même, il a de l'élégance et de l'esprit, et non de la force comme Haydn, ou de la fougue à la Michel-Ange, comme Beethoven.

Cette réflexion m'a été suggérée surtout par cet allegro de l'ouverture de *Tan-*

---

1. Il y a ici un point de contact frappant entre la sculpture et la musique. Voir, pour le développement de cette idée un peu difficile, l'*Histoire de la Peinture en Italie*, tome II, page 133.

crède. Le motif principal renferme des tours neufs, pleins d'une grâce et d'une finesse tout à fait françaises ; mais il n'y a point de pathétique.

L'ouverture finit, la toile se lève, nous voyons entrer des chevaliers syracusains. Ils chantent en chœur :

> Pace, onore...fede, amore.

Ce chœur est fort agréable, mais est-ce bien là le mot qu'il devrait nous faire trouver ? Ne manque-t-il pas évidemment de cette *force* dont je viens de parler, et que l'on remarque presque à chaque pas dans les œuvres de Haydn ? Ce chœur a un air doucereux assez déplacé partout, et plus qu'ailleurs parmi les chevaliers du moyen âge.

> Cinq chevaliers français conquirent la Sicile,

dit le poëte, et ce sont ces chevaliers farouches, j'ai presque dit féroces, dont Walter Scott vient de nous donner un portrait, d'après nature, dans le templier Boisguilbert d'*Ivanhoe*, ce sont ces chevaliers qui vont bientôt envoyer à une mort cruelle l'aimable fille de l'un d'entre eux, qui viennent nous dire d'un air doux :

> Pace, onore.

Ce chœur serait parfait pour célébrer une paix parmi les bergers de l'*Astrée*,

Où, jusqu'à je vous hais, tout se dit tendrement.

Mais est-ce là la vigueur caractéristique du moyen âge ? Les chevaliers couverts de fer de ces temps barbares, même quand ils juraient une paix, devaient avoir l'air farouche du lion qui se repose, ou de la vieille garde rentrant à Paris après Austerlitz.

L'excuse de Rossini, c'est que dans les premiers tableaux de Raphaël souvent on cherche de la force, même dans les endroits où elle est le plus nécessaire.

Cette *introduction*[1] de *Tancrède* produit toujours peu d'effet, quoique la mélodie en soit agréable. Si l'idée de corriger, et de corriger un ouvrage heureux, n'était pas à mille lieues du caractère de Rossini, il devrait accorder quelques minutes à ce chœur des chevaliers de Syracuse.

Rossini prend tout à fait sa revanche dans la ritournelle et le morceau de chant qui annonce l'entrée d'Aménaïde :

Piu dolce e placida.

Avant lui la musique n'avait jamais

1. On appelle *introduction* tout ce qu'on chante depuis la fin de l'ouverture jusqu'au premier récitatif.

exprimé à ce point l'élégance noble et simple qui convient à une jeune princesse des siècles de chevalerie.

La cavatine d'Aménaïde, *come dolce all'alma mia*, manque de la mélancolie que Mozart y eût mise, et l'on y remarque des agréments trop jolis pour n'être pas déplacés. Une jeune fille d'une âme un peu élevée qui songe à son amant proscrit et absent, doit être triste : Voltaire a cherché cette nuance. Rossini était trop jeune pour la sentir, ou, pour mieux dire, et ne pas prendre sitôt le ton du panégyrique, ce sentiment n'est peut-être jamais entré dans son âme ; toujours il a craint d'être ennuyeux en faisant de la musique triste. Plus tard, il eût imité un instant Mozart ; à dix-huit ans, il a écrit avec simplicité ce qui lui était dicté par son génie, et ce génie, s'il a de la tendresse, ne connaît guère, ce me semble, la tendresse accompagnée de mélancolie.

Nous voici enfin à la célèbre entrée de Tancrède. Il faut un théâtre à l'italienne pour que le débarquement du chevalier et de sa suite sur une plage écartée et solitaire ait quelque chose de noble. A Louvois, il faut l'admirable *portamento* de madame Pasta pour que le débarquement de Tancrède, à quarante pas du spectateur, et sortant d'une petite barque dont on aperçoit les mouvements convulsifs, ne soit pas d'un effet risible, et surtout le rivage étant formé de décorations ridicules dans lesquelles les arbres *font ombre* sur le ciel. A Milan on aperçoit à demi, dans le lointain, et comme il faut présenter ces choses-là à l'imagination, le débarquement de Tancrède et de ses écuyers. La décoration sublime est un chef-d'œuvre de Sanquirico ou de Perego ; l'admiration qu'elle vous donne vous fait *oublier* de porter un œil critique sur les détails de l'action qui se passe devant vous. Heureusement le public de Paris n'est pas difficile en décorations, et les ridicules qu'il ne sent pas n'existent pas pour lui.

A Venise, Rossini avait fait pour l'arrivée de Tancrède un grand air dont la Malanote ne voulut pas[1] ; et comme cette excellente cantatrice était alors dans la fleur de la beauté, du talent et des caprices, elle ne lui déclara son antipathie pour cet air que l'avant-veille de la première représentation.

Qu'on juge du désespoir du *maestro* ! Voilà de ces choses qui font devenir fou à cet âge et dans cette position ; âge heureux où l'on devient fou ! « Si après « l'équipée de mon dernier opéra, se disait

---

1. Madame Pasta l'a placé dernièrement dans le premier acte de la *Rosa bianca* ; les situations sont pareilles.

« Rossini, l'on siffle l'entrée de Tancrède,
« tout l'opéra *va a terra* (tombe à plat). »

Le pauvre jeune homme rentre pensif à sa petite auberge. Une idée lui vient ; il écrit quelques lignes, c'est le fameux

Tu che accendi,

l'air au monde qui peut-être a jamais été le plus chanté et en plus de lieux différents. On raconte à Venise que la première idée de cette cantilène délicieuse, qui dit si bien le bonheur de se revoir après une longue absence, est prise d'une litanie grecque ; Rossini l'avait entendu chanter quelques jours auparavant à vêpres, dans l'église d'une des petites îles des lagunes de Venise. Les Grecs ont porté l'air de *bonheur* de la Mythologie, même dans la religion terrible des chrétiens.

A Venise, cet air s'appelle l'*aria dei risi*. J'avoue que c'est un nom bien vulgaire, et je suis assez embarrassé pour raconter la petite anecdote plus gastronomique que poétique qui le lui a valu. *Aria dei risi*, puisqu'il faut l'avouer, veut dire l'*air du riz*. En Lombardie, tous les dîners, celui du plus grand seigneur comme celui du plus petit maestro, commencent invariablement par un plat de riz ; et comme on aime le riz fort peu cuit, quatre minutes avant de servir, le cuisinier fait toujours faire cette question importante : *bisogna mettere i risi?* Comme Rossini rentrait chez lui désespéré, le cameriere lui fit la question ordinaire ; on mit le riz au feu, et avant qu'il fût prêt Rossini avait fini l'air.

Di tanti palpiti.

Le nom d'*aria dei risi* rappelle qu'il a été fait en un instant.

Que dire de cette admirable cantilène ? Il me semble qu'il serait également ridicule d'en parler et à qui la connaît, et à qui ne l'a jamais entendue ; et d'ailleurs qui ne l'a pas entendue en Europe ?

Les seules personnes qui ont vu madame Pasta dans le rôle de Tancrède savent que le récitatif

O patria, ingrata patria !

peut être plus sublime et plus entraînant que l'air lui-même. Madame Fodor avait fait une contredanse de cet air qu'elle plaçait dans la leçon de chant du *Barbier de Séville*. On peut chanter supérieurement un air quelconque avec une belle voix, on peut être une serinette sublime ; il faut de l'âme pour les récitatifs. Dans l'air lui-même le passage sur les mots *alma gloria* ne sera jamais chanté par un être né en deçà des Alpes.

Les mots *mi rivedrai, ti rivedrò*, exigent le sentiment ou le souvenir de l'amour fou des heureuses régions du Midi. Les gens du Nord mangeraient vingt poétiques comme celle de La Harpe avant de comprendre pourquoi *mi rivedrai* est mis avant *ti rivedrò*. Si nos gens de goût entendaient l'italien, ils trouveraient qu'il y a là *manque de politesse* de Tancrède à l'égard d'Aménaïde, et peut-être *oubli total des convenances*.

A l'arrivée de Tancrède on peut voir dans l'orchestre le sublime de l'*harmonie dramatique*.

Ce n'est pas, comme on le croit en Allemagne, l'art de faire exprimer les sentiments du personnage qui est en scène par les clarinettes, par les violoncelles, par les hautbois ; c'est l'art bien plus rare de faire dire par les instruments la partie de ces sentiments que le personnage lui-même ne pourrait nous confier. Tancrède, en arrivant sur la plage déserte, peint d'un mot ce qui se passe dans son cœur ; il convient ensuite à l'expression par le geste et par la voix humaine, qu'il emploie quelques instants de silence à contempler cette patrie ingrate qu'il revoit avec une émotion si mélangée de plaisir et de peine.

S'il parlait en ce moment, Tancrède choquerait l'intérêt que nous lui portons, et l'idée que nous aimons à nous former de son émotion profonde en revoyant les lieux qu'habite Aménaïde. Tancrède doit se taire ; mais pendant qu'il garde un silence qui convient si bien aux passions qui l'agitent, les soupirs des cors vont nous peindre une autre partie de son âme, et peut-être des sentiments dont il n'ose pas convenir avec lui-même, et qu'il n'exprimerait jamais par la voix.

Voilà ce que la musique ne savait pas faire du temps des Pergolèse et des Sacchini, et voilà ce que les Allemands non plus ne savent pas faire. Ils font dire tout bonnement par les instruments, non-seulement ce qu'ils devraient nous apprendre, mais encore ce que le personnage lui-même devrait nous dire par son chant. Ordinairement ce chant, dépourvu d'expression ou exagérant l'expression comme l'enluminure exagère les couleurs d'un tableau de Raphaël, ne se fait entendre que pour nous reposer des effets d'orchestre. Le héros est comme ces princes, remplis des meilleures intentions du monde, mais qui, ne pouvant dire par eux-mêmes que des choses assez communes, vous renvoient toujours à leurs ministres dès qu'il se présente à faire quelque réponse importante.

Les instruments ont, comme les voix humaines, des caractères distinctifs : par exemple, durant l'air et le récitatif de Tancrède, Rossini a employé la flûte [1]; cet instrument a un talent tout particulier pour peindre la joie mêlée de tristesse [2], et c'est bien là le sentiment de Tancrède en revoyant cette patrie ingrate où il ne peut reparaître que sous un déguisement.

Si l'on veut arriver par un autre chemin à l'idée de l'harmonie dans ses rapports avec le chant, je puis dire que Rossini a employé avec succès le grand artifice de Walter Scott, le moyen de l'art peut-être qui a valu les succès les plus étonnants à l'immortel auteur d'*Old Mortality*. Comme Rossini prépare et soutient ses chants par l'harmonie, de même Walter Scott prépare et soutient ses dialogues et ses récits par des descriptions. Voyez dès la première page d'*Ivanhoe* cette admirable description du soleil couchant qui darde des rayons déjà affaiblis et presque horizontaux au

---

1. M. Prunières fait remarquer que c'est en réalité la clarinette qui a dans ce récitatif le rôle important. N. D. L. E.

2. On pourrait dire que la flûte a une certaine analogie avec les grandes draperies *bleu d'outremer* prodiguées par plusieurs peintres célèbres, et entre autres par Carlo Dolce, dans les sujets tendres et sérieux ; mais une telle remarque qui passerait peut-être pour du génie à Bayreuth ou à Kœnigsberg, ne semblera pas chimérique à Paris. Heureux le pays où, dès qu'on est vague et obscur, l'on peut espérer de paraître sublime !

travers des branches les plus basses et les plus touffues des arbres qui cachent l'habitation de *Cédric* le Saxon. Ces rayons déjà pâlissants tombent au milieu d'un éclairci de cette forêt sur les habits singuliers que portent le fou Wamba et Gurth le gardeur de porcs. L'homme de génie écossais n'a pas encore achevé de décrire cette forêt éclairée par les derniers rayons d'un soleil rasant, et les singuliers vêtements des deux personnages, peu nobles assurément, qu'il nous présente contre toutes les règles de la dignité, que nous nous sentons déjà comme touchés par avance de ce que ces deux personnages vont se dire. Lorsqu'ils parlent enfin, leurs moindres paroles ont un prix infini. Essayez par la pensée de commencer le chapitre et le roman par ce dialogue non préparé par la description, il aura perdu presque tout son effet.

Voilà comment les gens de génie emploient l'harmonie en musique, exactement comme Walter Scott se sert de la *description* dans *Ivanhoe;* les autres, le savant M. Cherubini, par exemple, jettent l'harmonie comme M. l'abbé Delille entasse les descriptions les unes sur les autres dans son poëme de *la Pitié*. Vous souvient-il encore combien les personnages épisodiques de M. l'abbé Delille sont pâles et décolorés ? Vous rappelez-vous combien l'on admirait cela à Paris en 1804 ? Quels progrès immenses n'avons-nous pas faits depuis cette époque ? Espérons que nous en ferons bientôt de semblables en musique, et que l'harmonie allemande suivra la poésie à *la Louis XV*. Nos anciens auteurs, La Bruyère, Pascal, Duclos, Voltaire, n'ont jamais eu l'idée de décrire la nature, pas plus que Pergolèse et Buranello ne songèrent à l'harmonie. Nous nous sommes réveillés de ce défaut pour tomber dans l'excès contraire ; c'est encore comme la musique qui se noie dans l'harmonie. Espérons que nous nous corrigerons de la prose sentimentale de madame de Staël comme des descriptions du chantre des *Jardins*, et que nous en viendrons à ne parler des aspects touchants de la nature que quand notre cœur nous laisse assez de sang-froid pour les remarquer et en jouir.

A chaque instant Walter Scott interrompt et soutient le dialogue par la *description*, quelquefois même d'une manière impatientante, comme lorsque la charmante petite muette Fenella de *Peveril du Pic*, veut empêcher Julian de sortir du château de Holm-Peel dans l'île de Man. Ici la description impatiente à peu près comme l'harmonie allemande choque les cœurs italiens ; mais lorsqu'elle est bien placée, elle laisse l'âme dans un état d'émotion qui la prépare merveilleusement à se laisser toucher par le plus simple dialogue ; et c'est, à l'aide de ses admirables descriptions que Walter Scott a pu avoir l'audace d'être simple, abandonner le ton de rhéteur que Jean-Jacques et tant d'autres avaient mis à la mode dans le roman, et enfin oser risquer des dialogues aussi vrais que la nature.

Peut-être aurai-je réussi par cette longue digression à donner une idée un peu nette des diverses positions qu'occupent sur le Parnasse musical, Pergolèse, Mayer, Mozart et Rossini. Du temps de Pergolèse, on n'avait pas encore songé à employer dans le roman les descriptions des aspects sublimes ou gais de la nature ; Mozart fut le Walter Scott de la musique. Il se servit de la description d'une manière ravissante ; quelquefois mais fort rarement, il l'employa d'une façon un peu exagérée. Mayer, Winter, Weigl, comme M. l'abbé Delille, jettent à pleines mains des descriptions peu intéressantes et fort *savantes* (très-fortes en grammaire et en mécanisme de langue). Rossini les a employées d'une manière qui plaît au public ; sa couleur est vive, sa lumière est singulièrement pittoresque ; il arrête toujours les yeux, mais quelquefois il les fatigue.

A chaque instant dans la *Gazza ladra*, par exemple, on voudrait faire taire l'orchestre pour avoir un peu plus de chant. L'effet est dur et fort, il convient aux gens sensibles ; les *dilettanti* voudraient plus de charme, plus de suavité, plus de chant simple et doux confié aux voix humaines.

Rossini était bien loin de ce défaut quand il créa la divine partition de *Tancrède;* il trouva ce juste milieu de richesses et de luxe qui pare la beauté sans la cacher, sans lui nuire, sans la surcharger de vains ornements. Il faudra en revenir au style charmant de *Tancrède* toutes les fois que l'on sera lassé de trop de bruit, ou ennuyé de trop de simplicité.

Ce qui excita des transports si vifs à Venise, ce fut la *nouveauté* de ce *style*, ce furent des chants délicieux garnis, si j'ose m'exprimer ainsi, d'accompagnements singuliers, imprévus, nouveaux, qui réveillaient sans cesse l'oreille, et jetaient du piquant dans les choses les plus communes en apparence ; et cependant les accompagnements produisaient des effets si séduisants sans jamais nuire à la voix. *Fanno col canto conversazione rispettosa*[1],

---

1. Les accompagnements ne sortent jamais des bornes d'une conversation respectueuse à l'égard du *chant*, ils ont soin de se taire dès que le chant paraît avoir quelque

dit l'un des amateurs les plus spirituels de Venise, le célèbre Buratti (l'auteur de l'*Uomo*, et de l'*Elefanteide*, satires délicieuses).

Il y a des fautes dans le premier *final* de *Tancrède*, me disait un soir à Brescia l'aimable Pellico (le premier poëte tragique de l'Italie, aujourd'hui en prison pour quinze ans dans la forteresse du Spielberg); il y a des sauts d'un son à l'autre dans ce *final*, qui étonnent l'oreille. — Mais l'oreille, lui répondais-je, ne doit-elle absolument jamais être étonnée? Si vous voulez qu'on fasse des découvertes, laissez un peu courir au hasard vos vaisseaux sur les mers. Si l'on n'avait jamais voulu permettre d'étonner l'oreille, le fougueux et singulier Beethoven aurait-il jamais succédé au sage et noble Haydn?

Si, dans le premier acte de *Tancrède*, Rossini ne fait pas encore usage de tout le luxe de l'harmonie allemande, il a de ces phrases charmantes d'une mélodie périodique et délicieuse, à la Cimarosa, que nous verrons plus tard devenir de plus en plus rares dans ses ouvrages successifs. Remarquez dans le superbe quintette du premier acte la phrase qu'Amé-

---

chose à dire; dans la musique allemande, au contraire, les accompagnements sont insolents.

naïde adresse successivement à son père, à Tancrède, à Orbassan :

> Deh ! tu almen.

Le quatuor sans accompagnement, dans cet acte, repose l'oreille de la fatigue de l'harmonie ; ces morceaux sont d'un effet sûr. La partie de ce quatuor, chantée à mi-voix par Orbassan, est délicieuse ; il semble que les sentiments sont conduits comme par la main par cette belle voix de basse : on ne sait où l'on va, mais l'on se sent marcher avec volupté.

Dès le commencement du second acte, on rencontre une phrase charmante :

> No ; che il morir non è.

Mais on l'oublie bientôt pour le délicieux duetto

> Ah ! se de' mali miei,

dont le caractère fier et chevaleresque fait un si beau contraste avec ce qu'on vient d'entendre.

L'expression marquante de cette délicieuse partition de *Tancrède* est l'ardeur belliqueuse et chevaleresque, cette touchante et délicieuse folie du moyen âge qui, chez les esprits élevés, faisait une chose d'*âme* de la guerre et des dangers que nous avons réduits à n'être plus qu'une *vilenie méthodique et mathématique*[1]. Ici il ne doit plus être question des moyens *physiques* de l'art choisis par Rossini, et par lui employés avec plus ou moins de succès ; nous sommes bien au-dessus de telles considérations. Il faut remarquer qu'il peint une chose nouvelle. La partie de Tancrède dans le duo *Ah! se de' mali miei*, qui commence par la profonde mélancolie d'un héros,

> Nemico il ciel provai,
> Fin da prim' anni ognor.
> ....
> Ah ! son si misero.

finit par l'éclatant triomphe du courage qui sait se raidir contre tous les malheurs. Après ce petit mouvement de faiblesse et d'amour, si naturel et si touchant, nous avons de l'*honneur moderne* dans toute sa pureté, et voilà ce qu'aucun maestro italien n'aurait eu l'idée de faire avant *Arcole* et *Lodi*. Ces mots sont les premiers que Rossini ait entendu prononcer autour de son berceau ; ces noms sublimes sont de 1796. Rossini avait cinq ans, il put voir passer à Pesaro ces immortelles demi-

---

1. Voir la *Tactique* de M. de Guibert. Bayard ne voulut jamais être général en chef.

brigades de 1796, qui, animées du pur enthousiasme guerrier, sans croix, sans luxe, sans grands cordons, allaient nous conquérir à *Tolentino* ces tableaux, ces statues, ces monuments qui, depuis, quand les oripeaux monarchiques nous eurent énervés, nous furent enlevés si facilement. En entendant les accents sublimes que l'honneur inspire à Tancrède, jurons de nous venger un jour et d'aller les reprendre.

Pendant ce duo guerrier, les trompettes sont employées avec une adresse infinie et digne d'un maître consommé. Rossini devinait par instinct, à dix-sept ans, ce que d'autres parviennent à peine à comprendre et à sentir à la suite d'études longues et pénibles.

Le mouvement de mélodie

Il vivo lampo,

au moment où Tancrède tire son épée, me semble la plus belle chose que Rossini ait jamais faite. Cela est parfaitement noble, parfaitement vrai, parfaitement neuf.

Je conseillerais à tous les chanteurs, et même à madame Pasta, d'être économes de roulades dans les moments si courts de passion extrême, tels que celui qui fait dire à Tancrède :

Odiarla ! o ciel non so.

Ce personnage n'a qu'une faible émotion, ce me semble, qui, dans les transports d'une passion, songe à être élégant, c'est-à-dire songe qu'il existe d'autres êtres, et bien plus, songe à ce qu'ils peuvent penser de lui, et veut être bien à leurs yeux. L'homme passionné ne peut plus garder que ce degré d'élégance involontaire qui, chez lui, est devenue habitude. Les roulades, au contraire, sont divinement placées sur les mots :

Di quella spada.

J'observerai en passant que les gens de lettres qui se figurent plaisamment qu'à force de lire Boileau on apprend à se connaître en chants italiens, sont des ennemis mortels des roulades et des agréments. Ils vantent surtout le style sévère :

Non raggioniam di loro, ma guarda e passa[1].

Les douze mesures que chante Tancrède, quand on le ramène sur le char de triomphe, sont délicieuses : c'est un repos pour l'âme. Le chœur des chevaliers qui cherchent Tancrède dans la forêt, *Regna il terror*,

---

1. Paroles adressées par Virgile au Dante, en traversant l'enfer des *tièdes*: A quoi bon discourir de ces gens ? donne leur un regard et passons.

-est presque aussi beau, dans un autre genre, que l'air *Il vivo lampo*. C'est, suivant moi, la perfection de l'union de la mélodie italienne à l'harmonie allemande. Là devrait s'arrêter la révolution qui nous précipite vers l'harmonie compliquée.

La force de cette révolution vient de ce que, dans les pays du nord, sur vingt jolies petites filles à qui l'on enseigne la musique, dix-neuf apprennent le piano ; c'est à une seule qu'on montre à chanter, et les dix-neuf autres finissent par ne trouver beau que le difficile. En Italie, tout le monde cherche à arriver au *beau musical* par la voix.

Je deviendrais infini, si je cédais au plaisir de dire ce que je pense de chacun des morceaux de *Tancrède*, ou plutôt ce qu'on en pensait à Naples, à Florence, à Brescia, où j'ai vu cet opéra : car je me méfie plus que personne des sentiments personnels ; ces sentiments, quand ils sont sincères, sont tout au monde pour qui les éprouve, mais fort indifférents et même ridicules aux yeux du voisin qui ne les partage pas. Je prie le lecteur de croire que le *Je*, dans cette brochure, n'est qu'une tournure qui pourrait être remplacée par : On disait à Naples, dans la société du marquis Berio..., ou : M. Peruchini, de Venise, cet amateur si instruit, dont les sentiments font loi, nous disait un jour chez madame Bensoni..., ou : J'ai vu, ce soir, au cercle qui se réunit autour du fauteuil de M. l'avocat Antonini, à Bologne, M. Agguchi soutenir que l'harmonie allemande... ; le comte Giraud était de son avis, que M. Gherardi, l'ami de Rossini, a combattu à outrance.

Le petit nombre de sentiments tout à fait personnels qui se rencontrent dans cette brochure sont présentés avec les formes dubitatives qui conviennent à l'auteur plus qu'à personne, et il avoue ici que pour faire cette *Vie de Rossini* il a pris de toutes mains, et, par exemple, dans tous les journaux allemands et italiens les jugements sur ce grand homme et ses ouvrages.

Ainsi, j'entendis dire un soir à l'aimable Gherardi, dans la loge de madame Z***, à Bologne : « Ce qui me frappe dans la musique de *Tancrède*, c'est la jeunesse. L'audace fait certainement l'un des traits les plus frappants de la musique de Rossini, comme de son caractère. Mais dans *Tancrède*, je ne trouve pas cette audace qui me transporte et m'étonne dans la *Gazza ladra* ou le *Barbier*. Tout y est simple et pur. Il n'y a point de luxe ; c'est le génie dans toute sa naïveté, et, si l'on me permet cette expression, c'est le génie vierge encore. J'aime de *Tancrède* jusqu'à je ne sais quel air d'ancienneté qui me frappe dans la coupe de plusieurs de ses chants ; ce sont encore les formes employées par Paisiello et Cimarosa, ces phrases longues et périodiques, et qui cependant échappent encore trop tôt à l'attention qu'elles captivent, et à l'âme qu'elles enchantent. En un mot, j'aime *Tancrède* comme j'aime le *Rinaldo* du Tasse, parce qu'il offre la manière de sentir d'un grand homme dans sa candeur virginale. »

Rossini, qui venait, dans son opéra avec accompagnements de réverbères de fer-blanc, d'offenser le public de Venise, se garda bien d'avoir recours aux lieux communs de mélodie et d'harmonie qui remplissaient les partitions de la plupart de ses rivaux. Je ne distingue pas dans *Tancrède*, du moins en l'écoutant à la scène, un seul de ces lieux communs d'harmonie qui forment comme le corps de réserve des compositeurs allemands, et que, plus tard, Rossini n'a que trop employés dans ses opéras à l'allemande, tels que *Mosè*, *Otello*, *la Gazza ladra*, *Ermione*, etc.

A Naples, accusé d'ignorance par les Zingarelli et les Paisiello, grands artistes qui, sur leurs vieux jours, finissaient par la pédanterie et l'envie, Rossini ambitionna le suffrage des amateurs du *style sévère*. Style sévère dans la bouche des artistes charlatans, et dans celle des amateurs qui répètent leurs phrases, sans trop s'en rendre compte, veut presque toujours dire emploi des lieux communs de l'harmonie, emploi qui fait souvent illusion aux ignorants, et dont, par exemple, je fus tout à fait dupe en 1817, dans la *Testa di Bronzo*, de Soliva, à Milan.

Il y aurait une remarque de vingt lignes à faire sur chacun des airs ou des morceaux d'ensemble de *Tancrède*. Ces réflexions sont agréables à côté d'un piano ; en nous expliquant ce que nous venons d'éprouver, elles redoublent la force de nos sensations, et surtout en fixent un peu le souvenir et les font entrer dans le domaine de la mémoire. Transportées dans un livre, et loin d'un piano, ces réflexions pourraient fatiguer. Il faut tout le tragique de cette terrible parole *ennui* pour me forcer à cesser de louer *Tancrède*.

On sent bien que, dans un pays comme Venise, Rossini fut aussi heureux comme homme qu'il était glorieux comme compositeur. Bientôt la Marcolini, charmante cantatrice bouffe, alors dans toute la fleur du génie et de la jeunesse, l'arracha aux grandes dames ses premières protectrices.

Il fut fort ingrat, dit-on ; il y eut bien des larmes répandues. On raconte, à ce sujet, une anecdote assez compliquée et surtout fort plaisante, qui met dans un jour parfait le caractère audacieux et gai de Rossini, et sa facilité à prendre des partis décisifs ; mais, en vérité, je ne puis imprimer cette anecdote-là. Quelques changements que je misse dans les noms, pour dépayser les curieux, cette histoire a des circonstances si extraordinaires, que tout le monde en Italie nommerait les acteurs : attendons quelques années. On dit que la Marcolini, pour n'être pas en reste avec Rossini, lui sacrifia le prince Lucien Bonaparte.

C'est pour la Marcolini, c'est pour sa délicieuse voix de contralto, c'est pour son admirable jeu comique qu'il composa le rôle si plaisant de *l'Italiana in Algeri*, que nous voyons si noblement défigurer dans le Nord. Telle actrice que je ne veux pas nommer, parce qu'elle est jolie, nous traduit une jeune femme du Midi, gaie, folle, heureuse, passionnée, et, il faut bien l'avouer, ne songeant guère au *qu'en dira-t-on*, en une respectable miss de l'Yorkshire, qui songe toujours, et avant tout, à mériter les suffrages des commères de sa paroisse, sans lesquels suffrages elle ne trouvera pas de mari. La vertu nous poursuivra-t-elle partout ? Est-ce bien pour avoir la majestueuse vision (*the noble prospect*) d'une femme parfaite que j'entre à l'Opéra-Buffa ? Serait-ce offenser la gravité de notre siècle, blesser les convenances, etc., etc., que d'oser penser que plus les mœurs sont tristes, collets-montés et hypocrites, plus les délassements devraient être gais ?

CHAPITRE III

L'ITALIANA IN ALGERI

MAIS parlons de *l'Italiana*, non pas telle que des gens adroits nous l'ont fait voir à Paris, afin de nous dégoûter un peu de Rossini, mais telle qu'elle parut en Italie, lorsqu'elle vint placer son jeune auteur au premier rang des *maestri*.

Les reflets de l'arc-en-ciel ne sont pas plus délicats et plus faciles à s'évanouir que les effets de la musique ; comme tout le charme dépend de l'imagination, et que la musique en soi n'a rien de réel, il suffit d'une association involontaire d'idées désagréables pour empêcher à jamais l'effet d'un chef-d'œuvre dans un pays. Tel est le sort de *l'Italiana* à Paris ; elle y a été tellement gâtée qu'elle n'y fera jamais un certain plaisir. Tout le monde arrivera au spectacle avec l'idée qu'on va voir quelque chose de médiocre. Ce seul préjugé serait fatal partout à la meilleure musique du monde ; que sera-ce chez un peuple où chacun dirait volontiers à son voisin : « Monsieur, faites-moi l'amitié de « me dire si j'ai du plaisir ? »

L'ouverture de *l'Italiana* est délicieuse, mais elle est trop gaie ; c'est un grand défaut.

L'introduction est admirable ; elle peint juste, et avec profondeur, la douleur d'une pauvre femme délaissée. Le chant qui fixe les yeux sur cet état de l'âme,

Il mio sposo non più m'ama,

est délicieux, et cette douleur n'a rien de tragique.

Arrêtons-nous sur ce peu de mots : c'est tout simplement la perfection du genre bouffe. Aucun autre compositeur vivant ne mérite cette louange, et Rossini lui-même a bientôt cessé d'y prétendre. Quand il écrivait *l'Italiana in Algeri*, il était dans la fleur du génie et de la jeunesse : il ne craignait pas de se répéter ; il ne cherchait pas à faire de la musique *forte;* il vivait dans cet aimable pays de Venise, le plus gai de l'Italie et peut-être du monde, et certainement le moins pédant. Le résultat de ce caractère des Vénitiens [1], c'est qu'ils veulent avant tout, en

---

1. Le caractère vénitien est esquissé avec toute la grâce et l'effet possible dans un roman de Schiller, intitulé *Mémoires du comte d'O*. Voici un problème moral digne de toute l'attention des philosophes. Le pays le plus gai, le plus naturel, le plus heureux de l'Europe était celui qui ava..

musique, des chants agréables et plus légers que passionnés. Ils furent servis à souhait dans *l'Italiana ;* jamais peuple n'a joui d'un spectacle plus conforme à son caractère ; et de tous les opéras qui ont jamais existé, c'est celui qui devait plaire le plus à des Vénitiens.

Aussi, voyageant dans le pays de Venise en 1817, je trouvai qu'on jouait en même temps *l'Italiana in Algeri* à Brescia, à Vérone, à Venise, à Vicence et à Trévise.

Il faut avouer que dans plusieurs de ces villes, à Vicence par exemple, cette musique était chantée par des acteurs auxquels on ferait beaucoup d'honneur en les comparant aux plus faibles des nôtres ; mais il y avait une certaine verve dans l'exécution, un *brio*, un entraînement général que l'on ne trouve jamais à l'Opéra dans nos climats raisonneurs. Je voyais cette espèce de folie musicale s'emparer de l'orchestre et des spectateurs, dès le commencement du premier acte, au premier accès d'applaudissements un peu vif, et donner à tous les plaisirs les plus entraînants. Je prenais ma part de cette folie qui faisait naître tant de joie dans un

---

les lois écrites les plus atroces. Voir les constitutions de l'inquisition d'Etat dans l'*Histoire de Venise* de M. Daru. Le pays le moins gai du monde, c'est assurément Boston, justement celui où le gouvernement est à peu près parfait. Le mot de l'énigme ne serait-il pas *Religion?*

chétif théâtre où rien assurément n'était au-dessus du médiocre. Je ne saurais expliquer le comment de tout cela. Rien n'était fait dans ce charmant spectacle pour rappeler le *réel* et le *triste* de la vie. Il n'y avait certainement pas une tête dans la salle qui s'avisât de *juger* ce qu'on voyait. Le chant, les décorations, l'exécution vive de l'orchestre, le jeu des acteurs rempli d'improvisations, rien n'était fait pour arrêter ici-bas l'imagination du spectateur, qui, pour peu qu'il fût bien disposé, se trouvait bientôt dans un autre monde que le nôtre, et dans un monde bien autrement gai. Mais tout cela veut être vu, et a fort mauvaise grâce dans un récit.

Nous étions tous livrés aux plus folles illusions de la musique. Les acteurs, enhardis, inspirés par les applaudissements excessifs et par les cris des spectateurs, se permettaient des choses que, par exemple, ils n'auraient jamais osé hasarder le lendemain. J'ai vu le délicieux bouffe Paccini, qui jouait messer Taddeo à San-Benedetto, à Venise, nous avouer, à la fin d'une soirée de grand succès et de haute folie, que la plus délicieuse partie de gondole, le meilleur repas, tout ce qu'il y a de plus gai au monde, n'était rien pour lui, mis en parallèle avec une telle représentation.

Après le chant plaintif de la pauvre Elvire que le bey abandonne, rien de plus gai, de moins cruel, de plus expressif, et surtout de plus naturel en Italie que le chant de Mustafa :

Cara, m'hai rotto il timpano.

C'est bien là un amant lassé de sa maîtresse ; mais il n'y a rien d'humiliant pour l'amour-propre, rien de moqueur.

Remarquez que je parle toujours de la musique et jamais des paroles, que je ne connais pas. Je refais toujours, pour mon compte, les paroles d'un opéra. Je prends la situation du poëte, et ne lui demande qu'un seul mot, un seul, pour me nommer le sentiment; par exemple, je vois dans Mustafa un homme ennuyé de sa maîtresse et de ses grandeurs, et en sa qualité de souverain ne manquant pas de vanité. Peut-être que l'ensemble des paroles me gâterait tout cela. Qu'y faire ? Il vaudrait mieux sans doute que Voltaire ou Beaumarchais eussent fait le *libretto*, il serait charmant comme la musique ; on pourrait le lire sans se désenchanter le moins du monde. Mais comme les Voltaire sont rares, il est heureux que l'art charmant qui nous occupe puisse se passer si bien d'un grand poëte. Seulement, il ne faut pas avoir l'imprudence de lire le *libretto*. A Vicence, je vis qu'on le parcourait la première soirée pour prendre une idée de l'action. A chaque morceau on lisait le premier vers qui nomme la passion ou la nuance de sentiment que la musique doit peindre. Jamais, durant les quarante représentations suivantes, il ne vint à l'idée de personne d'ouvrir ce petit volume couvert de papier d'or.

Madame B***, à Venise, redoutant encore l'effet désagréable du *libretto*, ne l'admettait pas dans sa loge, même à la première représentation. On lui faisait un sommaire de l'action en quarante lignes, et ensuite, par n°s 1, 2, 3, 4, etc., on lui donnait en quatre ou cinq mots le sujet de chaque air, duetto ou morceau d'ensemble ; par exemple, jalousie de ser Taddeo, amour passionné de Lindor, coquetterie d'Isabelle à l'égard du bey, et ce petit extrait était suivi du premier vers de l'air ou du duetto. Je vis que tout le monde trouvait cette idée fort commode. C'est ainsi qu'on devrait imprimer des libretti pour les amateurs... en vérité, je ne sais quel mot prendre pour éviter l'orgueil... pour les amateurs qui aiment la musique comme on l'aime à Venise.

La cavatine de Lindor, l'amant aimé, dans *l'Italiana in Algeri*,

> Languir per una bella,

est d'une fraîcheur parfaite. L'effet est puissant et la musique est simple. Cette cavatine est une des plus jolies choses que Rossini ait jamais écrites pour une véritable voix de ténor. Je n'oublierai jamais l'effet qu'y produisait Davide, le premier ou pour mieux dire le seul ténor qui existe aujourd'hui. C'était un des plus grands triomphes de la musique. Entraînés par les badinages de cette voix élégante, pure, sonore, les spectateurs oubliaient tout au monde. Le grand avantage de cette cavatine, c'est qu'il n'y a pas trop de passion ; elle n'est pas trop dramatique. L'action commence seulement. Nous ne sommes point obligés de penser à des circonstances plus ou moins compliquées, nous sommes tout entiers au plaisir entraînant qui s'empare de nous. C'est la musique la plus *physique* que je connaisse.

Ce moment délicieux est renouvelé un instant après ; mais si le plaisir qu'on nous propose était exactement de même nature, de toute nécessité il serait moins vif.

Le duetto entre Lindor et Mustafa

> Se inclinassi a prender moglie

est aussi agréable que la cavatine ; mais déjà il a une nuance de plus de dramatique et de sérieux ; Lindor se défend de prendre la femme que le bey veut lui transmettre. Nos graves littérateurs des *Débats* ont trouvé l'action de la pièce folle, sans voir, les pauvres gens, que si elle n'était pas folle, elle ne conviendrait plus à ce genre de musique, qui n'est elle-même qu'une folie organisée et complète[1]. Si nos littérateurs estimables veulent du raisonnable et du passionné, renvoyons-les à Mozart. Dans le véritable opéra buffa, la passion ne se présente que de temps à autre, comme pour nous délasser de la gaieté, et c'est alors, pour le dire en passant, que l'effet de la peinture d'un sentiment tendre est irrésistible ; il a les charmes réunis de l'imprévu et du contraste. Comme à l'Opéra, quand la musique est bonne, l'âme ne peut pas être à demi occupée d'une passion, la passion continue nous occuperait trop, nous fatiguerait, et adieu pour toujours le plaisir fou de l'opéra buffa.

La réplique de Mustafa

Son duc stelle

---

1. Voir l'effet analogue cherché par Métastase dans le drame sérieux. *Vies de Haydn, de Mozart et de Métastase.* p. 374.

à Lindor, qui exige de beaux yeux dans la femme qu'il pourrait aimer, est à mourir de rire. La réflexion de Lindor

> D'ogni parte io qui m'inciampo

est de la plus belle musique que l'on ait jamais faite. On ne saurait trouver plus de fraîcheur. La contre-partie de Mustafa

> Caro amico, non c'è scampo

est le premier signe que Rossini ait jamais donné de son plus grand défaut musical. Ce chant de Mustafa est un chant de clarinette ; ce ne sont autre chose que des *batteries* destinées uniquement à faire briller la cantilène délicieuse confiée au ténor. Cimarosa avait l'art de rendre ces sortes de secondes parties agréables pour l'oreille, si par hasard l'attention s'égarait jusqu'à s'en occuper. Ici, si, à une quatrième ou cinquième représentation, l'oreille songe à la seconde partie exécutée par Mustafa, elle ne trouve qu'une musique de concert par trop insignifiante, et le charme décroît. Je note ce défaut de Rossini avec le même regret qu'on remarque, dans une jolie figure de dix-huit ans, un léger pli de la peau, près de l'œil, qui deviendra une ride dix ans plus tard.

Rossini, au lieu de faire de la musique dramatique, eut pour la première fois, dans ce *duetto*, la fatale paresse ou la fatale méfiance de ne faire que de la musique de concert.

L'air d'Isabelle

    Cruda sorte ! amor tiranno

est faible et sans génie. En revanche, où trouver des louanges dignes du fameux *duetto*

    Ai capricci della sorte ?

J'y vois une élégance que peut-être l'on chercherait en vain dans Cimarosa ; c'est cette élégance noble et simple qui fait de Rossini le musicien par excellence d'un auditoire français. Ce genre de mérite, tout à fait nouveau en musique, tient peut-être à ce qu'il y a moins de passion dans ce duetto que Cimarosa n'en eût mis. La transition

    Messer Taddeo...
    Ride il babbeo

est délicieuse.

Après un tel accès de folie, il fallait un repos pour les spectateurs. Le libretto est bien fait, en ce qu'il nous donne deux scènes de récitatif pour essuyer les larmes que le rire fou avait mises dans nos yeux.

Il y a un *repos* admirable dans la grande scène où le bey Mustafa reçoit Isabelle, c'est le chant du chœur :

> Oh ! che rara beltà.

Voilà un trait de génie, un instant de musique d'église dans un opéra buffa ; mais Rossini ayant peur d'ennuyer, l'a fait bien court.

La cantilène

> Maltrattata dalla sorte

est un chef-d'œuvre de coquetterie ; c'est suivant moi, la première fois que la coquetterie a été peinte en Italie avec ses vraies couleurs. Cimarosa est un peu sujet à mettre les accents de l'amour véritable dans la bouche de ses coquettes. C'est peut-être la seule faute que ce grand homme ait à se reprocher en peignant les cœurs de femmes. Il fallait dans l'air d'Isabelle qu'il y eût à la fois assez d'amour pour tromper la dupe, et assez de gaieté pour amuser le public.

Le quartetto de Taddeo, dans le finale du premier acte, est excellent. Remarquez le trait :

> Ah ! chi sa mai Taddeo ?

Voilà le véritable style bouffe, voilà le comique dont la musique est capable, et il est peint avec toute la largeur de pinceau possible.

Jamais, au contraire, il n'y eut de chant plus frais et plus délicat que celui de Lindor qui entre à l'instant, avec la femme délaissée et son amie :

> Pria di dividerci da voi, signore.

Voilà une opposition admirable, voilà un effet rapide et entraînant que Mozart et Cimarosa peuvent envier.

Je crois que les plus grands sots pourraient envier à nos littérateurs estimables la critique qu'ils ont faite de la fin de ce finale.

Il est bien vrai que le bey dit :

> Come scoppio di cannone
> La mia testa fa bumbùm ;

que Taddeo dit aussi :

> Sono come una cornacchia
> Che spennata fa crà, crà[1].

---

1. Telle que le retentissement du canon, ma tête fait bon... bon.
Taddeo. — Je suis comme une corneille qui, après avoir perdu ses plumes fait crà, crà. — Il faut juste autant d'esprit pour critiquer ces paroles que pour les faire.

Comment ces pauvres gens ne se sont-ils pas dit que Marmontel ou M. Etienne auraient pu écrire huit ou dix vers délicieux, délicats, charmants pour ce *finale*, et la musique cependant être comme celle de Dalayrac ou de Mondonville ? C'est comme si l'on s'avisait de louer, dans la *Transfiguration*, le soin qu'a pris Raphaël de peindre ce tableau sur une toile très-fine et de première qualité de Hollande.

A Venise, à la fin de ce *finale* chanté par Paccini, Galli et la Marcolini, les spectateurs ne pouvaient plus respirer, et s'essuyaient les yeux.

L'impression est bien celle que les gens de goût attendent d'un opéra buffa ; elle est extrêmement forte, c'est donc un chef-d'œuvre. On n'était pas obligé à Venise ou à Vicence, de descendre jusqu'à exprimer les détails de ce raisonnement ; tout le monde s'écriait en mourant de rire : Sublime ! divin !

Ce qui caractérise ce chef-d'œuvre, c'est l'extrême rapidité et l'absence de l'emphase. Il est impossible de dire plus en moins de mots ; mais comment faire entendre ces choses à des gens qui font attention aux paroles ? Rousseau s'est chargé de la réponse. On trouve cette phrase italienne dans un certain endroit de ses Œuvres :

Zanetto, lascia le donne, e studia la matematica[1].

SECOND ACTE.

Dans le second acte, rien de plus vif que l'entrée de Taddeo :

Ah ! signor Mustafa !

L'auteur du libretto fait preuve de talent en cet endroit ; la situation est forte, elle est expliquée en peu de mots, fort clairement et d'une manière comique. Il serait difficile de trouver quelque chose de plus gai que l'air et la pantomime

Viva il gran Kaïmakan !

mais il faut pour cela que l'on ose exécuter la pantomime, et c'est ce qu'on n'a pas fait à Paris. Rien cependant de plus inoffensif ; mais la dignité !
La fin de l'air

Quà bisogna far il conto

égale les plus jolies idées bouffes de Cima-

---

[1]. Pauvre Jacques, ne pense plus aux femmes, et étudie les mathématiques.
(*Confessions.*)

rosa, et cependant c'est un style tout à fait différent, beaucoup plus d'esprit, et beaucoup moins de chaleur.

Je vous engage à étudier l'accompagnement et la cantilène du raisonnement que fait le pauvre Taddeo réduit à la dure extrémité de choisir entre le pal et son amour pour Isabelle. L'expression des paroles

> Se ricuso... il palo è pronto,
> E se accetto... è mio dovere,
> Di portag i il candeliere
> Kaïmakan, signore, io resto.

est admirable. Voilà de ces choses pour lesquelles il faut du génie, et que l'étude et l'application empêchent de trouver, loin de les fournir à l'imagination d'un maestro ; voilà de ces choses qu'on ne voit jamais chez les Allemands.

Il n'y avait qu'une manière de finir un air aussi gai. La poétique de l'art aurait dit à tous les compositeurs vulgaires : il faut un moment de tristesse; mais comment être profondément triste, en même temps très-simple, et de toute nécessité fort rapide ? Rossini a répondu par la phrase sublime et si facile en apparence :

> Ah Taddeo ! quant'era meglio
> Che tu andassi in fondo al mar !

Il n'est personne qui ait été à la cour, et à qui ces félicitations reçues sur un avancement qui désole et avec une politesse forcée, ne rappellent les souvenirs les plus gais de ce pays-là. L'effet est si profond, qu'il y a des jours où l'on a pitié de Taddeo, en dépit de sa qualité si ridicule d'amant non préféré.

Après un air et un chœur si comiques, il fallait un long repos, et il a été ménagé avec beaucoup d'art par l'auteur du libretto.

L'air d'Isabelle

> Per lui che adoro

devait peindre la coquetterie, cette fois Rossini n'a pas été aussi heureux que dans le duetto du premier acte. Les roulades élégantes et redoublées d'Isabelle laissent tranquille et froide l'imagination du spectateur. Le fond de l'étoffe est si pauvre, que l'on voit malgré soi que les broderies sont mises pour la cacher, et non pour en augmenter la magnificence et l'effet.

Rossini retrouve tout son génie dans le *quintetto* :

> Ti presento di mia mano
> Ser Taddeo Kaïmakan.

C'est peut-être le chef-d'œuvre de la pièce. Toute cette musique est éminemment dramatique. Rien de plus gai et en même temps de plus vrai que le trait d'Isabelle :

> Il tuo muso è fatto a posta.

Rien de plus coquet et de plus trompeur que

> Aggradisco, o mio signore.

Les éternûments du pauvre Mustafa ont fait rire même à Paris. L'obstination d'un sot piqué au jeu est parfaitement rendue par

> Ch'ei starnuti fin che scoppia
> Non mi movo via di quà.

A peine commence-t-on à être las du genre bouffe et de l'excessive gaieté, que l'âme se repose sur la délicieuse phrase :

> Di due sciocchi uniti insieme.

Mais à la fin, le chant du pauvre Mustafa est faible et commun :

> Tu pur mi prende a gioco

n'est encore que des *batteries* de clarinette ; c'est de la musique d'écolier ou de paresseux.

En revanche, le terzetto *papataci* est

de la plus grande force ; le contraste de la voix de ténor de Lindor avec la basse-taille de Mustafa :

> Che vuol poi significar ?
> .... A color che mai non sanno,

est délicieux pour l'oreille ; voilà de ces effets tout à fait indépendants des paroles, et par conséquent invisibles aux gens qui ne veulent voir la musique qu'à travers les paroles.

Rien de plus gai et de plus entraînant que la fin du terzetto :

> Fra gl' amori e le bellezze.

Au milieu des flots du comique le plus vif, il y a un trait noble, délicat, presque tendre, qui produit un admirable contraste :

> Se mai torno a miei paesi.

La scène de la prestation du serment est peut-être encore supérieure ; on l'a supprimée à Paris, et pourquoi ? Est-ce envie ? est-ce pour cette autre bonne raison qu'un des chefs de Louvois disait naguère à quelques dilettanti :

« Enfin, Messieurs, notre théâtre n'est « pas un théâtre du boulevard pour y faire « des bouffonneries. »

J'abandonne la discussion de ce mystère qui est de peu d'importance ; tant pis pour les bonnes gens qui ne savent pas se faire donner du plaisir pour leur argent. Ils n'en font pas moins chaque soir des phrases admirables sur l'excellence et la supériorité du théâtre qui a l'honneur de leur ouvrir ses portes. *Il n'y a rien de comparable à ceci dans toute l'Italie*, se disent-ils entre eux. Pourquoi troubler leur joie ? elle est si innocente ! Je me trouvai une fois dans ma vie vis-à-vis de quelques grappes d'un petit raisin vert et assez aigrelet qu'on nous apportait au dessert dans un château près d'Édimbourg. A quoi bon en médire ? N'aurait-il pas été méchant d'attrister le riche amateur qui faisait venir ce raisin, à grands frais, dans des serres chaudes immenses ? Ce brave homme n'avait jamais vu de chasselas de Fontainebleau, et il aurait eu bien plus d'esprit qu'il n'appartient à un millionnaire possesseur de serres chaudes, s'il eût pu comprendre qu'absolument parlant, dans le pays où le raisin croît en plein air, il peut être supérieur à celui qu'il cultive à si grands frais. Si j'eusse pris la parole, j'aurais joué le rôle ridicule d'un jardinier qui apporte de bien loin une nouvelle méthode de culture ; il propose sa méthode, et il n'y a que lui pour jurer de son excellence.

La bonhomie du public de Louvois, qui n'a pas le courage de se faire donner complètes les pièces de Rossini, est d'autant plus exemplaire qu'il doit y avoir quelque part un article de règlement qui défend de rien supprimer dans les ouvrages représentés sur les théâtres royaux. Peut-être aussi que, tout règlement à part, un homme tel que Rossini, à qui l'on daigne accorder quelque talent, aurait droit à ce qu'on voulût bien ne pas mutiler ses œuvres, et les entendre au moins une fois telles qu'il les a faites. Mais que deviendrait la place d'arrangeur et ses priviléges ? Laissons ce bon public se féliciter de sa politesse, et se faire un sujet de vanité du droit de siffler, dont il s'est tout doucement laissé priver ; en revanche, il n'use pas mal de celui d'applaudir. J'ai vu hier (juin 1823) quatre actrices françaises chanter à la fois dans l'opéra italien des *Nozze di Figaro*. Quel triomphe flatteur pour *l'honneur national!* Il a beaucoup applaudi ; il avait entre autres plaisirs celui de la variété : chacune de ces demoiselles chantait aigre à sa manière ; mais voilà ce que les journaux libéraux n'oseront pas dire, de peur de hasarder leur popularité.

Le génie, dans *l'Italiana in Algeri*, finit avec le magnifique terzetto qu'on a trouvé trop gai pour Paris. L'air de la fin est à la fois un tour de force en faveur de madame Marcolini ; où trouver une *prima donna* d'une poitrine assez robuste pour chanter un grand air à roulades à la fin d'une pièce aussi fatigante ? Voilà de ces choses qui embarrassent en Italie, et empêchent quelquefois de donner *l'Italiana* ; à Louvois, jamais de difficultés semblables ; mademoiselle Naldi a chanté cet air-là comme tous les autres.

Cet air est en même temps un monument historique. Quoi ! un monument historique dans le final d'un opéra buffa ? — Hélas ! oui, Messieurs, cela est peut-être contre les règles, mais cela n'en a pas moins l'audace d'être.

> Pensa alla patria, e intrepido
> Il tuo dover adempi ;
> Vedi per tutta Italia
> Rinascere gli esempi
> Di ardire e di valor[1].

Napoléon venait de recréer le patriotisme, banni d'Italie, sous peine de vingt ans de cachot, depuis la prise de Florence par les Médicis en 1530. Rossini sut lire dans l'âme de ses auditeurs, et donner à

---

1. Songe à la patrie, sois intrépide, accomplis ton devoir ; pense que l'Italie a vu plus d'une fois parmi ses enfants des exemples sublimes de valeur et de dévouement.

leur imagination un plaisir dont elle sentait le besoin. Mais, attentif à ne pas leur demander longtemps le même genre de rêveries, à peine leur a-t-il inspiré les sentiments les plus nobles par la belle mélodie

Intrepido
Il tuo dover adempi,

qu'il songe à les délasser par

Sciocco tu ridi ancora.

Ici la bassesse d'un certain parti qui protestait contre la renaissance des sentiments généreux et profonds en Italie, fut flétrie par le chant.

Vanne mi fai dispetto,

toujours couvert d'applaudissements aux premières représentations.

Rivedrem le patrie arene

est doux et tendre. L'amour de la patrie prend ici les accents de l'autre amour.

Ce sont là les derniers accents de ce charmant opéra. Partout ailleurs qu'à Paris, où je crois qu'il y a eu *haute trahison*, ce chef-d'œuvre n'a jamais ennuyé. Figurez-vous

Andromaque donnée aux *Français*, et l'aimable Monrose remplissant le rôle d'Oreste ; c'est à peu près l'équivalent de mademoiselle Naldi jouant la folle Isabelle. Cette jolie personne doit se réserver pour les rôles d'Aménaïde ou de Juliette, dans lesquels elle peut être assurée de plaire à nos oreilles autant qu'à nos yeux.

Voilà, me direz-vous, des raisonnements bien longs et surtout bien sérieux sur un jeu d'enfant, sur un opéra buffa. — Je conviens de tout, et de la futilité du sujet, et de la longueur de la dissertation. Croyez-vous que si des enfants voulaient vous expliquer l'art de faire des châteaux de cartes qui puissent s'élever jusqu'au second étage sans qu'un souffle les renverse, il ne leur faudrait pas un certain temps pour vous exposer leurs idées, et que surtout ils ne mettraient pas un grand sérieux à une chose si intéressante pour eux ? Voyez en moi l'un de ces enfants. Certainement vous n'acquerrez pas des idées bien nettes ou bien utiles en parlant musique ; mais si le ciel vous a donné un cœur, vous acquerrez des plaisirs.

CHAPITRE IV

LA PIETRA DEL PARAGONE

Il me semble que c'est madame Marcolini qui fit engager (*scritturare*) [1] Rossini à Milan pour l'automne de 1812. Il fit, pour *la Scala*, la *Pietra del Paragone*. Il avait vingt et un ans. Il eut le bonheur d'être chanté par la Marcolini, et par Galli, Bonoldi, et Parlamagni, à la fleur de leur talent, et qui tous eurent un succès fou. La bonté du public s'étendit jusqu'au pauvre *Vasoli*, ancien grenadier de l'armée d'Égypte, presque aveugle, et chanteur du troisième ordre, qui se fit une réputation dans l'air du *Missipipi*.

---

1. La *scrittura* est une petite convention de deux pages, ordinairement imprimée, qui contient les obligations réciproques du *maestro* ou du chanteur, et celles de l'*impresario* qui les engage (*scrittura*). Il y a beaucoup d'intrigues pour les *scritture* des premiers talents, cela est amusant ; je conseille au voyageur de voir de près cette diplomatie-là, il y a souvent plus d'esprit que dans l'autre. Là, comme pour la peinture, les coutumes du pays où l'art a pris naissance se confondent avec la théorie de cet art, et souvent expliquent plusieurs de ses procédés. Le génie de Rossini a presque toujours été influencé par la *scrittura* qu'il avait signée. Un prince qui lui eût fait une pension de trois mille francs l'aurait mis à même d'attendre le moment de l'ins-

La *Pietra del Paragone* est, suivant moi, le chef-d'œuvre de Rossini dans le genre bouffe. Je prie le lecteur de ne pas s'effrayer à cette phrase admirative ; je me garderai bien de hasarder une analyse comme celle de l'*Italiana in Algeri* : la *Pietra del Paragone* n'est pas connue à Paris ; des gens d'esprit ont eu de bonnes raisons pour ne la faire paraître que mutilée ; elle a manqué son effet, et pour toujours.

Le *libretto* est fort bien ; ce sont encore des situations fortes qui se succèdent avec une rapidité charmante, elles sont expliquées fort clairement, en peu de mots, et très souvent ces mots sont comiques. Ces situations, quoique vives et faisant un appel direct et puissant aux passions et aux goûts habituels de chaque personnage,

---

piration pour écrire, et eût donné, par ce simple moyen, une physionomie nouvelle aux productions de son génie. Nos compositeurs français, MM. Auber, Boïeldieu, Berton, etc., écrivent un opéra tous les ans fort à leur aise ; Rossini, rappelant les beaux temps de la peinture, a écrit, pendant toute sa jeunesse, comme le Guide peignait, quatre ou cinq opéras par an, pour payer son hôte et sa blanchisseuse. J'ai honte de descendre à des détails aussi vulgaires ; j'en demande pardon au lecteur ; mais enfin c'est une biographie que j'écris, et telle est la vérité. Le difficile dans tous les genres, c'est de lutter avec les malheurs qui ont quelque chose de bas et de commun, et qui repoussent ainsi le secours de l'imagination. C'est au milieu de telles circonstances que Rossini a conservé la fraîcheur de son génie ; il est vrai que les mœurs de l'Italie actuelle n'étant qu'une suite et une conséquence des républiques du moyen âge, la pauvreté n'y est pas avilissante, et avilissante comme

ne s'écartent point de la vie réelle et des habitudes sociales de cette heureuse Italie, si fortunée par son cœur, si malheureuse par ses petits tyrans. Le chef-d'œuvre du talent, en un tel pays, c'est que ces situations *fortes*, bien loin de montrer la vie sous un point de vue triste et qui n'a qu'un vernis de gaieté, comme l'*Intérieur d'un bureau* ou *le Solliciteur* [1], dont les héros me font pitié à la seconde fois que je les vois, ne réveillent pas même une seule idée sombre ; mais c'est en vain que l'on chercherait dans un *libretto* italien, ces

en France, pays monarchique, où avant tout il faut *paraistre*, comme dit si bien le baron de *Fœneste* *.

Une chose qui passe pour miraculeuse en Italie, c'est un *impresario* qui ne fait pas banqueroute, et qui paie régulièrement ses chanteurs et son maestro. Quand on voit de près quels pauvres diables sont ces *impresari*, on a réellement pitié du pauvre maestro qui, pour vivre, est obligé d'attendre l'argent que ces gens mal vêtus doivent lui payer. La première idée qui se présente en voyant un *impresario* italien, c'est que, dès qu'il verra vingt sequins ensemble, il achètera un habit et prendra la fuite avec les sequins.

1. Je cite les seules véritables comédies de l'époque. La comédie, au Théâtre-Français, n'est plus qu'une *épître sérieuse* coupée en dialogues et abondante en morale. Voir *la Fille d'honneur, les Deux Cousines, les Comédiens*, etc.

* Roman très-curieux d'Agrippa d'Aubigné, presque aussi intéressant que l'HISTOIRE DE SA VIE écrite par lui-même. Cette histoire peint Henri IV presque aussi bien que Quentin Durward nous représente Louis XI. J'y vois sur Henri IV des anecdotes que je n'ose citer. Ce roi fut un grand homme sans doute, mais non pas un grand homme à l'eau rose. Il y a des traits de ressemblance frappants entre Henri IV et Napoléon, entre certains passages de la vie de d'Aubigné et les mémoires de Las Cases. Un seul mobile est différent : Henri IV aimait les femmes comme Napoléon les batailles.

mots spirituels qui étincellent dans les pièces du Gymnase, et font tant de plaisir à la première représentation et même à la seconde.

Cet opéra s'appelle *la Pierre de touche*, parce qu'il s'agit d'un jeune homme, le comte Asdrubal, qui vient d'hériter d'une fortune considérable, et qui tente une épreuve, qui *essaie* comme avec une *pierre de touche* le cœur des amis et même des maîtresses qui lui sont arrivés en même temps que la fortune. Un homme vulgaire serait heureux du concert de flatteries et d'égards qui environne le comte Asdrubal ; tout lui rit excepté son propre cœur : il aime la marquise Clarice, jeune veuve qui, avec une trentaine d'autres amis, est venue passer le temps de la *villegiatura* dans son palais, situé au milieu de la forêt de Viterbe, dans le voisinage de Rome ; mais peut-être Clarice n'aime en lui que sa brillante fortune et son grand état de maison.

Tous les voyageurs se rappelleront la forêt de Viterbe et ses aspects délicieux. C'est de là que Claude Lorrain et Guaspre Poussin ont tiré tant de beaux paysages. Ces sites charmants sont tout à fait d'accord avec les passions qui agitent les habitants du château. Le comte Asdrubal a un ami intime, jeune poëte sans vanité académique, sans affectation, mais non pas sans amour. Joconde, c'est le nom du jeune enthousiaste, aime aussi la marquise Clarice. Il soupçonne qu'on lui préfère Asdrubal. Clarice, de son côté, pense que si elle laisse paraître sa passion pour Asdrubal, il pourra croire, même en acceptant sa main, qu'elle a été bien aise de partager une grande fortune et une belle existence dans le monde.

Parmi la foule de parasites et de flatteurs de toutes les espèces qui abondent au château du comte, le poëte a placé sur le premier plan *don Marforio*, le journaliste du pays. En France, ce sont les premiers hommes de la nation [1] qui se chargent du soin de nous parler tous les matins ; c'est tout le contraire en Italie. Ce *don Marforio*, intrigant, poltron, *vantard*, méchant, mais non pas sot, se charge du soin de nous faire rire, de concert avec un *don Pacuvio*, nouvelliste acharné, qui a toujours un secret d'importance à confier à tout le monde. Ce ridicule presque impossible en France à cause de la demi-liberté de la presse dont nous jouissons, se trouve à chaque pas en Italie, où les gazettes sont archicensurées et où les gouvernements

---

1. MM. Jouy, de La Mennais, Etienne, le vicomte de Chateaubriand, Benjamin Constant, de Bonald, de Pradt, le comte de Marcellus, Mignet, Buchon Fiévée, etc., etc.

ne se font pas faute de faire jeter en prison douze ou quinze indiscrets qui ont redit une nouvelle dans un café, et ne les lâchent que lorsque chacun a confessé de qui il tient la nouvelle fatale, et qui souvent est un conte à dormir debout.

Don Pacuvio et don Marforio, le nouvelliste et le journaliste de Rome, ont pour faire la conversation avec eux dans le château d'Asdrubal, deux jeunes parentes du comte, qui ne seraient pas fâchées de l'épouser. Elles emploient pour y parvenir tous les petits moyens d'usage en pareille occurrence, et don Marforio est leur conseiller intime.

Au lever de la toile, tous ces caractères sont mis en jeu d'une manière aussi vive que pittoresque par un chœur superbe ; *don Pacuvio*, le nouvelliste assommant, veut absolument communiquer une nouvelle de la dernière importance aux amis du comte, et même aux deux jeunes femmes qui prétendent à sa main. Le nouvelliste est fort mal reçu et finit par mettre tout le monde en fuite ; il poursuit ses victimes.

Joconde, le jeune poëte passionné, et don Marforio, le journaliste, paraissent et chantent ensemble un duo littéraire, et qui, comme on le pense bien, n'en est pas moins vif pour cela. « J'anéantis mille

poëtes par un seul coup de mon journal »,
dit le folliculaire :

> Mille vati al suolo io stendo
> Con un colpo di giornale.

« Faites-moi la cour et vous aurez de la gloire. — Je la mépriserais à ce prix ! s'écrie le jeune poëte. Que peut-il y avoir de commun entre un journal et moi ? » Ce *duello* est extrêmement piquant, et il fallait Rossini pour le faire. On y admire de la légèreté, du feu, de l'esprit et une absence totale de passion. Le malin journaliste, trouvant Jocondc inattaquable par la vanité, le quitte en lui lançant un mot piquant sur son amour malheureux pour Clarice : « Il y a bien de la grandeur d'âme, lui dit-il, mais il y a rarement du succès à lutter contre des millions, avec un cœur bien épris pour tout avantage. » Cette triste vérité navre le jeune poëte ; ils sortent tous les deux, et cette aimable Clarice, dont on a tant parlé, paraît enfin ; elle chante la cavatine

> Eco pietosa tu sei la sola,

aussi célèbre en Italie que l'air de *Tancrède*, mais que les prudents directeurs de notre Opéra-Buffa ont eu l'esprit de supprimer.

On sent combien il est dans les moyens

de la musique de peindre un amour sans espoir, et avec lequel les scènes précédentes nous ont fait faire une connaissance intime. Il s'agit d'un amour non plus contrarié par l'obstacle vulgaire d'un père ou d'un tuteur, mais par la crainte, bien autrement cruelle, de paraître aux yeux de ce qu'on aime n'avoir qu'une âme vile et commune. Les connaisseurs trouvent que cette différence est immense.

> Eco pietosa (dit Clarice) tu sei la sola
> Che mi consola nel mio dolor[1].

En effet, où trouver une confidente dans la situation de Clarice ? il n'en est plus pour les âmes un peu élevées. Toutes les amies possibles auraient dit à Clarice : Épousez, épousez bien vite, n'importe par quel moyen, et vous serez aimée ensuite si vous pouvez.

Pendant que Clarice chante, le comte, qui se trouve dans un bosquet voisin, s'avise de faire l'écho ; c'est une idée folle et hors de son système à laquelle il n'a pas la force de résister. Quand Clarice dit :

> Quel dirmi, o dio, non t'amo,

le comte répond *amo*. Voilà une nuance que

---

1. Echo, nymphe aimable, comme moi malheureuse, tu es la seule qui daigne me consoler dans ma douleur.

Rossini n'avait pas dans l'air de *Tancrède* ; qu'on juge de l'effet qu'une situation aussi bien faite pour l'opéra et les douces illusions de la musique aurait produit à Paris ! C'est bien là ce qu'ont senti nos *directeurs* prudents.

Clarice a un instant de bonheur, mais l'aveu de la tendresse du comte n'a été que passager ; elle le rencontre un moment après, il est aussi gai, aussi aimable, mais aussi froidement poli que jamais. Il médite sa grande épreuve ; on le voit donner les dernières instructions à l'intendant qui doit le seconder. Il s'est aperçu de l'amour malheureux de Joconde pour Clarice, et il est bien aise de voir par lui-même comment ira en son absence le malheur de son ami. Le comte disparaît enfin pour revenir bientôt après déguisé en Turc. Le Turc a fait présenter par huissier à l'intendant une lettre de change en très-bonne forme, signée par le père du comte Asdrubal, et dont le montant, deux millions, absorbera la plus grande partie de la fortune du comte. L'intendant ne manque pas de reconnaître véritable et valable la signature du père de son maître, et tout le monde croit celui-ci ruiné. Il paraît enfin sous son costume de Turc et vient commencer le plus beau *finale* bouffe que Rossini ait jamais écrit.

Sigillara est le mot barbare et à moitié

italien avec lequel Galli, déguisé en Turc, répond à toutes les objections qu'on peut lui faire. Il veut mettre les scellés partout. Ce mot baroque, sans cesse répété par le Turc, et dans tous les tons, puisqu'il fait sa réponse à tout ce qu'on peut lui dire, fit une telle impression à Milan, sur ce peuple né pour le *beau*, qu'il fit changer le nom de la pièce. Si vous parlez de la *Pietra del paragone* en Lombardie, personne ne vous entend ; il faut dire *il Sigillara*.

C'est ce *finale* qu'on a supprimé à Paris.

La réplique du Turc au journaliste, qui veut s'opposer à ce que les huissiers mettent les scellés sur sa chambre et ses papiers, est célèbre en Italie par le rire inextinguible qu'elle fit naître dans le temps.

D. Marforio. — Mi far ciitica giornale
Che aver fama in ogni loco.
Il Turco. — Ti lasciar al men per poco
Il bon senso a respirar[1].

L'effet du final *Sigillara* fut délicieux pour le public ; cet opéra créa à *la Scala* une époque d'enthousiasme et de joie ; on accourait en foule à Milan de Parme, de Plaisance, de Bergame, de Brescia et de toutes les villes à vingt lieues à la ronde.

1. Je fais un journal parfait, qu'on recherche en tous lieux ; vous voulez l'interrompre ? — Ainsi du moins, pour quelques instants, le bon sens pourra respirer.

Rossini fut le premier personnage du pays ; on s'empressait pour le voir. L'amour se chargea de le récompenser. A la vue de tant de gloire, la plus jolie peut-être des jolies femmes de la Lombardie, jusque-là fidèle à tous ses devoirs, et qu'on citait en exemple aux jeunes femmes, oublia ce qu'elle devait à sa gloire, à son palais, à son mari, et enleva publiquement Rossini à la Marcolini. Rossini fit de sa jeune maîtresse la première musicienne peut-être de l'Italie ; c'est à côté d'elle, sur son piano, et à sa maison de campagne de B***, qu'il a composé la plupart des airs et des *cantilènes* qui, plus tard, ont fait le succès de ses trente chefs-d'œuvre.

Tout respirait alors le bonheur en Lombardie, Milan, capitale brillante d'un nouveau royaume, où le *taux* de la sottise exigée par le roi était moins élevé que dans tous les États voisins, réunissait tous les genres d'activité, tous les moyens de faire fortune et d'avoir des plaisirs ; or, pour un pays comme pour un individu, ce n'est pas tant d'être riche qui fait le bonheur, c'est de le devenir. Les mœurs nouvelles de Milan avaient une vigueur inconnue depuis le moyen âge[1], et cependant nulle affec-

---

1. Bulletins de l'armée d'Espagne, les généraux Bertholetti, Suchi, Schiassetti, etc. ; le comte Prina, ministre ; le peintre Appiani, le poëte Monti, etc., etc.

tation, nulle pruderie, nul enthousiasme aveugle pour Napoléon ; on ne lui donnait de la flatterie basse qu'autant qu'il la payait bien et argent comptant.

Ce bonheur de la Lombardie, en 1813, était d'autant plus touchant qu'il allait finir. Je ne sais quel vague pressentiment faisait déjà prêter l'oreille aux coups du canon qu'on entendait dans le nord. Pendant le succès fou de la *Pietra del paragone* nos armées fuyaient sur le *Borysthène* et le d..... u..... s'avançait à grands pas.

Quelle que soit l'indifférence habituelle et peut-être un peu jouée de Rossini, il ne peut s'empêcher quelquefois de parler avec l'accent de l'enthousiasme, si rare chez lui, de cette belle époque de sa jeunesse où il fut heureux en même temps que tout un peuple qui, après trois cents ans d'éteignoir, s'élançait au bonheur.

Le second acte de la *Pietra del paragone* s'ouvre par un *quartetto* unique dans les œuvres de Rossini ; il exprime parfaitement le ton et le charme d'une conversation aimable entre gens qui ont des sentiments vifs, mais qui cependant ne se livrent pas actuellement au bonheur d'en parler.

Vient ensuite un duel comique entre *don Marforio*, le journaliste, qui a eu l'insolence de parler d'amour à Clarice, et *Joconde*, le jeune poëte, qui l'adore sans en être aimé et qui prétend la venger. Le journaliste poussé à bout, s'écrie :

> Dirò ben di voi nel mio giornale.
> — Potentissimi dei ! sarebbe questa
> Una ragion più forte
> Per ammazzarti subito[1].

Ce duel se complique par l'arrivée du comte, qui prétend aussi se faire rendre raison d'un article insolent que le journaliste a fait sur ses malheurs. Le grand *terzetto* qui résulte de cette situation peut soutenir la comparaison avec le célèbre duel des *Nemici generosi* de Cimarosa ; la différence entre les deux *maestri* est toujours celle de la passion à l'esprit.

La plaisanterie forcée du journaliste poltron qui voudrait bien terminer l'affaire à l'amiable :

> Con quel che resta ucciso
> Io poi mi battero,

est délicieuse en musique.
Le chant

> Ecco i soliti saluti,

pendant que les deux amis, qui ont pris

---

1. Don Marforio. — Eh bien ! laissez-moi faire, je vous arrangerai de la gloire dans mon journal.
Joconde. — Dieux immortels ! voilà une nouvelle raison pour t'expédier sans délai.

les épées apportées sur des plats d'argent par deux laquais en grande livrée, font les saluts d'usage dans les salles d'armes, est parfait. Les idées qu'il réveille ont juste le degré de sérieux nécessaire pour tromper un homme d'esprit rendu bête par la peur.

Ce *terzetto*, délicieux partout, eut un succès fou en Italie, où, presque dans chaque ville, il faisait plaisanterie *ad hominem* contre le journaliste officiel qui, malgré ses hautes protections, voit toujours fondre sur lui de temps à autre quelques-uns de ces orages de coups de bâton dont Scapin se moque. A Milan, où tout le monde se connaît, le succès fut plus fou qu'ailleurs : l'acteur qui jouait don Marforio s'était procuré un habit complet que toute la ville avait vu porter par le journaliste protégé de la police.

La *Pietra del paragone* finit par un grand air comme l'*Italiana in Algeri*. La Marcolini voulut paraître sous des habits d'homme, et Rossini fit arranger par le poëte que Clarice se déguiserait en capitaine de hussards, toujours pour arracher au comte l'aveu de son amour.

Personne à Milan, pas même le journaliste plaisanté, ne s'avisa de trouver absurde qu'une jeune dame romaine, de la première distinction, s'amusât à prendre l'uniforme de capitaine de hussards et eût l'idée de venir saluer le public le sabre à la main, à la tête de sa troupe. Si la Marcolini l'avait exigé, Rossini l'eût fait chanter à cheval. L'air est fort beau ; mais ce n'est qu'un grand air de bravoure ; et au moment où l'intérêt devrait être le plus vif, la passion manque, l'imagination ne sait plus où se prendre pour être électrisée, et l'on finit pauvrement par applaudir des roulades comme dans un concert.

A Milan, Rossini vola l'idée de ses *crescendo*, depuis si célèbres, à un compositeur nommé Joseph Mosca, qui se mit dans une grande colère.

CHAPITRE V

LA CONSCRIPTION ET L'ENVIE.

Après tant de succès, Rossini alla revoir Pesaro et sa famille à laquelle il est passionnément attaché. Il n'a écrit de sa vie qu'à une seule personne, c'est sa mère, et il adresse sans façon ses lettres :

All' ornatissima signora Rossini, madre del celebre maestro.
in Bologna.

Tel est le caractère de l'homme ; moitié au sérieux, moitié en se moquant, il avoue la gloire qui l'entoure et ne songe guère à la petite modestie d'académie ; c'est ce qui me fait croire qu'à Paris il n'aurait pas de succès personnel. Heureux par son génie au milieu du peuple le plus sensible de l'univers, enivré d'hommages au sortir de l'enfance, il croit en sa propre gloire, et ne voit pas pourquoi un homme tel que Rossini ne serait pas naturellement et sans concession au même rang qu'un général de division ou qu'un ministre. Ils ont gagné un gros lot à la loterie de l'ambition ; lui, il a gagné un gros lot à la loterie de la nature. Cette phrase est de Rossini, je la lui ai entendu dire à Rome, en 1819, un soir qu'il faisait attendre la société du prince Chigi.

Vers le temps de son voyage à Pesaro, il eut un nouveau succès alors bien rare ; les terribles lois de la conscription s'abaissèrent devant son génie naissant. Le ministre de l'intérieur du royaume d'Italie osa proposer une exception en sa faveur au prince Eugène ; et le prince, malgré la peur affreuse que lui faisaient les lettres de Paris, céda à la voix publique. Rossini, dégagé du métier de soldat, alla à Bologne ; il y était attendu par des aventures du même genre que celles de Milan, l'enthousiasme du public et l'amour des plus belles.

Les rigoristes de Bologne, célèbres en Italie, et qui jouent en musique à peu près le même rôle que les membres de l'Académie française pour les trois unités, lui reprochèrent avec raison de faire quelquefois des fautes contre les règles de la composition. Il en convint. « Je n'aurais pas tant
« de fautes à me reprocher, dit-il aux
« pauvres rigoristes, si je lisais deux fois
« mon manuscrit ; mais vous savez que j'ai
« à peine six semaines pour composer un
« opéra ; je m'amuse pendant le premier

« mois. Et quand voulez-vous que je m'a-
« muse, si ce n'est à mon âge et avec mes
« succès ? Voulez-vous que j'attende d'être
« vieux et envieux ? Enfin arrivent les
« quinze derniers jours ; j'écris tous les
« matins un *duetto* ou un air, que l'on répète
« le soir. Comment voulez-vous que je m'a-
« perçoive d'une faute de grammaire dans
« les accompagnements (*l'instrumenta-
« zione*) ? »

On fit grand bruit dans les cercles de Bologne de ces fautes de grammaire. Des pédants prétendirent jadis que Voltaire ne savait pas l'orthographe. — Tant pis pour l'orthographe, dit Rivarol.

A Bologne, M. Gherardi répondait aux déclamations des pédants, qui reprochaient amèrement à Rossini des infractions nombreuses aux règles de la composition : « Qui a fait ces règles ? sont-ce des gens supérieurs en génie à l'auteur de *Tancrède* ? Une sottise, parce qu'elle est antique et que tous les maîtres d'école l'enseignent, cesse-t-elle d'être une sottise ?

« Examinons ces prétendues règles : et d'abord qu'est-ce que des règles que l'on peut enfreindre sans que le public s'en aperçoive et sans que ses plaisirs en soient le moins du monde diminués ? »

Je crois qu'à Paris M. Berton, de l'Institut, a renouvelé cette querelle[1]. Le fait est qu'on ne remarque nullement ces fautes en entendant les opéras de Rossini. C'est comme si l'on faisait un crime à Voltaire

1. J'ai des craintes sérieuses que quelques méchants ne mettent en doute mon respect profond pour tous les compositeurs français en général, tant anciens que modernes, et pour M. Berton en particulier. Je crois faire un acte de justice envers M. Berton et envers moi, en reproduisant ici les lettres curieuses auxquelles je fais allusion dans le texte. Ce que je crains avant tout, c'est de passer pour *mauvais Français ;* on conviendra qu'il serait affreux pour moi qu'une simple brochure sur la musique me fît perdre à jamais ma réputation de patriotisme.

LETTRE DE M. BERTON.

Abeille du 4 août 1821.

« M. Rossini a une imagination brillante, de la verve, de l'originalité, une grande fécondité ; mais il sait qu'il n'est pas toujours pur et correct ; et, quoi qu'en disent certaines personnes la pureté du style n'est pas à dédaigner, et les fautes de la syntaxe de la langue dans laquelle on écrit ne sont jamais excusables. M. Rossini sait tout cela, et c'est pourquoi je me permets de le dire ici. D'ailleurs, puisque les écrivains de nos journaux quotidiens se constituent juges en musique, ayant pris mes licences dans *Montano, le Délire, Aline,* etc., je crois avoir le droit de donner mon opinion *ex professo.* Je la donne avec franchise et la signe, ce que ne font pas toujours certaines personnes qui s'efforcent incognito de faire et défaire des réputations. Tout ceci n'a été suggéré que par l'amour de l'art, et dans l'intérêt même de M. Rossini. Ce compositeur est, sans contredit, le talent le plus brillant que l'Italie ait produit depuis Cimarosa ; mais on peut mériter le titre de célèbre sans pourtant être à la hauteur de Mozart. »

Je me refuse le plaisir de transcrire de longs passages d'une brochure de M. Berton, intitulée : *De la musique mécanique et de la musique philosophique, par M. Berton, membre de l'Institut royal de France,* 1821, 24 pages. M. Rossini y est remis à sa place. Il paraît que cet Italien ne s'élève

de ne pas employer les mêmes coupes de phrase et les mêmes *tours* que La Bruyère et Montesquieu. Le second de ces grands écrivains disait : « Un membre de l'Acadé-

pas au-dessus de la *musique mécanique*. Dans une autre dissertation de sept pages, insérée dans *l'Abeille* (tome IV, page 267), M. Berton prouve que l'auteur d'*Otello* n'a fait que des *arabesques* en musique. En Italie, un M. Majer, de Venise, vient d'établir la même vérité.

RÉPONSE DU *Miroir* (11 août 1821).

Ce n'est plus au rédacteur novice d'une feuille obscure que j'ai affaire ; ce n'est plus des traits d'un compositeur de salon que j'ai à me défendre, un athlète vigoureux et renommé par plus d'une victoire descend dans la lice, et m'y porte le défi le plus formel. L'auteur de *Montano*, d'*Aline* et du *Délire* provoque en moi l'admirateur d'*Otello*, de *Tancrède* et du *Barbier*. Les antirossinistes comptent enfin dans leurs rangs un homme dont ils peuvent se prévaloir. Les préjugés du professorat sont avoués par un des maîtres de la scène, et la contre-révolution musicale a pour champion un membre de l'Institut.

M. Berton prélude au combat par des paroles dont la hauteur inusitée dans la polémique littéraire trahit le sentiment intime et profond de son incontestable supériorité. J'en fais la remarque, mais je suis loin de lui en faire un reproche. J'aime, au contraire, cette expression franche et naïve d'une noble confiance : une attitude fière convient à un brave, et la forfanterie du langage n'est pas déplacée dans le duel. M. Berton ne se contente pas d'admirer les anciens, il s'efforce encore de les imiter ; il sait que dans ces luttes héroïques, dont Homère et Virgile nous ont laissé de si brillantes descriptions, les combattants ne manquaient jamais, avant d'en venir aux mains, d'échanger une foule d'expressions de menace et de dédain. Il est vrai que le plus présomptueux n'était pas toujours le plus vaillant : témoin *Pâris*, qui provoquait tous les jours les plus illustres guerriers du camp des Grecs, et s'enfuyait, comme un cerf timide, au moment du combat ; mais cela n'ôte rien à ce que l'usage dont je parle avait de respectable, et l'exemple n'en est pas moins bon à suivre pour un ado-

« mie française écrit comme on écrit, un
« homme d'esprit écrit comme *il* écrit. »

Il fallait un prétexte à l'envie d'une cinquantaine de compositeurs *connus*, qui

rateur de la savante antiquité. Quant à moi, qui ne professe pas, comme M. Berton, pour les hommes et pour les choses d'autrefois un culte absolument exclusif, il est tout simple que je n'emprunte pas pour me défendre le ton sur lequel il a cru devoir m'attaquer. J'opposerai à sa jactance renouvelée des Grecs ma modestie et ma politesse toutes modernes. Il ne me sera pas difficile d'être moins impérieux et moins tranchant, soit que j'exprime mon sentiment sur la partition d'*Otello*, soit que je dise mon opinion sur Racine, que ce savant musicien place fort au-dessus de l'auteur de *Brutus* et de *Mahomet*.

M. Berton me reproche de ne pas signer mes articles : cet illustre professeur s'exagère beaucoup, à ce qu'il paraît, l'importance de notre débat ; il se croit encore au temps des disputes sur les partitions de Gluck et de Piccini : une querelle musicale est presque à ses yeux une affaire d'honneur ; il oublie d'ailleurs que je ne l'ai nommé dans aucun de mes articles, et que l'agression est toute de son côté. S'il était question de toute autre chose que d'un cartel littéraire, je me ferais connaître avec empressement ; mais j'aurai grand soin de m'en abstenir tant que nous ne bataillerons que sur la prééminence de Racine ou de Voltaire, de Mozart ou de Rossini. Une signature aussi respectable que celle de M. Berton pourrait encore recommander un article qui n'aurait par lui-même aucune espèce de valeur : un nom aussi obscur que le mien ferait peut-être perdre à mes opinions le crédit qu'elles se sont acquis auprès du public. J'en conclus que mon honorable adversaire n'a pas tort quand il signe, et qu'à mon tour j'ai raison quand je ne signe pas.

C'est un épouvantable blasphème aux yeux de M. Berton que de trouver Rossini plus *dramatique* que Mozart : ce blasphème, si c'en est un, je l'ai réellement proféré. Le crime est donc clairement défini ; reste à savoir si l'accusation est fondée, et si le public, seul jury que je reconnaisse, attache du blâme aux paroles pour lesquelles je suis dénoncé. Je pourrais à la rigueur, me dispenser de dire en quoi l'auteur d'*Otello* est plus dramatique, puisque M. Berton s'abs-

venaient de se voir anéantis en quelques mois par les œuvres d'un étourdi de vingt ans. Ces sortes de reproches, soutenus par une *classe*, font toujours un

tient de montrer en quoi il l'est moins ; mais le savant académicien auquel je réponds m'a déclaré qu'ayant pris ses licences dans *Montano*, dans *le Délire*, et même dans *les Rigueurs du cloître*, il se croyait le droit d'être cru sur parole quand il assignait le rang d'un compositeur. Voltaire écrivant son commentaire sur Corneille, La Harpe et M. Lemercier analysant dans la chaire de l'Athénée les ouvrages de nos plus grands écrivains, avaient assez habituellement la complaisance de prouver ce qu'ils affirmaient. On peut dire cependant qu'ils avaient pris aussi leurs licences, le premier dans vingt chefs-d'œuvre, le second dans *Warwick* et *Philoctète*, le dernier dans *Pinto, Plaute* et *Agamemnon*. Mais il paraît que les professeurs du Conservatoire ont des licences qui leur sont particulières, et auxquelles les gens de lettres ne participent pas. J'avais cru jusqu'à ce jour qu'ils se bornaient à réclamer pour leurs doctes partitions l'important privilège de tout dire sans rien prouver.

Rossini ne se contente pas de dire, il prouve ce qu'il dit : son éloge est dans ce peu de mots. Voilà en quoi et pourquoi il est dramatique. Il dessine ses caractères, il conduit son action comme si le poëte n'était pas à ses côtés. La vivacité spirituelle de Figaro, la maligne défiance du tuteur de Rosine, ce mélange de fureur et de tendresse qui caractérise l'amour d'Othello, voilà des beautés vraiment dramatiques qui, en perdant l'appui des paroles, conserveraient encore la plus grande partie de leur charme ou de leur grandeur. Qu'il y ait ailleurs plus d'harmonie musicale, un style plus sévère et plus correct, une obéissance plus scrupuleuse aux règles de la composition, toutes ces qualités sont, pour l'effet dramatique, d'utiles auxiliaires, mais elles ne le constituent pas essentiellement. Soyez de bonne foi ; oubliez vos préventions d'école, et faites taire le préjugé des noms ; prêtez à Mozart l'attention de l'esprit autant que celle de l'oreille ; et dites si le Figaro des *Noces* est aussi original, aussi piquant, aussi scénique que le Figaro de *Rossini*. Que m'importe à moi, spectateur d'une représentation théâtrale, que l'intendant du comte Almaviva chante des

certain effet et ils seront reproduits tant qu'on applaudira Rossini. La discussion des *fautes d'orthographe* occuperait quarante pages et ennuierait mortellement ; je

airs délicieux, qui n'ont avec son caractère ou sa situation que des rapports éloignés ou imparfaits ? Quand je veux entendre des sons, je vais au concert ; quand je vais au spectacle, j'y cherche le rire ou l'émotion. Que l'auteur du drame qu'on représente devant moi s'appelle poëte, chorégraphe ou compositeur ; qu'il procède par des paroles, par des notes ou par des pas, peu importe ; il a atteint le but de son art, il a rempli sa promesse et mon attente, quand, par une fidèle peinture des mœurs, par l'enchaînement des scènes, par la vérité des situations et des caractères, il est arrivé à ce degré d'imitation où j'oublie que le spectacle qui m'est offert n'est qu'une récréation ingénieuse et un mensonge convenu. C'est ce qu'a fait Rossini plus qu'aucun autre compositeur, et autant que le lui ont permis les étroites limites de l'art dans lequel il a obtenu des succès si nombreux et si brillants. Le poëme est pour Mozart une traduction indispensable ; il n'est pour Rossini qu'un second accompagnement : le Figaro du *Barbier* est un personnage tout à fait comique, le Figaro de Mozart n'est qu'un excellent musicien.

Quoi qu'en ait dit mon illustre antagoniste, je ne crois pas que Rossini, qu'il appelle M. Rossini, répudie les éloges que j'ai donnés à ses admirables compositions. S'il en était ainsi, l'auteur d'*Otello* serait un homme tout à fait prodigieux. Il joindrait la palme du caractère à celle du talent. Ce double miracle est peu vraisemblable. Les musiciens modestes sont presque aussi rares que les musiciens dramatiques.

SECONDE RÉPONSE (n° 173) A L'OCCASION D'*Otello*.

Otello continue d'attirer la foule : le mérite de cet opéra n'est plus contesté aujourd'hui que par quelques professeurs de piano, musiciens anatomistes pour qui le mérite de l'originalité, de l'esprit et de la verve dramatique disparait devant l'irrégularité d'un *finale* ou les imperfections d'un quintette. Le public, qui a trop de raison pour chercher au spectacle autre chose que du plaisir, se garde bien de chicaner un compositeur qui lui plaît, sur ses prétendues infractions aux axiomes du Conservatoire et aux théories

la supprime. Le seul exposé technique des objections des pédants remplirait dix feuillets. Le lecteur peut aller à Feydeau un jour où l'on donne *Montano et Stéphanie*, du professorat. Il n'attend pas pour s'émouvoir qu'il y soit autorisé par les puristes de la rue Bergère, et ses bravos sont indépendants de la justesse du contre-point.

La querelle qui s'est élevée entre les appréciateurs du talent de Rossini et les partisans de l'ancien régime musical, vient peut-être uniquement de ce que de part et d'autre les mots ont été mal définis. On a dit que l'auteur d'*Otello* et du *Barbier* était plus essentiellement dramatique que la plupart de ses concurrents et de ses prédécesseurs. Cette assertion, mal comprise, a mis les professeurs sens dessus dessous. Le Dictionnaire de l'Académie suffisait pour nous mettre d'accord. On y aurait vu que le mérite dramatique est indépendant de la perfection du style et de l'obéissance servile aux règles de la composition. Non que sous ce double rapport même, Rossini soit, à beaucoup près, aussi défectueux que le prétendent ses détracteurs ; mais, en accordant qu'il mérite à cet égard tous les reproches dont il est l'objet, il reste démontré, au moins par le fait, que les partitions de ce célèbre compositeur sont plus parlantes, plus expressives, plus populaires que celles des maîtres les plus renommés. Voilà ce que j'entends par le mot *dramatique*, et il est impossible de l'entendre autrement. La musique est un art dont les moyens sont étroits et limités. Otez-lui le secours des paroles qu'elle est chargée de traduire, et qui la traduisent à leur tour, et vous en ferez une sorte d'idiome hiéroglyphique intelligible pour quelques adeptes, indéchiffrable pour le vulgaire des auditeurs. Celui qui, par la combinaison des signes sonores dont se compose l'alphabet musical, produira l'expression la plus rapprochée du langage ordinaire, sera le plus dramatique et le plus vrai. C'est là précisément ce qu'a fait Rossini. Il est de tous les compositeurs celui qui peut le plus se passer de poëte : il a, autant que possible, affranchi son art d'une nécessité qui lui ôte la moitié de sa gloire. C'est un étranger plein de grâces, qui, à force d'esprit, parvient à se faire entendre sans interprète : c'est un auteur naturel et facile qui triomphe des obscurités de la langue dans laquelle il écrit, et qui, pour être compris des gens du monde, n'a pas toujours besoin des éclaircissements d'un commentateur.

et le lendemain venir au *Tancrède*. M. Berton apparemment n'est pas tombé dans ces fautes de composition qu'il reproche avec tant de hauteur à *M. Rossini* : eh

Que Mozart soit plus riche et plus harmonieux, Pergolèse plus fini et plus correct, Sacchini plus suave et plus pur, tout cela peut être vrai sans que le public et moi nous ayons tort de trouver que Rossini se met mieux en rapport avec notre intelligence, et possède plus intimement le secret de nos goûts et de nos impressions. Il y a dans la musique de Rossini je ne sais quoi de vivant et d'actuel qui manque aux magnificences de Mozart ; ses couleurs n'ont peut-être pas autant d'éclat, mais il saisit mieux la ressemblance, et c'est la ressemblance qu'au théâtre on cherche avant tout. Les musiciens dramatiques ne sont que des peintres de portraits.

Si ces réflexions paraissent justes, elles pourront servir de préface au traité de paix que je suis très disposé à conclure avec mes savants antagonistes. Mozart sera pour eux le premier des musiciens qui font de la musique. Rossini sera à nos yeux le premier des musiciens qui font des opéras. Au moyen de cette distinction, nous serons tous d'accord.

Il ne me restera plus qu'à faire entendre raison aux détracteurs de la musique italienne, autre espèce de maniaques et d'exclusifs qui mettent la nationalité au nombre des éléments qui constituent le mérite d'une romance ou d'un quatuor. Ces honnêtes gens ne veulent pas qu'on soit cosmopolite en fait de plaisir ; ils oublient que la musique n'est ni française, ni ultramontaine, ni allemande, ni espagnole ; elle est bonne ou mauvaise, et voilà tout. Son certificat d'origine n'ajoute rien à son mérite ou à ses défauts. Il n'y a, au fait, que deux espèces de musique : la musique qui plaît, et la musique qui ne plaît pas.

Les partitions de Rossini n'ont pas besoin, pour être rangées dans la première de ces catégories, des talents auxquels l'administration de la rue de Louvois a remis le soin de leur exécution ; mais ces talents méritent aussi beaucoup d'éloges, et il est juste de dire que l'opéra italien n'a peut-être jamais été joué avec un ensemble aussi parfait. Madame Pasta, depuis ses débuts, a fait de véritables progrès. Garcia se montre dans *Otello* chanteur habile et grand tra-

bien ! je prie le lecteur de répondre la main sur la conscience ; quelle est la différence des deux ouvrages ?

Il y a dans chaque ville d'Italie vingt croque-notes, qui pour un sequin, se seraient chargés de corriger toutes les fautes de langue d'un opéra de Rossini. J'ai ouï faire une autre objection : les pauvres d'esprit, en lisant ses partitions, se scandalisent de *ce qu'il ne tire pas un meilleur parti de ses idées*. C'est l'avare qui traite de fou l'homme riche et heureux qui jette un louis à une petite paysanne en échange d'un bouquet de roses. Il n'est pas donné à tout le monde de comprendre les plaisirs de l'étourderie.

A Bologne, le pauvre Rossini eut un embarras plus sérieux que celui des

---

gédien ; il saisit à merveille toutes les nuances dont se compose le caractère violent et passionné de l'amant de Desdemona.

Les gens qui aiment les bonnes raisons et les arguments forts en musique me sauront un gré infini d'avoir reproduit la lettre de M. Berton, de l'Institut, et surtout de leur avoir indiqué l'*Abeille*, journal où ce grand compositeur a déposé, à diverses reprises, ses jugements sur M. Rossini, et les avis qu'il veut bien donner à cet Italien.

Quoi qu'il en soit de la force de la dialectique de M. Berton, il vient de mettre en lumière une réponse plus accablante encore pour l'auteur d'*Otello* et du *Barbier*. C'est la partition de *Virginie*, grand opéra fort correct, et qui, dans ce moment (juillet 1823), a un succès fou à l'Académie royale de Musique, et va faire le tour de l'Europe. Mais où trouver en Italie un acteur pour chanter le rôle d'Appius comme M. Derivis ? Voilà une difficulté.

pédants : sa maîtresse de Milan, abandonnant son palais, son mari, ses enfants, sa réputation, arriva un beau matin dans sa petite chambre d'auberge plus que modeste. Le premier moment fut de la plus belle tendresse ; mais bientôt parut aussi la femme la plus célèbre et la plus jolie de Bologne (la princesse C....). Rossini se moqua de toutes deux, leur chanta un air bouffe, et les planta là ; il n'est pas fort pour l'amour-passion.

CHAPITRE VI

L'IMPRESARIO ET SON THÉATRE

DE Bologne, qui est le quartier général de la musique en Italie, Rossini fut engagé pour toutes les villes où se trouve un théâtre. On faisait partout aux *impresari* la condition de faire écrire un opéra par Rossini. On lui donnait en général mille francs par opéra, et il en faisait quatre ou cinq tous les ans.

Voici le mécanisme des théâtres d'Italie : un entrepreneur (et c'est très souvent le patricien le plus riche d'une petite ville ; ce rôle donne de la considération et des plaisirs, mais ordinairement il est ruineux), un riche patricien, dis-je, prend l'entreprise du théâtre de la ville où il brille ; il forme une troupe, toujours composée de la *prima donna*, le *tenore*[1], le *basso cantante*, le *basso buffo*, une seconde femme

---

1. On entend par *tenore* la voix forte de poitrine dans les tons élevés. Davide brille dans la voix de tête, le *falsetto*. On écrit en général l'opéra buffa et l'opéra *di mezzo carattere* pour des ténors à voix ordinaires, et qui, d'après les opéras où ils chantent, sont appelés *tenori di mezzo carattere*. Les vrais ténors brillent dans l'opéra seria.

et un troisième bouffe. L'*impresario* engage un maestro (compositeur), qui lui fait un opéra nouveau, en ayant soin de calculer ses airs pour la voix des sujets qui doivent les chanter. L'impresario achète le poëme (libretto) ; c'est une dépense de 60 ou 80 francs. L'auteur est quelque malheureux abbé, parasite dans quelque maison riche du pays. Le rôle si comique du parasite, si bien peint par Térence, est encore dans toute sa gloire en Lombardie, où la plus petite ville a cinq ou six maisons de cent mille livres de rente. L'impresario, qui est le chef d'une de ces maisons, remet le soin de toutes les affaires financières de son théâtre à un régisseur, qui est d'ordinaire l'avocat archifripon qui lui sert d'intendant ; et lui, l'impresario, devient amoureux de la prima donna : le grand objet de curiosité dans la petite ville est de savoir s'il lui donnera le bras en public.

La troupe, ainsi organisée, donne enfin sa première représentation, après un mois d'intrigues burlesques et qui font la nouvelle du pays. Cette *prima recita* fait le plus grand événement public pour la petite ville, et tel que je n'en trouve point à lui comparer à Paris. Huit à dix mille personnes discutent pendant trois semaines les beautés et les défauts de l'opéra avec toute la force d'attention qu'ils ont reçue du ciel, et surtout avec toute la force de leurs poumons. Cette première représentation, quand elle n'est pas interrompue par une esclandre, est ordinairement suivie de vingt ou trente autres, après quoi la troupe se disperse. Cela s'appelle en général une saison (una stagione). La meilleure saison est celle du carnaval. Les chanteurs qui ne sont pas engagés (scriturati) se tiennent communément à Bologne ou à Milan ; là ils ont des agents de théâtre qui s'occupent de les placer et de les voler.

Après cette petite description des mœurs théâtrales, le lecteur se fera tout de suite une idée de la vie singulière et sans analogue en France que Rossini mena de 1810 à 1816. Il parcourut successivement toutes les villes d'Italie, passant deux ou trois mois dans chacune. A son arrivée, il était reçu, fêté, porté aux nues par les *dilettanti* du pays ; les quinze ou vingt premiers jours se passaient à recevoir des dîners et à hausser les épaules de la bêtise du libretto. Rossini, outre qu'il a dans l'esprit un feu étonnant, a été élevé par sa première maîtresse (la comtesse P*** de Pesaro), dans la lecture de l'Arioste, des comédies de Machiavel, des *Fiabe* de Gozzi, des poëmes de Buratti, et sent fort bien les sottises d'un libretto. *Tu mi hai dato versi,* *ma non situazioni*, lui ai-je entendu dire plusieurs fois au poëte crotté qui se confond en excuses et deux heures après lui apporte un sonnet, *umiliato alla gloria del più gran maestro d'Italia e del mondo*.

Après quinze ou vingt jours de cette vie dissipée, Rossini commence à refuser les dîners et les soirées musicales, et il prétend s'occuper sérieusement à étudier les voix de ses acteurs ; il les fait chanter au piano, et on le voit obligé de mutiler les plus belles idées du monde, parce que le *tenore* ne peut pas atteindre à la note dont sa pensée avait besoin, ou parce que la *prima donna* chante toujours faux dans le passage de tel ton à tel autre. Quelquefois, dans toute la troupe, il n'y a que le *basso* qui puisse chanter.

Enfin, vingt jours avant la première représentation, Rossini, connaissant bien les voix de ses chanteurs, se met à écrire. Il se lève tard, compose au milieu de la conversation de ses nouveaux amis, qui, quoi qu'il fasse, ne le quittent pas un instant de toute la journée. Il va dîner avec eux à l'*Osteria*, et souvent souper ; il rentre fort tard, et ses amis le reconduisent jusqu'à sa porte en chantant à tue-tête de la musique qu'il improvise, quelquefois un *miserere*, au grand scandale des dévots du quartier. Il rentre enfin, et c'est à cette époque de la journée, vers les trois heures du matin, que lui sont venues ses idées les plus brillantes. Il les écrit à la hâte et sans piano, sur de petits bouts de papier, et le lendemain il les arrange, les *instrumente*, pour parler son langage, en causant avec ses amis. Figurez-vous un esprit vif, ardent, que toutes choses frappent, qui tire parti de tout, qui ne s'embarrasse de rien. Ainsi, dernièrement, composant son *Moïse*, quelqu'un lui dit : « Vous faites chanter des Hébreux, les ferez-vous naziller comme à la synagogue? » Cette idée le frappe, et sur-le-champ il compose un chœur magnifique qui commence en effet par certaines combinaisons de sons qui rappellent un peu la synagogue juive. Une seule chose à ma connaissance peut paralyser ce génie brillant, toujours créateur, toujours en action, c'est la présence d'un pédant qui vient lui parler gloire et théorie et l'accabler de compliments savants. Alors il prend de l'humeur et se permet des plaisanteries souvent plus remarquables par leur énergie grotesque que par la mesure parfaite et l'atticisme. En Italie, comme il n'y a point eu de cour dédaigneuse s'amusant à épurer la langue, et que personne ne s'avise de songer à son rang avant que de rire, le nombre des choses réputées grossières ou ignobles est infiniment restreint ; de là, la couleur particulière de la poésie de Monti ; cela est noble, cela est sublime, et cependant cela ne rappelle nullement les scrupules et les timidités sottes d'un hôtel de Rambouillet. C'est le contraire de M. l'abbé Delille ; le mot *noble* n'a pas le même sens en Italie et en France.

Rossini dit un jour à un pédant, *monsignore* de son métier, qui l'avait relancé jusque dans sa petite chambre d'auberge et qui l'empêchait de se lever : « *Ella mi vanta per mia gloria*, etc. » « Vous voulez bien me parler de ma gloire : savez-vous, monseigneur, quel est mon véritable titre à l'immortalité ? c'est d'être le plus bel homme de mon siècle. Canova m'a dit qu'il compte me prendre un jour pour modèle pour une statue d'Achille. » A ces mots, il saute de son lit et paraît aux yeux du monsignore (prélat romain) en costume d'Achille, ce qui est un grand manque de respect en ce pays-là.

« Voyez-vous cette jambe, voyez-vous ce bras ? continue-t-il : quand on est fait de cette façon, je pense qu'on est sûr de l'immortalité... » Je supprime la suite du discours ; une fois lancé dans la mauvaise plaisanterie, il s'exalte par le son de ses paroles et par le rire fou que lui donnent ses propres idées ; il improvise des sottises à l'infini, il devient outrageant, et rien ne peut l'arrêter. Le monsignore pédant en fut bientôt réduit à prendre la fuite.

Composer n'est rien, à ce que dit Rossini ; l'ennuyeux, c'est de faire répéter. C'est dans ce triste moment que le pauvre maestro endure le supplice d'entendre défigurer, dans tous les tons de la voix humaine, ses plus belles idées, ses cantilènes les plus brillantes ou les plus suaves. Il y a de quoi se siffler soi-même, dit Rossini. Il sort triste des répétitions, il est dégoûté de ce qu'il admirait la veille.

Mais ces séances, si pénibles pour le jeune compositeur, sont à mes yeux le triomphe de la sensibilité italienne ; c'est là que rassemblés autour d'un mauvais piano écloppé, dans le taudis qu'on appelle le *ridotto* du théâtre de quelque petite ville, telle que Reggio ou Velletri, j'ai vu huit ou dix pauvres diables d'acteurs répéter au bruit de la cuisine et du tournebroche du voisin ; je les ai vus éprouver et rendre admirablement les impressions les plus fugitives et les plus entraînantes que puisse donner la musique ; c'est là que l'homme du nord, étonné, voit des ignorants, incapables de jouer une valse sur le piano, ou de dire quelle est la différence d'un ton à un autre, chanter et accompagner *par instinct*, et avec un *brio* admirable, la musique la plus singulière et la plus originale, que le maestro recompose et arrange sous leurs yeux à mesure qu'ils la chantent. Ils font cent fautes ; mais en musique, toutes les fautes qui sont faites par excès de verve sont bientôt pardonnées, comme en amour toutes les fautes qui viennent de trop aimer. Au reste, ces séances qui m'ont charmé, moi ignorant, auraient sans doute scandalisé M. Berton de l'Institut.

L'homme de bonne foi, étranger à l'Italie, reconnaît sur le-champ que rien n'est absurde comme de vouloir faire des compositeurs et des chanteurs loin du Vésuve [1]. Dans ces pays du *beau*, l'enfant à la mamelle entend chanter, et ce n'est pas précisément des airs comme *Malbrouk* ou *C'est l'amour, l'amour*. Sous un climat brûlant, sous une tyrannie sans pitié, où parler est si dangereux, le désespoir ou le bonheur s'expriment plus naturellement par un chant plaintif que par une lettre. On ne parle que de musique ; on n'ose avoir une opinion et la discuter avec feu et franchise que sur la musique ; on ne lit et l'on n'écrit qu'une seule chose, ce sont des sonnets satiriques en dialecte de pays [2]

---

1. *Tu regere imperio populos, Romane, memento.* VIRGILE.
2. Sonnet de... à Reggio. Vision de Prina, Milan 1816. Poëmes de Buratti, à Venise.

contre le gouverneur de la ville ; et le gouverneur, à la première occasion, fait coffrer comme carbonari tous les poëtes de l'endroit. Ceci est à la lettre, sans exagération aucune, et j'écrirais vingt noms si la prudence le permettait. Réciter le sonnet burlesque contre le gouverneur ou le souverain, est beaucoup moins dangereux que discuter un principe politique ou un trait d'histoire. L'abbé ou le Cav. di M., qui fait le rôle d'espion, étant de la plus drôle d'ignorance, s'il répète au chef de la police, d'ordinaire homme d'esprit et renégat libéral, quelque raisonnement qui se tienne debout et qui ait l'apparence du sens commun, à l'instant la preuve de la police est faite, et il est clair que l'espion ne calomnie pas. Le préfet de police vous fait appeler et vous dit gravement : Vous déclarez la guerre au gouvernement de mon maître, vous vous permettez de parler, *pescano in quel che dite* [1].

Réciter le sonnet satirique à la mode est au contraire un péché dont tout le monde se rend coupable, et dont tout le monde peut être accusé calomnieusement ; cela ne passe pas la portée connue de l'espion.

Nous avons laissé Rossini faisant répéter son opéra à un mauvais piano, dans le

[1]. Mes administrés *pêchent* des idées dans ce que vous dites. Ce reproche est historique, 1819.

ridotto de quelque petit théâtre d'une ville du troisième ordre, comme Pavie ou Imola. Si cette petite salle obscure est le sanctuaire du génie musical et de l'enthousiasme des arts sans forfanterie et sans nulle idée au monde de comédie ; en revanche aussi, toutes les prétentions et les disputes les plus grotesques de l'amour-propre le plus incroyable et le plus naïf s'étalent à l'envi autour de ce méchant piano. Quelquefois il y périt ; on le brise à coups de poing, et l'on finit par s'en jeter les morceaux à la tête. Je conseille à tout voyageur en Italie, sensible aux arts, de se donner ce spectacle. Cet intérieur de la troupe fait la conversation de toute la ville, qui attend son plaisir ou son ennui, pendant le mois le plus brillant de l'année, de la réussite ou de la chute de l'opéra nouveau. Une petite ville, dans cet état d'ivresse, oublie l'existence du reste du monde ; c'est durant ces incertitudes que l'*impresario* joue un rôle admirable pour son amour-propre, et qu'il est à la lettre le premier homme du pays. J'ai vu des banquiers avares ne pas regretter d'avoir acheté ce rôle flatteur par la perte de quinze cents louis. Le poëte Sografi a fait un acte charmant sur les aventures et les prétentions d'une troupe d'opéra. Il y a le rôle d'un ténor allemand qui n'entend pas un mot d'italien, qui est à mourir de rire. Cela est digne de Regnard ou de Shakspeare. La vérité est si *outrée*, c'est une si drôle de chose que des chanteurs italiens disputant sur les intérêts de leur gloire, enivrés qu'ils sont par les accents divins d'une musique passionnée, que l'embarras du poëte a été de diminuer, d'affaiblir des trois quarts et de ramener aux limites du vraisemblable, la vérité et la nature, bien loin de les charger. La vérité la plus vraie eût paru comme une caricature dépourvue de toute vraisemblance.

Marchesi (fameux soprano de Milan) ne voulait plus chanter, dans les dernières années de sa carrière théâtrale, à moins qu'au commencement de l'opéra sa première entrée n'eût lieu à cheval, ou du haut d'une colline. Dans tous les cas, le bouquet de plumes blanches qui se balançait sur son casque, devait avoir au moins six pieds de haut.

Crivelli, encore aujourd'hui, refuse de chanter son premier air, s'il n'y trouve pas la parole *felice ognora*, sur laquelle il lui est commode de faire des roulades.

Mais revenons à la ville d'Italie que nous avons laissée dans l'anxiété, et l'on peut dire dans l'agitation qui précède le jour de la première représentation de son opéra.

Cette soirée décisive arrive enfin. Le

maestro se place au piano ; la salle est aussi pleine qu'elle puisse l'être. On est accouru de vingt milles à la ronde. Les curieux campent dans leurs calèches au milieu des rues ; toutes les auberges sont combles dès la veille ; et l'on y est d'une insolence rare. Toutes les occupations ont cessé. Au moment de la représentation, la ville a l'air d'un désert. Toutes les passions, toutes les incertitudes, toute la vie d'une population entière est concentrée dans la salle.

L'ouverture commence : on entendrait voler une mouche. Elle finit, et là éclate un vacarme épouvantable. Elle est portée aux nues, ou sifflée ou plutôt hurlée sans miséricorde. Ce n'est plus, comme à Paris, des vanités inquiètes, interrogeant de l'œil la vanité du voisin[1] ; ce sont des énergumènes cherchant, à force de hurlements, de trépignements, de coups de cannes contre le dossier des banquettes, à faire triompher leur manière de sentir, et surtout voulant prouver qu'elle est la *seule bonne ;* car il n'y a rien au monde d'intolérant comme l'homme sensible. Dès que vous voyez dans les arts un homme modéré et raisonnable, parlez-lui bien vite d'économie politique ou d'histoire, il sera

1. Toutes les premières représentations sont froides à Louvois.

magistrat distingué, bon médecin, bon mari, excellent académicien, tout ce que vous voudrez enfin, excepté un homme fait pour sentir la musique ou la peinture.

A chaque air de l'opéra nouveau, après un silence parfait, recommence le vacarme épouvantable : le mugissement d'une mer en courroux ne vous en donnerait qu'une idée peu exacte.

On entend juger distinctement le chanteur et le compositeur. On crie : *bravo Davide, brava Pisaroni ;* ou bien toute la salle retentit des cris : *bravo maestro !* Rossini se lève de sa place au piano, sa belle figure prend l'expression de la gravité, chose rare chez lui ; il fait trois saluts, est couvert d'applaudissements, assourdi de cris singuliers ; on lui crie des phrases entières de louanges : ensuite l'on passe à un autre morceau.

Rossini paraît au piano durant les trois premières représentations de son opéra nouveau ; après quoi, il reçoit ses soixante-dix sequins (huit cents francs), prend part à un grand dîner d'adieu qui lui est donné par ses nouveaux amis, c'est-à-dire par toute la ville, et part en voiturin, avec un porte-manteau beaucoup plus rempli de papiers de musique que d'effets, pour aller recommencer le même rôle, à quarante milles de là, dans une ville voisine.

Ordinairement, il écrit à sa mère le soir de la première représentation, et lui envoie, pour elle et pour son vieux père, les deux tiers de la petite somme qu'il a reçue. Il part avec huit ou dix sequins, mais le plus gai des hommes, et, chemin faisant, ne manque pas de mystifier quelque sot si le hasard lui fait la grâce de lui en envoyer. Une fois, comme il se rendait en voiturin d'Ancône à Reggio, il se donna pour un maître de musique ennemi mortel de Rossini, et passa tout le temps du voyage à faire chanter de la musique exécrable, qu'il composait à l'instant, sur les paroles connues de ses airs les plus célèbres, musique qu'il faisait bafouer comme étant celle des prétendus chefs d'œuvre de cet animal nommé Rossini, que les gens de mauvais goût avaient la sottise de porter aux nues. Il n'y a nulle fatuité à lui de mettre ainsi le discours sur la musique ; en Italie c'est la conversation la plus à la mode ; et après un mot sur Napoléon, c'est toujours le propos auquel on revient.

CHAPITRE VII

GUERRE DE L'HARMONIE CONTRE LA MÉLODIE

Je demande la permission de placer ici une digression qui abrégera beaucoup les discussions auxquelles nous allons être conduits par la vie orageuse que Rossini va mener, et par les succès disputés qui formèrent son lot aussitôt que les pédants l'eurent honoré de leur haine, et que tous les compositeurs quelconques, grands et petits, se furent ligués contre lui.

L'envie une fois réveillée à Bologne contre Rossini, ne lui permit plus d'obtenir les succès faciles de sa première jeunesse.

Rossini se moque des pédants ; mais s'il eut toujours assez de mépris pour les individus, l'espèce tout entière ne laissa pas que d'avoir beaucoup d'influence sur ses ouvrages, et une influence fatale.

Pour éclaicir l'idée, assez obscure, que les littérateurs de toutes les nations se sont faite du mot *goût*, on en est souvent revenu à la signification simple de ce mot. Les plaisirs du goût, dans le sens propre, sont ceux que sent un enfant auquel sa mère vient de donner une belle pêche.

Je m'empare, au profit de l'art musical, de ce joli enfant, si joyeux en ouvrant sa belle pêche : le goût des sucreries et des saveurs douces disparaîtra bientôt chez lui ; je le vois, à peine arrivé à seize ans, s'abreuver de bière avec délices, et cependant cette liqueur est d'un goût assez âpre, et qui offense d'abord, mais elle a beaucoup de piquant. Les sucreries sembleraient fades à ce jeune écolier que je vois demander de la bière avec tant d'empressement, en quittant une partie de barres.

Quelques années plus tard, ce n'est plus seulement la bière qui lui plaît ; l'éloignement qu'il éprouve pour ce qu'il appelle les saveurs insipides, lui fait demander un mets allemand, le *saur-craut ;* ce mot baroque veut dire *choux aigre*. Il y a loin de là à la pêche, dont le parfum délicieux faisait son bonheur à trois ans. Pour terminer ma comparaison par des noms plus nobles, je rappellerai que le grand Frédéric, l'ami de Voltaire, parvenu à un âge avancé, avait un tel goût pour la cuisine fortement assaisonnée et les épices, que l'honneur de dîner à la table du roi était devenu une corvée pour les jeunes officiers français que la mode faisait courir aux revues de Potsdam.

A mesure que l'homme vieillit, il perd le goût des fruits et des sucreries, qui charmaient son enfance, et contracte celui des choses piquantes et fortes. Boire de l'eau-de-vie serait un supplice pour un marmot de six ans, s'il n'était pas tout fier de faire usage du verre de papa.

Cette soif toujours croissante pour les aliments d'un goût piquant, cet éloignement pour ceux qui n'ont qu'une saveur douce et suave, voilà l'image, peut-être un peu trop vulgaire, mais d'ailleurs fort exacte, des révolutions de la musique de l'an 1730 à l'année 1823. Je compare la mélodie simple et charmante pour l'oreille, aux fruits parfumés et doux qui font tant de plaisir dans l'enfance. L'harmonie, au contraire, représente les mets piquants, âpres, fortement assaisonnés, dont le goût blasé éprouve le besoin en avançant dans la vie. C'est vers l'an 1730 que les Leo[1], les Vinci[2], les Pergolèse[3], inventèrent, à Naples, les chants

---

1. Auteur de cet air sublime et si célèbre dans les annales de la musique antique, le *Misero pargoletto* de Demophon.
2. Voir l'*Artaxerce* de Métastase, le chef-d'œuvre de Vinci.
3. Dans le genre pathétique, on n'a jamais surpassé l'air : *Se cerca, se dice*, de l'*Olympiade*. *La Servante Maîtresse* est un opéra buffa admirable ; il ne faudrait qu'y mettre des accompagnements et en ôter les récitatifs, pour faire courir tout Paris. Voilà un grand avantage des nations étrangères, les chants de Pergolèse n'ont pas pour elles le ridicule d'être des *choses passées de mode*.

Les portraits de nos grands-pères, avec leurs habits brodés à la Louis XV, sont ridicules ; les fraises et les arles plus doux, les mélodies les plus suaves, les cantilènes les plus voluptueuses dont il ait été donné à l'oreille humaine d'avoir la jouissance.

Je supprime les détails historiques, qui, en arrêtant l'attention, diminueraient la clarté du point de vue général que je veux faire remarquer au lecteur.

De 1730 à 1823, le peuple musical, semblable à un jeune enfant qui devient un brillant jeune homme, et ensuite un vieillard un peu blasé, s'est toujours éloigné du genre doux et suave, pour courir au genre piquant et fort. On pourrait dire qu'il a laissé les pêches et leur délicieux parfum pour demander du *saur-craut*, des sauces épicées et du kirsch waser, aux grands compositeurs chargés de ses plaisirs, et qu'il paie avec de la gloire. Toutes ces comparaisons ne sont pas bien nobles, je l'avoue, mais elles me semblent claires.

Cette révolution, qui occupe un intervalle de quatre-vingt-dix ans dans les annales de l'esprit humain, a eu des périodes différentes et successives. Où s'arrêtera-t-elle? Je l'ignore : tout ce que je sais, c'est qu'à chaque période (et chacune d'elles a duré douze ou quinze ans, à peu près le

---

mures de nos aïeux du temps de François Ier nous les rendent au contraire vénérables, dans ces grands portraits qui nous regardent d'un air sévère.

temps qu'un grand compositeur est à la mode) à chaque période, dis-je, on a cru être arrivé au terme de la révolution.

Moi-même, je suis probablement aussi dupe de mes sensations, qu'aucun de mes devanciers, en proclamant que la *perfection* de l'union de la mélodie antique avec l'harmonie moderne, c'est le style de *Tancrède*. Je suis la dupe d'un magicien qui a donné les plaisirs les plus vifs à ma première jeunesse, et, par contre-coup, je suis injuste envers la *Gazza ladra* et *Otello*, qui me présentent des sensations moins douces, moins enchanteresses, mais plus piquantes et peut-être plus fortes.

Je prie le lecteur d'avoir cette profession de foi sous les yeux, toutes les fois que je me sers des mots *délicieux*, *sublime*, *parfait*. Dans les moments de froide philosophie et de respect pour les gens secs, je sens bien tout le ridicule dont ces mots sont susceptibles, mais je les emploie pour abréger.

On dit en France, pour indiquer une nuance d'opinion : *c'est un patriote de* 89 ; je me dénonce moi-même comme étant un *Rossiniste de* 1815. Ce fut l'année où l'on admira le plus en Italie le *style* et la musique de *Tancrède*[1].

1. En musique tout comme en littérature, un ouvrage peut avoir un fort bon *style* et des idées assez communes,

Un amateur de 1780, préférant à tout, comme de juste, le style de Paisiello et de Cimarosa, trouverait probablement *Tancrède* aussi bruyant et aussi surchargé d'effets d'orchestre que me semblent l'être *Otello* et *la Gazza ladra*.

Loin de prétendre à une impartialité ridicule et impossible dans les arts, je proclame hardiment un principe qui me semble, du reste, tout à fait à la mode : je me déclare partial. L'impartialité dans les arts est, comme la *raison* en amour, le partage des cœurs froids ou faiblement épris. Je suis donc partial autant que peut l'être un *bon homme* de lettres. La différence, c'est que je ne veux faire pendre personne, pas même M. Maria Weber, l'auteur du *Freyschütz*, l'opéra allemand qui fait fureur dans ce moment aux rives de la Sprée et de l'Oder.

Un partisan du *Freyschütz* verra en moi un bon homme impossible à ennuyer, et qui a ses raisons pour admirer le genre simple. Il m'appliquera la phrase que je fais plus ou moins jolie, suivant que je suis plus ou moins bien né, et dont je me sers pour énoncer mon opinion sur les gens que charmait, vers l'an 1750, un opéra

---

et *vice versa*. Je préfère le *style* de Rossini, mais je trouve plus de génie à Cimarosa. Le premier final du *Matrimonio segreto* offre la perfection du style et des *idées*.

comique de Galuppi, avec ses longs récitatifs.

Je crois que pour être clair, je n'ai rien de mieux à faire que de placer ici la liste des enchanteurs qui ont passé successivement en Italie pour avoir atteint le dernier terme de l'art et la perfection du vrai beau.

A chaque nouveau génie qui paraissait, il s'engageait une dispute générale fort vive, et surtout impossible à terminer, entre les gens de quarante ans qui avaient vu de *meilleurs temps*, et les jeunes gens de vingt ; car un homme de talent écrit toujours dans le *style* (dans le mélange proportionnel de mélodie et d'harmonie) qu'il trouve à la mode à son entrée dans le monde [1].

Voici la liste des grands artistes dont le nom a successivement servi d'anathèmes pour leurs successeurs immédiats :

Porpora brilla en	1710[2].
Durante	1718.
Leo	1725.

---

1. *Avoir du goût*, même en littérature, veut toujours dire habiller ses idées à la dernière mode, à la dernière mode de la très-bonne compagnie. M. l'abbé Delille avait un goût parfait en 1786.

2. Souvent les premiers opéras d'un maestro restent les meilleurs. Le génie musical se développe de fort bonne heure ; mais il faut bien accorder quatre ou cinq ans à

Galuppi, surnommé il Buranello, parce qu'il était de la petite île de *Burano*, à une portée de canon de Venise	1728.
Pergolèse	1730.
Vinci	1730.
Hasse	1730.
Jomelli	1739.
Logroscino, l'inventeur des finales	1739.
Guglielmi, créateur de l'opéra buffa	1752.
Piccini	1753.
Sacchini	1760.
Sarti	1755.
Paisiello	1766.
Anfossi	1761.
Traetta	1763.
Zingarelli	1778.
Mayer	1800.
Cimarosa	1790.
Mosca	1800.
Paër	1802.
Pavesi	1802.

l'opinion publique pour qu'un compositeur fasse décidément négliger l'homme de talent qui l'a précédé. Je pense que c'est vers l'âge de vingt-cinq ans que les compositeurs célèbres dont je donne la liste, ont commencé à être fort à la mode.

Generali...................... 1800.
Rossini...⎫
Mozart...⎭ .... 1812.

Je mets ces deux grands noms ensemble, par l'effet combiné de l'éloignement des lieux, de la difficulté de lire Mozart, et du mépris des Italiens pour les artistes étrangers : on peut dire que Mozart et Rossini ont débuté ensemble en Italie vers l'an 1812.

Aujourd'hui il y a un maestro qui fait oublier l'auteur de *Tancrède* : c'est celui de *la Gazza ladra*, de *Zelmire*, de *Sémiramis*, de *Mosè*, d'*Otello* ; c'est le Rossini de 1820 [1].

Je supplie que l'on me permette une seconde comparaison.

---

[1]. Voici les époques exactes de quelques grands maîtres : Alexandre Scarlatti, né à Messine en 1650, meurt en 1730. C'est le fondateur de l'art musical moderne. — Bach, 1685, 1750. — Porpora, né en 1685, mort en 1767. — Durante, 1663, 1755. — Léo, 1694, 1745. — Galuppi, 1703, 1785. — Pergolèse, 1704, 1737. — Handel, 1684, 1759. — Vinci, 1705, 1732. — Hasse, 1705, 1783. — Jomelli, 1714, 1774. — Benda, mort en 1714. — Guglielmi, 1727, 1804. — Piccini, 1728, 1800. — Sacchini, 1735, 1786. — Sarti, 1730, 1802. — Paisiello, 1741, 1815. — Anfossi 1736, 1775. — Traetta, 1738, 1779. — Zingarelli, né en 1752. — Mayer, 1760. — Cimarosa, 1754, 1801. — Mozart, 1756, 1792. — Rossini, 1791. — Beethoven, 1772. — Paër, 1774. — Pavesi, 1785. — Mosca, 1778. — Generali, 1786. — Morlachi, né en 1788. — Pacini, né en 1800. — Caraffa, 1793. — Mercadante, 1800. — Kreutzer, de Vienne, né en 1800, l'espoir de l'école allemande.

Voyez deux rivières majestueuses prendre leur source en des contrées éloignées, parcourir des régions fort différentes, et cependant finir par confondre leurs eaux : tels sont le Rhône et la Saône. Le Rhône tombe des glaciers du mont Saint-Gothard, entre la Suisse et l'Italie. La Saône prend sa source dans le nord de la France ; le Rhône parcourt en bondissant la vallée étroite et pittoresque du Valais ; la Saône arrose les fertiles campagnes de la Bourgogne. Ces grands cours d'eau viennent enfin se réunir sous les murs de Lyon, pour former ce fleuve majestueux et rapide, le plus beau de France, qui va passer si vivement sous les arcades du pont Saint-Esprit, et faire trembler le plus hardi nautonier

Telle est l'histoire des deux écoles de musique, l'allemande et l'italienne ; elles ont pris naissance en lieux bien distants, Dresde et Naples. Alexandre Scarlatti créa l'école d'Italie, Bach créa l'école allemande[1].

Ces deux grands courants d'opinions et de plaisirs différents, représentés aujourd'hui par Rossini et Weber, vont probablement se confondre pour ne former qu'une seule école ; et leur réunion à

---

1. Je ne garde pas toutes les avenues contre la critique.

jamais mémorable doit peut-être avoir lieu sous nos yeux, dans ce Paris qui, malgré les censeurs et les rigueurs, est plus que jamais la capitale de l'Europe [1].

Placés par le hasard au point de la réunion, debout sur le promontoire élevé qui sépare encore ces courants majestueux, observons les derniers mouvements de leurs ondes immenses, et les derniers tourbillons qu'elles forment avant de se réunir à jamais.

D'un côté je vois Rossini donnant *Zelmire* à Vienne en 1823 ; de l'autre je vois Maria Weber triompher le même jour à Berlin avec le *Freyschütz*.

Dans l'école italienne de 1815, et dans l'opéra de *Tancrède*, que je prends comme le représentant de cette école, afin d'éviter toute idée vague ou obscure, les accompagnements ne nuisent pas au chant.

Rossini trouva ce juste degré de clair-obscur harmonique qui *irrite* doucement l'oreille sans la fatiguer. En me servant du mot *irriter*, j'ai parlé le langage des physiologistes. L'expérience prouve que l'oreille a toujours besoin (en Europe du

---

[1]. Il faudrait, il est vrai, que le théâtre de l'Opéra-Buffa fût organisé d'une manière à peu près raisonnable. Il paraît qu'en 1823, le but secret est de le faire tomber. On veut nous lasser d'*Otello*, de *Roméo* et de *Tancrède* ; il nous manque madame Fodor et un ténor.

moins) de se reposer sur un accord parfait ; tout accord dissonant lui déplaît, *l'irrite* (ici faire une expérience sur le piano voisin), et lui donne le besoin de revenir à l'accord parfait.

CHAPITRE VIII

IRRUPTION DES CŒURS SECS. — IDÉOLOGIE
DE LA MUSIQUE

L'HARMONIE doit-elle se faire remarquer par elle-même, et détourner notre attention de la *mélodie*, ou simplement augmenter l'effet de celle-ci ?

J'avoue que je suis pour ce dernier parti. Je vois que dans les beaux-arts, les grands effets sont produits, en général, par une seule chose extrêmement belle, et non par la réunion de plusieurs choses médiocrement touchantes. Le cœur humain n'a que des émotions peu vives lorsque ses jouissances sont entremêlées de la nécessité de choisir entre deux plaisirs de nature différente. Si je sens le besoin d'entendre de l'harmonie magnifique, je vais à une symphonie de Haydn, de Mozart ou de Beethoven ; je vais au *Mariage secret*, ou au *Roi Théodore*, si j'aime la mélodie. Si je désire jouir de ces deux plaisirs réunis autant que possible je vais voir à la Scala, *Don Juan* ou *Tancrède*. J'avoue que si je pénètre plus avant dans la nuit de l'harmonie, la musique a moins de charmes *pour moi*.

Il faut un tour de force pour être incorrect en écrivant une phrase de mélodie ; rien n'est au contraire plus facile que de faire des fautes en notant dix mesures d'harmonie.

La science est nécessaire pour écrire de l'harmonie. Voilà la nécessité fatale qui a donné prétexte aux sots et aux pédants de toutes les couleurs, pour s'immiscer dans la musique.

Sans vouloir faire contre les savants une mauvaise épigramme, les gens qui connaissent le monde avoueront avec moi que si aujourd'hui l'*Histoire de Charles XII* de Voltaire se présentait incognito à l'Académie des Inscriptions pour avoir le prix, les savants académiciens ne seraient frappés, dans ce charmant ouvrage, que de quelques inexactitudes de détail, et certes il serait malheureux : tel paraît, aux yeux des pédants en musique, un ouvrage de Rossini. Je leur rends justice ; ils sont de bonne foi quand ils l'injurient[1].

La science du chant, telle qu'elle est aujourd'hui au Conservatoire de Paris, enseigne à produire une suite de mots bien enchaînés d'après les règles de la syntaxe ;

1. Voir l'*Abeille* de 1821, et *la Pandore* du 23 juillet et du 12 août 1823.

mais du reste, ces mots n'offrent aucun sens.

Rossini, au contraire, opprimé qu'il était par le nombre et la vivacité des sentiments et des nuances de sentiment qui se présentaient à la fois à son esprit, a fait quelques petites fautes de grammaire. Dans ses partitions originales il les a presque toujours notées avec une croix +, en écrivant à côté : *Per soddisfazione de' pedanti*. Un élève, après six mois de Conservatoire, voit ces négligences, qui souvent sont des essais.

Il nous reste à donner un coup d'œil à l'état actuel de la grammaire musicale. Ces fautes de Rossini sont-elles de véritables fautes ? Qui a fait cette grammaire ? sont-ce des gens supérieurs en génie à Rossini ? Il ne s'agit pas ici, comme pour les langues, de noter avec une scrupuleuse fidélité les usages d'une nation ; les gens qui ont écrit la langue musicale sont en trop petit nombre pour qu'il y ait, à proprement parler, un *usage général*. La musique attend son Lavoisier. Cet homme de génie fera des expériences sur le cœur humain et sur l'organe de l'ouïe lui-même. Tout le monde sait que le bruit d'une scie que l'on aiguise, d'un morceau de liège que l'on coupe, de deux orgues de Barbarie jouant des airs différents, ou simplement d'un papier que l'on chiffonne, suffit pour mettre aux abois certaines personnes à nerfs délicats.

Il y a des oppositions ou des accords de sons dont les effets agréables sont aussi marqués que l'est, dans un sens opposé, le cri du liège que l'on coupe ou du papier que l'on chiffonne.

Le Lavoisier de la musique, auquel j'accorde libéralement un cœur très sensible à ces effets, se livrera à plusieurs années d'expériences, après quoi il *déduira* de ses expériences les règles de la musique.

Dans son ouvrage, au mot *colère*, il nous présentera les vingt cantilènes qui lui semblent exprimer le mieux le sentiment de la *colère* ; il en fera de même pour la *jalousie, l'amour heureux*, les *tourments de l'absence*, etc.

Souvent l'accompagnement rappelle à notre imagination une nuance de sentiment que la voix seule ne pourrait pas exprimer.

L'homme supérieur dont j'invoque la présence donnera les airs qu'il aura choisis comme exprimant le mieux la *colère*, avec leurs accompagnements. Font-ils plus d'effets avec ou sans accompagnements ? Jusqu'à quel point peut-on compliquer ces accompagnements ?

Toutes ces grandes questions, résolues

par *des expériences*, établiront enfin une véritable théorie de la musique, basée sur la *nature du cœur humain* en Europe, et sur les *habitudes de l'oreille*.

La plupart des règles qui oppriment dans ce moment le génie des musiciens, ressemblent à la philosophie de Platon ou de Kant ; ce sont des billevesées mathématiques inventées avec plus ou moins d'esprit et d'imagination, mais dont chacune a grand besoin d'être soumise au creuset de l'expérience[1]. Ce sont des règles impérieuses qui ne sont appuyées sur rien[2], ce sont des conséquences qui ne partent d'aucun principe ; mais par malheur il en est de l'autorité de ces règles comme de celle des rois ; elles sont environnées de beaucoup de gens en crédit, qui ont le plus grand intérêt du monde à soutenir leur infaillibilité. Si l'on ébranle le respect pour les règles, si l'on a la scandaleuse témérité de vouloir examiner le droit qu'elles ont d'être *des règles*, que deviendra l'importance et la vanité d'un professeur au Conservatoire ?

Voulez-vous savoir ce qui arrive aux plus spirituels d'entre eux ?

---

1. Bacon dirait aussi de la musique : *Humano ingenio non plumœ addendœ, sed potius plumbum et pondera.*
2. Voir les Raisonnements ascétiques de Socrate, p. 200 du Platon de M. Cousin, t. I.

Les esprits justes, M. Cherubini par exemple, arrivés à une certaine époque de leur carrière, s'aperçoivent qu'il y a absence de fondements dans l'édifice qu'ils élèvent ; la peur les saisit ; ils quittent l'étude du langage du cœur pour s'enfoncer dans un examen philosophique. Au lieu d'élever de belles colonnes ou des portiques élégants, ils perdent le temps de leur jeunesse à pousser en terre des fouilles profondes. Quand enfin ils sortent tout poudreux de ces tranchées obscures, leur tête est surchargée de vérités mathématiques ; mais le beau temps de la jeunesse est passé, et leur cœur se trouve vide des sentiments dont la présence met en état d'écrire de la musique, comme le duetto d'*Armide* :

<blockquote>Amor possente nome.</blockquote>

Il y a des accords qui sont d'un effet évident, d'une expression pour ainsi dire parlante : il ne faut que les entendre une fois pour convenir de leur qualité. C'est une expérience que je conseille fort aux amateurs qui ont une âme. Le précipice dont ils ont à se garder, c'est l'impatience naturelle à tous les hommes, qui leur fera prendre le roman de la science pour son histoire.

Rien n'est pénible comme d'examiner,

de douter, quand on a des plaisirs. Plus ceux de la musique sont entraînants et voluptueux, et plus les doutes sont pénibles et odieux. Dans cette position de l'âme, la moindre théorie brillante séduit et entraîne [1]. Comme en idéologie il faut savoir à chaque instant retenir notre intelligence qui veut courir ; de même, dans la *théorie des arts*, il faut retenir l'âme, qui sans cesse veut jouir et non examiner [2].

Il est un autre écueil, c'est celui contre lequel vont faire naufrage les âmes sèches [3]. Lorsqu'elles se mettent à la chasse des vérités sur cette matière, elles perdent la vue à moitié route, et prennent misérablement le difficile pour le beau.

N'est-ce point ainsi qu'a fini un des plus savants génies musicaux de l'époque actuelle ?

On sent bien que je ne puis m'avancer que jusqu'au bord de ces grandes questions. Je ne puis en esquisser tout au plus que la partie morale, que celle qui est fondée sur les rapports que ces problèmes ont avec les passions du cœur humain et

---

1. C'est l'histoire des jeunes Allemands. Leurs âmes candides s'enflamment de l'amour de la vertu ; on profite de ce moment d'entraînement pour leur faire accepter une logique non prouvée, et partant ridicule.
2. A la bonne heure, suivez la route la plus agréable, ayez des plaisirs ; mais alors ne dogmatisez pas.
3. The blunt minded.

les habitudes de notre imaginatian européenne.

Comme il faut commencer une fois, peut-être un jour oserai-je donner au public un ouvrage scientifique sur ces grandes vérités. Outre qu'il sera fort malaisé à comprendre, j'ai peur qu'il ne soit fort ridicule. Je voudrais qu'il me fût possible de n'admettre à la lecture de cet ouvrage que les gens qui viennent de pleurer à *Otello*.

Je vais présenter quelques conséquences intelligibles de la science dans son état actuel. Les vérités les plus démontrées sont encore mêlées avec les assertions les plus téméraires et les moins prouvées. En raisonnant *juste*, d'après une telle science, on arrive sans cesse à des conséquences absurdes, et que la plus petite épinette suffit pour démentir.

Mais si vous aviez passé quatre ans à chercher des diamants dans une mine obscure, ne seriez-vous pas disposé à prendre pour des diamants superbes, et d'une aussi *belle eau* que le Régent, des morceaux de verre que des charlatans adroits vous feraient entrevoir au fond des sombres galeries de cette mine ? L'orgueil naturel à l'homme pervertit en ce cas l'organe de la vue. Il faudrait une rare grandeur d'âme pour avouer qu'on a perdu quatre ans, et que l'on n'a jamais vu bien distinctement ce que des charlatans ou des professeurs de Conservatoire vous ont présenté à chaque journée de ces quatre ans, en vous disant : *Ne voyez-vous pas bien clairement que tel accord est incompatible avec tel autre ?* et en vous liant à chaque fois par votre assentiment.

En compliquant les accompagnements, on diminue la liberté du chanteur ; il ne lui est plus possible de songer à divers agréments qu'il lui eût été loisible de faire s'il y avait eu un moindre nombre d'accords dans l'accompagnement. Avec des accompagnements à l'allemande, le chanteur qui hasarde des agréments court risque à chaque instant de sortir de l'harmonie.

Après *Tancrède*, Rossini est devenu toujours plus compliqué.

Il a imité Haydn et Mozart, comme Raphaël, quelques années après être sorti de l'école du Pérugin, se mit à chercher la force sur les traces de Michel-Ange. Au lieu d'offrir aux hommes de la grâce et des plaisirs, il entreprit de leur faire peur.

L'orchestre de Rossini a fait tort de plus en plus au chant de ses acteurs. Toutefois ses accompagnements pèchent plutôt par la *quantité* que par la *qualité*, comme ceux des Allemands : j'entends que les accompagnements allemands ôtant toute liberté au chanteur, l'empêchent de faire les ornements que son génie lui aurait inspirés. Un Davide, par exemple, est impossible avec une *instrumentazione* allemande. Elle taquine la mélodie, comme disait Grétry ; elle défend impérieusement au chanteur de se prévaloir de tous les moyens d'expression de son art. (Les couleurs qui chargent la palette de Davide sont les ornements et les *floriture* de tous les genres.)

Cette différence dans la nature des accompagnements, *en apparence également bruyants*, distingue encore l'école allemande de l'école d'Italie [1].

Aujourd'hui un compositeur pourrait battre Rossini et le faire oublier, en écrivant dans le style de *Tancrède*, bien différent du style de *Mosè*, d'*Elisabetta*, de *Maometto*, de *la Gazza ladra*.

Nous verrons plus tard quelques anecdotes relatives à la cour de Naples, qui ont forcé Rossini à changer de style. Je ne

---

1. Dans vingt ans d'ici, le public de Paris ayant fait d'immenses progrès en musique et en *non affectation*, tout ce que je viens de dire paraîtra suranné, et l'on osera pénétrer bien plus avant. M. Massimino sera l'un des principaux auteurs de cette révolution. Sa manière d'enseigner est digne de toutes sortes d'éloges. Voir la brochure de M. Imbimbo.

pense pas que ce grand artiste donnât d'autres raisons de son changement, si par extraordinaire il voulait une fois en sa vie parler de musique d'un ton sérieux. Il pourrait alléguer cependant que plusieurs de ses derniers opéras ont été écrits pour des salles immenses et fort bruyantes. A *San Carlo* et à *la Scala*, trois mille cinq cents spectateurs sont placés commodément. Le parterre lui-même est assis fort à l'aise sur de larges banquettes à dossier que l'on renouvelle tous les deux ans. Souvent aussi Rossini a dû écrire pour des voix fatiguées. S'il les eût laissées *scoperte*, chantant seules, avec peu d'accompagnements, ou s'il leur eût donné à exécuter des chants larges et soutenus (*spianati e sostenuti*), il aurait eu à craindre que les fautes de chant ne fussent trop évidentes, trop distinctement entendues, et fatales au *maestro* comme au chanteur. Un jour qu'on lui reprochait à Venise l'absence de beaux chants bien développés sur des mesures lentes : « *Dunque non sapete per che cani io scrivo ?* répondit-il. Donnez-moi des Crivelli, et vous verrez. » Il est à peu près convenu que pour les grandes salles il faut multiplier les morceaux d'ensemble. *La Gazza ladra*, écrite pour l'immense salle de *la Scala*, paraît d'un effet plus *dur* qu'elle ne l'est réellement, jouée dans une petite salle fort silencieuse comme Louvois, et par un orchestre qui méprise les nuances et regarde le *piano* comme un signe de faiblesse [1].

[1]. En parlant avec la généralité que l'on trouve dans ce chapitre, je sais bien que je prête le flanc à la critique de *mauvaise foi*. Pour lui ôter l'arme de la plaisanterie, et rendre ses attaques réellement difficiles, il aurait fallu augmenter de cinquante pages de phrases incidentes et explicatives, ce chapitre, déjà peut-être assez ennuyeux : c'est ce que je décline de faire ; et, avec une vertu vraiment romaine, je m'immole pour le salut de mon lecteur.

CHAPITRE IX

L'AURELIANO IN PALMIRA

JE ne parlerai pas beaucoup de l'*Aureliano in Palmira* : ma grande raison, c'est que je ne l'ai pas vu. Cet opéra fut composé pour Milan en 1814 ; il eut le bonheur d'être chanté par Velutti et la Corréa : la Correa, une des plus belles voix de femme qui aient paru depuis quarante ans ; Velutti, le dernier des bons castrats.

Je ne pense pas que l'*Aureliano* ait été donné ailleurs qu'à Milan. Je puis répondre qu'il n'a pas paru à Naples de mon temps ; seulement, lors du succès de l'*Elisabeth* de Rossini, le parti de l'envie se mit à dire que cette musique n'était autre que celle de l'*Aureliano in Palmira*. Cette assertion n'était fondée qu'à l'égard de l'ouverture. Rossini, sachant bien que celle de l'*Aureliano* n'était pas connue des Napolitains, s'en servit sans façon.

Je ne connais de cet opéra que le duetto

Se tu m'ami, o mia regina,

entre un contralto et un soprano. J'ai eu le bonheur de l'entendre chanter cet hiver, à Paris, par deux voix comparables, si ce n'est supérieures, à tout ce que l'Italie a de plus délicat et de plus parfait. Je n'avais pas besoin de cette nouvelle preuve que la France produit de belles voix comme tous les pays du monde ; seulement nos professeurs de chant ne sont pas des Crescentini, et l'on croit encore en province et dans la rue Le Peletier que chanter *fort* c'est chanter bien.

Ravi par l'accord parfait des voix délicieuses qui nous faisaient entendre

Se tu m'ami, o mia regina,

je me suis surpris plusieurs fois à croire que ce duetto est le plus beau que Rossini ait jamais écrit. Ce que je puis assurer, c'est qu'il produit l'effet auquel on peut reconnaître la musique sublime : il jette dans une rêverie profonde.

Lorsque, songeant à quelque souvenir de notre propre vie, et agités encore en quelque sorte par le sentiment d'autrefois, nous venons à reconnaître tout à coup le portrait de ce sentiment dans quelque cantilène de notre connaissance, nous pouvons assurer qu'elle est belle. Il me semble qu'il arrive alors une sorte de vérification de la ressemblance entre ce que le chant exprime et ce que nous avons senti, qui nous fait voir et goûter plus en détail les moindres nuances de notre sentiment, et des nuances à nous-mêmes *inconnues* jusqu'à ce moment. C'est par ce mécanisme, si je ne me trompe, que la musique entretient et nourrit les rêveries de l'amour malheureux.

Je n'ai vu non plus qu'une fois le *Demetrio e Polibio* de Rossini : c'était en 1814. Nous étions, un soir du mois de juin, à Brescia, à prendre des glaces sur les vingt-trois heures (sept heures du soir), dans le jardin de la contessina L***, sous les grands arbres qui en font un lieu de délices dans ce climat brûlant. Ce jardin, un peu élevé au-dessus du niveau de l'immense plaine de la Lombardie, est situé de manière à être couvert par l'ombre de la colline verdoyante qui s'avance sur la ville. Une femme de la société chantait à mi-voix un air qui parut aimable, car il se fit un silence général. — Quel est cet air ? demanda-t-on quand elle eut cessé de chanter. — Il est de *Demetrio e Polibio*. C'est le fameux duetto

Questo cor ti giura affetto.

— Est-ce le *Demetrio* que les petites Mombelli donnent demain à Como ? — Précisément ; Rossini l'a écrit pour elles (1812), et avec les passages que leur père, le vieux ténor Mombelli, lui a indiqués comme étant le mieux dans la voix de ses filles.

— Est-il sûr que l'opéra soit de Rossini ? dit une de ces dames. On assure que Mombelli a travaillé à la musique. — Il aura peut-être fourni à Rossini quelque ancien motif à la mode, lorsque lui, Mombelli, était célèbre, vers l'an 1780 ou 90. On dit que les petites Mombelli sont parentes de Rossini. — Pourquoi n'irions-nous pas à Como, voir l'ouverture de la salle ? dit la maîtresse de la maison. — Allons à Como, répondit-on de toutes parts : et moins de demi-heure après, nous étions quatre voitures au galop des chevaux de poste sur la route de Como, en passant par Bergame. Cette route côtoie les plus belles collines qui existent peut-être en Europe. Il fallait aller vite pour arriver à Como avant que le soleil du lendemain ne fût brûlant, et c'est ce qui nous faisait braver courageusement la peur des voleurs qui se rencontrent toujours dans les environs de Brescia et de Bergame, et qui même, assure-t-on, ont des intelligences dans la première de ces deux villes. Je crois que la peur qui effrayait les femmes augmentait nos plaisirs. Sous prétexte de les distraire, nous osions nous livrer à toutes les idées singulières, inconnues sous un autre ciel, et tenant peut-être un peu de la folie que donne une belle nuit, *stellata*. Sous ce délicieux climat, le *bleu* du ciel est différent du nôtre. La suite de lacs et de montagnes couvertes de grands châtaigniers, d'orangers et d'oliviers qui s'étend de *Bassano* à *Domo d'Ossola*, est peut-être la plus belle chose qui existe au monde. Comme aucun voyageur n'a célébré ce pays, il est resté à peu près inconnu, et ce n'est pas moi qui en parlerai, de peur de paraître exagéré. Je ne crains déjà que trop qu'on m'adresse ce reproche pour tous les beaux effets que j'attribue à la musique.

Nous arrivâmes à Como à neuf heures du matin. Le soleil était déjà brûlant ; mais j'étais ami de l'hôte de *l'Angelo*, dont l'auberge donne sur le lac (en Italie, aucune amitié n'est à négliger) ; il nous donna des chambres très fraîches ; les vagues du lac venaient se briser au pied de nos fenêtres, à huit pieds au-dessous de nos balcons. Il y eut à l'instant des barques couvertes de voiles pour ceux d'entre nous qui voulurent se baigner ; et enfin, à huit heures du soir, nous nous trouvâmes frais et dispos dans la nouvelle salle de Como, ouverte ce soir-là au public pour la première fois. La foule était immense. On était accouru des *monti di Brianza*, de Varese, de Bellagio, de Lecco, de Chiavena, de la *Tramezina*, de tous les bords du lac, à trente milles de distance. Nos trois loges nous coûtèrent 40 sequins (450 fr.), et encore fut-ce par grâce que nous les obtînmes : nous dûmes cette faveur à mon ami l'hôte de *l'Angelo*.

Tous les gens aisés de Como et des environs s'étaient cotisés pour élever ce théâtre, dans lequel on chantait ce soir-là pour la première fois, et qui est de l'architecture la plus belle et la plus simple. Un énorme portique, soutenu par six grandes colonnes corinthiennes à chapiteaux de bronze, forme un abri commode sous lequel les gens qui viennent au théâtre peuvent descendre de voiture : ainsi est remplie la condition d'*utilité* nécessaire à la *beauté* en architecture. Ce portique est situé sur une jolie petite place, derrière la superbe cathédrale d'ordre gothique mitigé. A la gauche de cette place s'élève la colline couverte d'arbres qui, au midi, forme la barrière du lac de Como. Nous trouvâmes que l'intérieur du théâtre répondait, par la hardiesse et la simplicité de ses lignes, à la mâle beauté de la façade. Tout cela avait été construit en trois ans par des particuliers, et dans une ville de dix mille habitants, qui voit croître de l'herbe dans la plupart de ses rues. Je me rappelai involontairement que depuis vingt ans que je passe à Dijon, j'y vois toujours le théâtre avec ses murs élevés à dix pieds au-dessus du sol. Il est vrai que Dijon a donné à la France vingt hommes d'esprit célèbres par leurs écrits : Buffon, de Brosses, Bossuet, Piron, Crébillon, etc. ; mais puisque nous excellons par l'esprit, ayons-en assez pour nous contenter de la supériorité dans les lettres, et laissons le sceptre des arts à la belle Italie.

Un officier fort aimable et très-bel homme, M. M***, aide de camp du général L., que nous rencontrâmes fort heureusement dans l'*atrio* du théâtre, et qui se trouva de la connaissance de ces dames, nous mit au fait de tous ces petits détails que l'on a grande envie de savoir quand on arrive dans un théâtre inconnu.

« La troupe que vous allez voir, nous dit-il, se compose d'une seule famille. Des deux sœurs Mombelli ; l'une, toujours habillée en homme au théâtre, fait les rôles de *musico*, c'est *Marianne ;* l'autre, *Esther*, à une voix plus étendue, quoique peut-être moins parfaitement suave, et remplit les rôles de *prima donna*. Dans *Demetrio e Polibio*, que la députation des amateurs de Como a choisi pour l'ouverture de leur théâtre, le vieux Mombelli, ténor autrefois célèbre, fait le rôle du roi. Celui du chef des conjurés sera rempli par un bonhomme nommé Olivieri, attaché depuis longtemps à madame Mombelli la mère, et qui, pour être utile à la famille, remplit au théâtre les rôles d'*utilités*, et, à la maison, est le cuisinier et le *maestro di casa* de la famille. Sans être jolies, les deux Mombelli ont des figures qui plaisent généralement ; mais elles sont d'une vertu sauvage. On suppose que leur père, qui est un ambitieux (*un dirittone*), veut les marier. »

Mis ainsi au fait de la petite chronique du théâtre, nous vîmes enfin commencer *Demetrio e Polibio*. Je n'ai, je crois, jamais senti plus vivement que Rossini est un grand artiste. Nous étions transportés, c'est le mot propre. Chaque nouveau morceau nous présentait les chants les plus purs, les mélodies les plus suaves. Nous nous trouvâmes bientôt comme perdus dans les détours d'un jardin délicieux, tel que celui de Windsor, par exemple, et où chaque nouveau site vous semble le plus beau de tous, jusqu'à ce que, réfléchissant un peu sur votre admiration, vous vous apercevez que vous avez accordé à vingt choses différentes le titre de la plus belle.

Quoi de plus suave et de plus tendre, mais de cette tendresse fille du beau ciel d'Italie, qui ne renferme ni mélancolie ni malheur[1], et qui est évidemment l'attendrissement d'une âme forte, quoi de plus touchant que la cavatine du *musico* :

> Pien di contento il seno ?

La manière dont elle fut chantée par Marianne Mombelli, aujourd'hui madame Lambertini, nous parut le chef-d'œuvre du *canto liscio e spianato* (simple et pur, sans ornements ambitieux, le style de Virgile comparé à la manière de madame de Staël, où chaque phrase est chargée, à en couler à fond, de sensibilité et de philosophie). A cette distance de temps, je ne puis me rappeler l'intrigue du libretto; ce dont je me souviens comme d'une chose d'hier, c'est que, quand nous fûmes arrivés au duetto entre le *soprano* et le *basso* :

> Mio figlio non sei,
> Pur figlio ti chiamo,

nous cessâmes de louer la cavatine, et pensâmes que rien au monde ne pouvait mieux peindre la tendresse passionnée et aimable d'un père pour son fils. Nous nous disions : Voilà le style de *Tancrède*, mais cela est supérieur pour l'expression.

---

1. Différence des paysages suisses à ceux de la belle Ausonie. Voir la charmante description de *Varèse* dans le *Journal des Débats* du 29 juillet 1823.

Notre admiration, comme celle du public, ne trouva plus de manière raisonnable de s'exprimer quand nous fûmes arrivés au quartetto :

Donami omai, Siveno.

Je ne crains pas de le dire, après un intervalle de neuf années, pendant lesquelles, faute de mieux, j'ai entendu bien de la musique, ce quartetto est un des chefs-d'œuvre de Rossini. Rien au monde n'est supérieur à ce morceau : quand Rossini n'aurait fait que ce seul quartetto, Mozart et Cimarosa reconnaîtraient un égal. Il y a, par exemple, une légèreté de touche (ce qu'en peinture on appelle *fait avec rien*) que je n'ai jamais vue chez Mozart.

Je me souviens que l'impression fut telle, que non-seulement on fit répéter ce morceau, mais que, suivant un antique usage, on allait le faire recommencer une troisième fois, lorsqu'un ami de la famille Mombelli vint au parterre dire aux *dilettanti* que les jeunes Mombelli n'avaient pas une santé très forte, et que si on voulait avoir encore une fois le *quartetto*, on s'exposait à leur faire manquer les autres morceaux de l'opéra. « Mais est-ce qu'il y a d'autres
« morceaux de cette force ? » — « Certaine-

« ment, répondit l'ami ; il y a le duetto
« de l'amant et de sa maîtresse,

> Questo cor ti giura amore,

« et deux ou trois autres encore. » Cette raison fit son effet sur le parterre de Como, la curiosité calma les transports de l'enthousiasme le plus fou. On avait bien raison de nous annoncer le duetto

> Questo cor ti giura amore ;

il est impossible de peindre l'amour avec plus de grâce et moins de tristesse.

Ce qui augmentait encore le charme de ces cantilènes sublimes, c'était la grâce et la *modestie* des accompagnements, si j'ose ainsi parler. Ces chants étaient les premières fleurs de l'imagination de Rossini ; ils ont toute la fraîcheur du matin de la vie.

Plus tard, Rossini s'est avancé dans les sombres régions du Nord, où, à côté d'un beau point de vue, se trouve *l'horreur* d'un précipice profond, et triste à contempler ; et cette *horreur* fait partie intégrante de ce nouveau genre de *beau*[1].

Ce grand maître, en ayant recours aux contrastes pour faire effet, a conquis l'ad-

---

1. Les accompagnements de l'arrivée de Moïse, dans l'opéra de ce nom.

miration des cœurs peu sensibles, et des musiciens qui sont savants à l'allemande. A l'exception de Mozart, tous les musiciens nés hors de l'Italie, réunis en un congrès, ne parviendraient jamais à faire un quartetto comme

Donami omai, Siveno.

CHAPITRE X

IL TURCO IN ITALIA

L'AUTOMNE de la même année 1814, Rossini fit pour la *Scala*, le *Turco in Italia* : on demandait un pendant à l'*Italiana in Algeri*. Galli, qui pendant plusieurs années avait rempli d'une manière admirable le rôle du bey dans l'*Italiana*, fut chargé de représenter le jeune Turc qui, poussé par la tempête, débarque en Italie et devient amoureux de la première jolie femme que le hasard lui fait rencontrer. Malheureusement cette jolie femme a, non-seulement un mari (don Geronio), mais encore un amant (don Narciso), qui n'est nullement disposé à céder la place à un Turc. Donna Fiorilla, la jeune femme, coquette et légère, est ravie de plaire au bel étranger, et saisit avec empressement l'occasion de tourmenter un peu son amant et de se moquer de son mari.

La cavatine de don Geronio est d'une gaieté parfaite :

> Vado in traccia d'una zingara
> Che mi sappia astrologar,

> Che mi dica, in confidenza,
> Se col tempo e la pazienza,
> Il cervello di mia moglie
> Potro giungere a sanar[1].

Cette charmante cavatine est tout à fait dans le goût de Cimarosa, surtout la réponse que le pauvre don Geronio se fait à soi-même :

> Ma la zingara ch'io bramo
> È impossibile trovar.

Toutefois si les idées de cette cavatine sont de la famille de celles de Cimarosa, le style dans lequel elles sont présentées est fort différent. Le rôle de don Geronio est un de ceux qui ont fait la réputation du célèbre bouffe Paccini. Je me rappelle que presque chaque soir il jouait cette cavatine d'une manière différente : tantôt nous avions le mari amoureux de sa femme et désespéré de ses folies ; tantôt le mari philosophe, qui se moque le premier des bizarreries de la moitié que le ciel lui a donnée. A la quatrième ou cinquième représentation, Paccini se permit une folie tellement éloignée de nos manières, que je crains que le seul récit n'en déplaise. Il

---

1. Où trouver une bohémienne qui puisse m'éclairer sur mon sort ? Avec le temps et la patience, parviendrai-je à guérir la folie de ma femme.
Mais, hélas ! la bohémienne que je cherche est impossible à rencontrer.

faut savoir que ce soir-là, la société était fort occupée d'un pauvre époux qui était loin de prendre avec philosophie les accidents de son état. On ne parlait, dans la plupart des loges de la Scala, que des circonstances de son malheur, qu'il venait d'apercevoir le jour même. Paccini, contrarié de voir que personne ne faisait attention à l'opéra, se mit, au milieu de sa cavatine, à imiter les gestes fort connus et le désespoir du mari malheureux. Cette impertinence répréhensible eut un succès incroyable ; il y eut de la progression dans les plaisirs du public. D'abord, quelques personnes seulement s'aperçurent qu'il y avait un grand rapport entre le désespoir de Paccini et celui du duc de ***. Bientôt le public tout entier reconnut les gestes et le mouchoir du pauvre duc, qu'il tenait sans cesse à la main lorsqu'il parlait de sa femme, pour essuyer les larmes du désespoir. Mais comment donner une idée de la joie universelle, lorsque le duc malheureux lui-même arriva au spectacle, et vint se placer en évidence dans la loge d'un de ses amis, fort peu élevée au-dessus du parterre ? Le public en masse se retourna pour mieux jouir de sa présence. Non-seulement ce mari infortuné ne s'aperçut point du grand effet qu'il produisait, mais encore le public reconnut bientôt à ses gestes, et surtout aux mouvements piteux de son mouchoir, qu'il contait son malheur aux personnes de la loge où il venait d'arriver, et qu'il n'oubliait aucune des circonstances cruelles de la découverte qu'il avait faite la nuit précédente.

Il faut savoir combien les grandes villes d'Italie sont petites villes, sous le rapport de la chronique scandaleuse et des aventures d'amour, pour pouvoir se figurer les accès de rire convulsif qui saisirent un public vif et malin, à la vue de l'époux malheureux dans la loge, et de Paccini sur la scène, qui, les yeux fixés sur lui en chantant sa cavatine, copiait à l'instant ses moindres gestes et les exagérait d'une manière grotesque. L'orchestre oubliait d'accompagner, la police oubliait de faire cesser le scandale. Heureusement quelque personne sage entra dans la loge et parvint non sans peine, à en extraire le duc éploré.

La superbe voix de Galli se déploya avec beaucoup d'avantage dans le salut que le Turc, à peine débarqué, adresse à la belle Italie :

> Bell' Italia, al fin ti miro,
> Vi saluto amiche sponde !

L'auteur du libretto avait ménagé une application pour Galli, chanteur adoré à Milan, et qui paraissait pour la première fois, de retour de Barcelone, où il était allé chanter pendant un an.

Les roulements de la voix de Galli, semblables à ceux du tonnerre, firent retentir l'immense salle de la *Scala* ; mais l'on trouva que Rossini, qui était au piano, ne s'était nullement distingué dans ce duetto. Le public le lui fit sentir en criant sans cesse *bravo Galli !* et pas une seule fois *bravo maestro !* car, aux premières représentations d'un opéra, les applaudissements accordés au chanteur et au maestro sont toujours parfaitement distincts. On sent bien qu'il n'est pas question du poëte. Il faut être littérateur français pour s'aviser de juger un opéra par le mérite des paroles.

Il me serait impossible de peindre d'une manière qui approche de la réalité, l'enthousiasme du public, lorsqu'on arriva au charmant quartetto[1] :

> Siete Turco, non vi credo
> Cento donne intorno avete,
> Le comprate, le vendete
> Quando spento è in voi l'ardor[2]

Je n'ai pu résister à la tentation de copier ces quatre vers, parce que chaque phrase,

---

1. Stendhal imprime par erreur duetto. M. Prunières fait remarquer le lapsus. N. D. L. E.
2. Vous êtes un Turc, je ne puis vous croire ; vous avez cent femmes dans vos sérails, vous les achetez, vous les vendez quand elles cessent de vous plaire.

chaque mot a une grâce nouvelle dans la délicieuse musique de Rossini. Quand on l'a entendue, on ne se lasse pas de répéter ces paroles, si jolies dans la bouche d'une jeune femme, à qui elles servent de prétexte pour ne pas se laisser aimer, et qui brûle de voir réfuter son prétexte.

La réponse du Turc est jolie comme un madrigal de Voltaire.

Rossini seul au monde pouvait faire cette musique, qui peint la galanterie expirante et se changeant en amour. Lorsque les paroles de Fiorilla ne sont encore que de la galanterie, l'accompagnement qui les suit exprime déjà les premières craintes de l'amour. L'extrême fraîcheur de cette cantilène sublime n'est altérée que pour esquisser les premiers traits de la passion naissante.

Comment peindre la nuance délicieuse du reproche *le comprate*, *le vendete*, répété plusieurs fois, et toujours avec un sentiment nouveau, par la voix si fine et si juste de la charmante Luigina C*** ! Heureuse Italie ! ce n'est que là qu'on connaît l'amour.

Don Geronio, qui ne s'aperçoit que trop de la passion naissante de Fiorilla, emploie les grands moyens :

> Se tu più mormori
> Solo una sillaba,

Un cimiterio
Qui si farà[1].

Ces paroles sembleront choquantes à Paris, elles sont en Italie un modèle du style de libretto. Il y a un sens clair, passionné, comique, dans l'expression, et surtout sans aucune finesse à la Marivaux. Le temps que l'esprit mettrait à saisir cette finesse, à l'admirer, à l'applaudir, serait perdu pour le plaisir musical, et, ce qui est bien pis encore, en détournerait pour longtemps. Il faut *juger* pour sentir l'esprit ; il faut oublier de juger pour avoir les illusions de la musique : ce sont deux plaisirs que l'on doit se désabuser de jamais goûter ensemble. Il faut être homme de lettres français [2] pour ne pas revenir de cette erreur, sur la simple remarque que voici : la musique répète sans cesse les mêmes mots, à chaque répétition elle donne à la même parole un sens différent. Comment nos littérateurs estimables ne comprennent-ils pas qu'une seule de ces répétitions tue le vers, la mesure, le

---

1. Si tu m'impatientes encore, si tu ajoutes une seule syllabe, je fais de ce lieu-ci un cimetière.
2. MM. Geoffroy, Hoffmann, les auteurs de *la Pandore*, etc., etc. M. Geoffroy, le plus spirituel de tous ces messieurs, appelait Mozart *un faiseur de charivari souvent barbare*. Ses successeurs sont bien plus sévères envers Mozart ; ils l'expliquent et le louent. Voir l'*Abeille*, t. II, p. 267 ; *la Renommée*, *le Miroir*, etc.

rythme, et qu'un mot spirituel, répété ou seulement *prononcé lentement*, est souvent une sottise [1] ?

Les vers d'un opéra n'existent que dans le libretto, et grâce à la manière dont l'imprimeur dispose les mots dans la page. Les paroles que l'oreille entend sont toujours de la prose dans les moments passionnés où le chant succède au récitatif ; et jamais un aveugle ne s'aviserait d'y reconnaître des vers.

La fin du quartetto dont j'ai cité quelques mots sans esprit français mais excellents pour la musique, offre une cantilène parfaite de comique et de vérité dramatique :

> Nel volto estatico
> Di questo e quello,

paroles que les quatre personnages intéressés, donna Fiorilla, son amant, son mari et le Turc, chantent ensemble.

A Milan, Paccini faisait le mari, Galli le Turc, Davide l'amant qui prétend défendre ses droits contre un nouveau venu, et madame Festa donna Fiorilla : l'ensemble était parfait.

---

[1]. Un indiscret ennuyeux et louche, s'approche de M. de T***, dans une circonstance politique assez difficile : « Hé bien, Monseigneur, comment vont les affaires ? — Comme vous voyez, assez mal. »

Faites chanter cette réponse, elle devient aussi amusante que le galimatias de *la Pandore* sur la musique.

Au second acte, le duetto si piquant,

> D'un bel uso di Turchia
> Forse avrai novella intesa,

dans lequel le jeune Turc propose tout simplement au mari de lui vendre sa femme, est digne du charmant duetto du premier acte. Ces paroles convenaient trop au tour d'esprit de Rossini pour qu'il ne leur donnât pas un chant parfaitement dramatique. Il est impossible de réunir plus de légèreté, plus de gaieté et plus de cette grâce brillante que personne n'a su rendre comme le cygne de Pesaro. Ce duetto peut défier hardiment tous les airs de Cimarosa et de Mozart : ces grands hommes ont des choses d'un mérite égal, mais non pas supérieur. Ils n'ont rien fait qui approche du ton de légèreté de cette cantilène. C'est comme les arabesques de Raphaël aux loges du Vatican. Pour trouver un rival à Rossini, il faudrait feuilleter les partitions de Paisiello.

Probablement le lecteur qui a entendu ce duetto à Paris se moque de mon enthousiasme ; je me hâte de lui faire observer qu'il faut que ce morceau soit parfaitement chanté : il y faut absolument un Galli[1]. La grâce disparaît tout à fait,

---

1. Stendhal a écrit Davide, lapsus corrigé par M. Prunières. N. D. L. E.

pour peu que les chanteurs manquent de facilité ou de hardiesse.

La scène du bal est un autre chef-d'œuvre. Je ne sais si les gens graves qui président à l'opéra bouffon ont osé en gratifier le public de Paris, lorsqu'ils lui ont donné une édition corrigée du *Turco in Italia.*

Le quintetto

> Oh ! guardate che accidente,
> Non conosco più mia moglie[1],

est peut-être ce que j'ai entendu de plus délicieux dans les opéras bouffons de Rossini ; c'est que la simplicité y lutte avec la force d'expression. Mais il faut n'être pas tout à fait de sang-froid pour goûter ce genre de musique, et l'on sait que rien n'est plus offensant qu'une gaieté que l'on ne se sent pas disposé à partager ; le personnage triste se venge d'ordinaire par l'exclamation : plate bouffonnerie ! ou bien : farce digne des tréteaux !

On pense bien, sans que je le dise, que ce n'est pas parce qu'il était trop gai que les Milanais firent un accueil froid au nouveau chef-d'œuvre de Rossini. L'orgueil

---

1. Prenez pitié de mon accident, dit le pauvre mari, qui trouve que tous les dominos du bal masqué se ressemblent, je ne puis plus reconnaître ma femme.

national était blessé. Ils prétendirent que Rossini s'était copié lui-même. On pouvait prendre cette liberté pour les théâtres des petites villes ; mais pour *la Scala*, le premier théâtre du monde, répétaient avec emphase les bons Milanais, il fallait se donner la peine de faire du neuf. Quatre ans plus tard, *le Turco in Italia* fut redonné à Milan et reçu avec enthousiasme.

CHAPITRE XI

ROSSINI VA A NAPLES

Vers 1814, la gloire de Rossini parvint jusqu'à Naples, qui s'étonna qu'il pût y avoir au monde un grand compositeur qui ne fût pas Napolitain. Le directeur des théâtres à Naples était un M. Barbaja de Milan, garçon de café qui à force de jouer, et surtout de tailler au pharaon, et de donner à jouer, s'est fait une fortune de plusieurs millions. M. Barbaja, formé aux affaires à Milan, au milieu des fournisseurs français, faisant et défaisant leur fortune tous les six mois, à la suite de l'armée, ne manque pas d'un certain coup d'œil. Il vit sur-le-champ, à la manière dont la réputation de Rossini prenait dans le monde, que ce jeune compositeur, bon ou mauvais, à tort ou à raison, allait être l'homme du jour en musique; il prit la poste, et vint le chercher à Bologne. Rossini, accoutumé à avoir affaire à de pauvres diables d'*impresari*, toujours en état de banqueroute flagrante, fut étonné de voir entrer chez lui un millionnaire qui, probablement, trouverait au-dessous de sa dignité de lui escamoter vingt sequins. Ce millionnaire lui offrit un engagement qui fut accepté sur-le-champ. Plus tard à Naples, Rossini signa une *scrittura* de plusieurs années. Il s'engagea à composer, pour M. Barbaja, deux opéras nouveaux tous les ans ; il devait, de plus, arranger la musique de tous les opéras que le Barbaja jugerait à propos de donner soit au grand théâtre de *San-Carlo* à Naples, soit au théâtre secondaire, nommé *del Fondo*. Pour tout cela, Rossini avait douze mille francs par an, et un intérêt dans les jeux tenus à ferme par M. Barbaja, intérêt qui a valu au jeune compositeur quelque trente ou quarante louis chaque année.

La direction musicale de *San-Carlo* et du théâtre *del Fondo*, dont Rossini se chargea si légèrement, est une besogne immense, un travail de manœuvre, qui l'a obligé à transposer et à rajuster, selon la portée des voix des cantatrices ou selon le crédit de leurs protecteurs, une quantité de musique incroyable. Cela seul eût suffi pour flétrir un talent mélancolique, tendre, tenant à un système nerveux en état d'exaltation ; Mozart en eût été éteint. Le caractère hardi et gai de

Rossini le met au-dessus de tous les obstacles comme de toutes les critiques. Il ne voit jamais dans un ennemi, qu'une occasion nouvelle de se moquer et de faire des farces, si l'on me permet pour un instant un style au niveau de ce que je raconte.

Rossini se chargea de l'immense travail qui lui était dévolu, comme Figaro, dans son Barbier, se charge des commissions qui lui pleuvent de tous les côtés. Il s'en acquittait en riant, et surtout en se moquant de tout le monde ; ce qui lui a valu une foule d'ennemis, dont le plus acharné, en 1823, est M. Barbaja, auquel il a joué le mauvais tour d'épouser sa maîtresse. Cet engagement signé par Rossini, n'a fini qu'en 1822, et a eu l'influence la plus marquée sur son talent, sur son bonheur, et sur l'économie de toute sa vie.

Toujours heureux, Rossini débuta à Naples, de la manière la plus brillante, ce fut par *Elisabetta regina d'Inghilterra*, opera seria (fin de 1815).

Mais pour comprendre les succès de notre jeune compositeur, et surtout les inquiétudes dont il fut assiégé à son arrivée dans l'aimable Parthénope, il faut remonter très haut.

Le personnage influent à Naples est grand chasseur, grand joueur de ballon, cavalier infatigable, pêcheur intrépide ; c'est un homme tout physique ; il n'a peut-être qu'un seul sentiment, qui tient probablement encore à ses habitudes physiques, c'est l'amour des entreprises hardies. Du reste, également privé de cœur pour le mal comme pour le bien, c'est un être absolument sans aucune sensibilité morale d'aucune espèce, ainsi qu'il convient au vrai chasseur. On l'a dit avare, c'est une exagération ; il abhorre de donner de l'argent de la main à la main, mais signe tant qu'on veut des bons sur son trésorier.

Le roi Ferdinand avait langui neuf ans en Sicile, comme emprisonné au milieu de gens qui lui parlaient parlement, finances, balance des pouvoirs et autre fatras inintelligible et contrariant. Il arrive à Naples, et voilà que l'une des plus belles choses de sa Naples chérie, une de celles qui, de loin, lui faisaient le plus regretter son séjour, le magnifique théâtre de *San-Carlo*, est anéanti en une nuit par le feu. Ce coup fut, dit-on, plus sensible à ce prince que la perte d'un royaume ou celle de dix batailles. Au milieu de son désespoir, il se présente un homme qui lui dit : « Sire, cet immense « théâtre que la flamme achève de dévorer, « je vous le referai en neuf mois, et plus « beau qu'il n'était hier. » M. Barbaja a tenu parole. En entrant dans le nouveau Saint-Charles (12 janvier 1817), le roi de Naples, pour la première fois depuis douze ans, se sentit vraiment roi. A partir de ce moment, M. Barbaja a été le premier homme du royaume. Ce premier homme du royaume, directeur des théâtres, et entrepreneur des jeux, protégeait mademoiselle Colbrand, sa première chanteuse, qui se moquait de lui toute la journée, et par conséquent le menait parfaitement. Mademoiselle Colbrand, aujourd'hui madame Rossini, a été de 1806 à 1815, une des premières chanteuses de l'Europe. En 1815, elle a commencé à avoir souvent la voix fatiguée ; c'est ce que chez les chanteurs du second ordre, on appelle vulgairement *chanter faux*. De 1816 à 1822, mademoiselle Colbrand a ordinairement chanté au-dessus ou au-dessous du ton, et a été ce qu'on appelle partout *exécrable ;* mais c'est ce qu'il ne fallait pas dire à Naples. Malgré ce petit inconvénient, mademoiselle Colbrand n'est pas moins restée première chanteuse du théâtre de *San-Carlo*, et a été constamment applaudie. Voilà, suivant moi, un des triomphes les plus flatteurs pour le despotisme. S'il est un goût dominant chez le peuple napolitain, le plus vif et le plus sensible de l'univers, c'est sans contredit celui de la musique. Hé bien, durant cinq petites années, de 1816 à 1821, ce peuple tout de feu a été vexé de la manière la plus abominable dans le plus cher de ses plaisirs. M. Barbaja était mené par sa maîtresse, qui protégeait Rossini ; il payait, autour du roi, *qui il fallait payer* (c'est la phrase napolitaine) ; il était aimé de ce prince, il a fallu supporter sa maîtresse.

Vingt fois je me suis trouvé à *San-Carlo*. Mademoiselle Colbrand commençait un air ; elle chantait tellement faux, qu'il était impossible d'y tenir. Je voyais mes voisins déserter le parterre, les nerfs agacés, mais sans mot dire. Qu'on nie après cela que la terreur est le principe du gouvernement despotique ! et que ce principe ne fait pas des miracles ! obtenir du silence de la part de Napolitains en colère ! Je suivais mes voisins, nous allions faire un tour au *Largo di Castello*, et revenions au bout de vingt minutes voir si nous pourrions accrocher quelque duetto ou quelque morceau d'ensemble où la fatale protégée de M. Barbaja et du roi ne fît pas entendre sa superbe voix en décadence. Pendant la durée éphémère du gouvernement constitutionnel de 1821, mademoiselle Colbrand n'a osé reparaître sur la scène qu'en se faisant précéder par les plus humbles excuses ; et le public, pour lui faire pièce, s'est amusé à faire une réputation à mademoiselle Chomel qui, à Naples, s'appelle *Comelli*, et qu'on savait sa rivale de toute manière.

CHAPITRE XII

L'ELISABETTA

Lorsque, vers la fin de 1815, Rossin arriva à Naples, et donna son Élisabeth, les choses n'en étaient pas à ce point ; le public était bien loin d'abhorrer mademoiselle Colbrand ; jamais peut-être cette chanteuse célèbre ne fut si belle. C'était une beauté du genre le plus imposant : de grands traits, qui, à la scène, sont superbes, une taille magnifique, un œil de feu à la circassienne, une forêt de cheveux du plus beau noir-jais, enfin l'instinct de la tragédie. Cette femme, qui, hors de la scène, a toute la dignité d'une marchande de modes, dès qu'elle paraît le front chargé du diadème, frappe d'un respect involontaire, même les gens qui viennent de la quitter au foyer.

Le château de Kenilworth, roman de sir Walter Scott, n'a paru qu'en 1820 ; il me dispense toutefois de donner une analyse suivie de *l'Elisabetta* jouée à Naples en 1815. Quel lecteur ne se rappellera pas d'abord le caractère de cette reine illustre, chez qui les faiblesses d'une jolie femme que la jeunesse quitte, viennent obscurcir de temps en temps les qualités d'un grand roi ? Dans le libretto comme dans le roman, Leicester, favori d'Élisabeth, est sur le point d'être élevé au trône, et de recevoir la main de cette princesse ; mais, amoureux lui-même d'une femme moins impérieuse et plus aimable, qu'il a osé épouser en secret, il espère pouvoir tromper les yeux de l'amour jaloux et armé du souverain pouvoir. Dans l'opéra, l'épouse de Leicester ne s'appelle pas Amy Robsart, mais Mathilde. Le libretto fut traduit d'un mélodrame français, par un M. Smith, Toscan établi à Naples.

Le premier duetto *en mineur*, entre Leicester et sa jeune épouse, est magnifique et fort original. *Elisabetta* était la première musique de Rossini que l'on entendait à Naples ; sa grande réputation, acquise dans le nord de l'Italie, avait disposé le public napolitain à le juger avec sévérité ; on peut dire que ce premier duetto

Incauta ! che festi ?

décida le succès de l'opéra et du maestro.

Un courtisan nommé *Norfolk*, jaloux du haut degré de faveur où le sentiment de la reine a placé Leicester, révèle à cette princesse le secret mariage de l'homme que son orgueil lui reproche d'aimer. Il lui apprend que son favori, qui revient victorieux de la guerre d'Ecosse, et dont l'arrivée triomphale forme le commencement du premier acte, ramène avec lui sa nouvelle épouse, parmi les jeunes otages que l'Ecosse envoie à Élisabeth, et que la reine vient d'admettre au nombre de ses pages. Elle vient ainsi d'attacher à sa cour sa rivale, cachée sous les vêtements d'un jeune homme. Ce moment de fureur et de malheur profond est superbe pour la musique. L'orgueil et l'amour, les deux passions qui déchirent le cœur de la reine, sont aux prises de la manière la plus cruelle. Le duetto

> Con qual fulmine improviso
> Mi percosse irato il cielo !

entre la reine et Norfolk, a eu autant de succès à Paris qu'à Naples. Il y a beaucoup de magnificence et de feu, ce qui est fort bien pour l'orgueil ; mais l'amour n'y paraît que furieux.

La reine, hors d'elle-même, prescrit au grand-maréchal de sa cour de faire rassembler ses gardes, et de les préparer à la prompte exécution de ses ordres, quels qu'ils puissent être. Elle lui ordonne en même temps de faire paraître devant elle tous les otages écossais, et enfin d'appeler Leicester, qu'elle veut voir à l'instant. Après ces ordres rapides, donnés en peu de mots, Élisabeth reste seule. Il faut avouer que mademoiselle Colbrand était superbe en cet instant ; elle ne se permettait aucun geste, elle se promenait, ne pouvant rester sans mouvement, en attendant la scène qui se prépare et l'homme qui l'a trahie ; mais on voyait dans ses yeux qu'un mot allait envoyer à la mort cet amant perfide. Voilà les situations que la musique réclame.

Enfin Leicester paraît, mais les otages écossais s'avancent en même temps que lui. L'œil furieux d'Élisabeth cherche parmi ces pages l'être qu'elle doit haïr ; elle a bientôt deviné Mathilde à son trouble. La passion des personnages se trahit par des mots entrecoupés. Enfin le chant commence, c'est le *finale* du premier acte. La reine, qui se voit trahie par tout ce qui l'entoure, parle en secret à un garde, qui bientôt reparaît avec un coussin recouvert d'un voile. Élisabeth, après un dernier regard jeté rapidement sur Mathilde et sur Leicester, écarte ce voile d'un mouvement furieux. La couronne d'Angleterre paraît sur le coussin ; elle l'offre à Leicester en même temps que sa main.

Ce moment est superbe. Ce moyen,

déplacé peut-être dans la tragédie, est magnifique et du plus grand effet dans l'opéra, qui réclame les choses qui parlent aux yeux.

Élisabeth, qui se complaît dans sa fureur, se dit à elle-même :

> Qual colpo inaspettato
> Che lor serbava il fato,
> Il gelo della morte
> Impallidir li fè[1].

Leicester ne reçoit pas comme il le doit l'offre de la reine ; celle-ci, furieuse, saisit le jeune page et l'entraîne sur le devant de la scène ; elle dit à son amant : « Voilà la perfide qui fait de toi un traître. » Mathilde et son époux se voient découverts ; dans leur trouble, ils ne répondent que par des mots entrecoupés. La reine appelle ses gardes. Toute la cour suit les gardes, et se trouve assister ainsi à tous les détails de ce grand événement, et à l'éclatante disgrâce de Leicester, auquel les gardes demandent son épée.

Il était impossible d'offrir un plus beau *finale* à la musique ; cet art divin ne peut pas peindre les fureurs de la politique ; malgré lui, lorsqu'il exprime des fureurs, ce sont bientôt celles de l'amour. Ici la

---

1. A ce coup imprévu, que le destin réservait à ces perfides, le frisson de la mort met la pâleur sur leurs fronts.

jalousie poussée jusqu'à la rage chez Élisabeth, le désespoir le plus profond chez Leicester, l'amour tendre et éploré dans sa jeune épouse, tout sert à souhait la musique. Il serait peu exact de dire que cette situation contribua beaucoup au succès de Rossini. A la première représentation, les Napolitains étaient ivres de bonheur. Je me souviendrai toujours de cette première soirée. C'était un jour de gala à la cour. Je remarquai que la loge de la princesse de Belmonte, dans laquelle j'assistais à la première représentation d'*Élisabeth*, était d'abord fort disposée à la sévérité envers ce maestro, né loin de Naples, et qui avait acquis ailleurs sa célébrité.

Comme je l'ai dit, le premier duetto en mineur, entre l'ambitieux Leicester (Nozzari) et sa jeune épouse déguisée en page (mademoiselle Dardanelli), désarma tous les cœurs. Le charmant style de Rossini acheva bien vite la séduction. On trouvait les grandes émotions de l'opéra seria, et elles n'étaient achetées par aucun moment de langueur et d'ennui.

La circonstance d'un jour de gala servit aussi le maestro. Rien ne dispose à goûter la splendeur, rien n'éloigne l'idée des chagrins solitaires et des peines de l'amour, comme les cérémonies brillantes d'un jour de fête à la cour. Or, il faut avouer que la musique d'*Élisabeth* est beaucoup plus *magnifique* que pathétique ; à chaque instant les voix exécutent des batteries de clarinette, et les plus beaux morceaux ne sont souvent que de la musique de concert.

Mais que nous étions loin de toutes ces froides critiques à la première représentation ! nous étions ravis : c'est le mot propre.

Arrivé à ce superbe *finale* du premier acte, je m'aperçois que j'ai oublié l'ouverture. Elle commença le succès de la pièce. Je me souviens que M. M***, excellent connaisseur, vint nous dire dans la loge de la princesse de Belmonte : « Cette ouverture n'est que celle de *l'Aureliano in Palmira*, renforcée d'harmonie. » Il s'est trouvé dans la suite que rien n'était plus exact. Lorsqu'un an plus tard, Rossini alla à Rome pour écrire le *Barbier de Séville*, sa paresse reprit cette même ouverture pour la troisième fois. Elle se trouve ainsi avoir à exprimer les combats de l'amour et de l'orgueil dans une des âmes les plus hautes dont l'histoire ait gardé la mémoire, et les folies du barbier Figaro. Le plus petit changement *de temps* suffit souvent pour donner l'accent de la plus profonde mélancolie à l'air le plus gai. Essayez de chanter en ralentissant le mouvement, l'air de Mozart : *Non più andrai farfallone amoroso.*

Les principaux motifs de cette ouverture, si souvent employée par Rossini, forment la péroraison du premier *finale* de *l'Elisabetta.*

CHAPITRE XIII

SUITE DE L'ELISABETH

LE second acte s'ouvre par une scène superbe. La terrible Élisabeth fait amener devant elle, par ses gardes, la tremblante Mathilde. C'est pour lui adresser ces paroles fatales :

> T' inoltra, in me tu vedi
> Il tuo giudice, o donna.

« La politique condamne à une mort
« ignominieuse une femme ennemie qui
« a osé s'introduire dans ma cour sous un
« déguisement perfide. Un reste de pitié
« parle encore dans mon âme. Écris,
« renonce aux prétendus droits que tu
« peux te croire sur le cœur de l'ambi-
« tieux Leicester. Reviens de ton erreur. »

Ce récitatif obligé est magnifique. A la première représentation, il serra tous les cœurs.

Il faut avoir vu mademoiselle Colbrand dans cette scène, pour comprendre le succès d'enthousiasme qu'elle eut à Naples, et toutes les folies qu'elle faisait faire à cette époque.

Un Anglais, l'un des rivaux de Barbaja, avait fait venir d'Angleterre des dessins fort soignés, au moyen desquels on pût reproduire, avec la dernière exactitude, le costume de la sévère Élisabeth. Ces habits du seizième siècle se trouvèrent convenir admirablement à la taille et aux traits de la belle Colbrand. Tous les spectateurs connaissaient l'anecdote de la vérité du costume ; cette idée consacrant, par le prestige des souvenirs, l'aspect imposant de mademoiselle Colbrand, augmentait encore l'effet de son étonnante beauté. Jamais l'imagination la plus exaltée par le roman de Kenilworth n'a pu se figurer une Élisabeth plus belle, et surtout plus majestueuse. Dans l'immense salle San-Carlo, il n'y avait peut-être pas un seul homme qui ne sentît qu'on devait voler à la mort avec plaisir pour obtenir un regard de cette belle reine.

Mademoiselle Colbrand, dans Élisabeth, n'avait point de gestes, rien de théâtral, rien de ce que le vulgaire appelle des *poses* ou des *mouvements tragiques*. Son pouvoir immense, les événements importants qu'un mot de sa bouche pouvait faire naître, tout se peignait dans ses yeux espagnols si beaux, et dans certains moments si terribles. C'était le regard d'une reine dont la fureur n'est retenue que par un reste d'orgueil : c'était la manière d'être d'une femme belle encore, qui dès longtemps est accoutumée à voir la moindre apparence de volonté suivie de la plus prompte obéissance[1]. En voyant mademoiselle Colbrand parler à Mathilde, il était impossible de ne pas sentir que, depuis vingt ans, cette femme superbe était reine absolue. C'est cette *ancienneté* des habitudes que

---

1. Il celere obbedir.
M. Manzoni, dans son Ode sur la mort de Napoléon. Ce sont les seuls vers, à ma connaissance, dignes du sujet.

> Ei fù ; siccome immobile,
>   Dato il mortal sospiro,
>   Stette la spoglia immemore
>   Orba di un tanto spiro,
>   Così percossa e attonita
>   La Terra al nunzio sta.
>
> Muta pensando all'ultima
>   Ora dell' uom fatale,
>   Ne sa quando una simile
>   Orma di piè mortale
>   La sua cruenta polvere
>   A calpestar verrà.
>
> Dall' Alpi alle Piramidi,
>   Dal Manzanarrè al Reno,
>   Di quel securo in fulmine,
>   Tenea dietro al baleno,
>   Scoppiò da Scilla al Tanaï,
>   Dall'uno all'altro mar.
>
> Fù vera gloria ? ai posteri
>   L'ardua sentenza ; noi
>   Chiniam la fronte al Massimo
>   Fattor che volle in Lui

le pouvoir suprême fait contracter, c'est l'évidence de l'absence de toute espèce de doute sur le dévouement que ses moindres fantaisies vont rencontrer, qui formait le trait principal du jeu de cette grande actrice : toutes ces choses se lisaient dans la tranquillité des mouvements de la reine. Le peu de mouvements qu'elle faisait lui étaient arrachés par la violence des combats de passions qui déchiraient son âme, aucun par l'intention de se faire obéir. Nos plus grands

> Del Creator suo spirito
> Più vasta orma stampar.
> . . . .
>
> Ei sparve, e i dì nell' ozio
> Chiuse in sì breve sponda,
> Segno d'immensa invidia,
> E di pietà profonda,
> D'inestinguibil odio,
> Et d'indomato amor.
> . . . .
>
> Oh! quante volte al tacito
> Morir di un giorno inerte,
> Chinati i rai fulminei,
> Le braccia al sen conserte,
> Stette, e dei dì che furono
> L'assalse il sovvenir!
>
> Ei ripenso le mobili
> Tende, i percossi valli,
> E il lampo de i manipoli,
> E l'onda de cavalli,
> E il concitato imperio,
> E il celere obbedir.
> . . . .
> . . . .

acteurs tragiques, Talma lui-même, ne sont pas exempts de gestes forts et impérieux, dans les rôles de tyrans. Peut-être ces gestes impérieux, ces espèces de gasconnades tragiques, sont-elles une des exigences d'un parterre de mauvais goût, tel que celui qui décide du sort de nos tragédies ; mais ces gestes, pour être applaudis, n'en sont pas moins absurdes. Un roi absolu est l'homme du monde qui fait le moins de gestes[1] ; ils lui sont inutiles : il est depuis longtemps accoutumé à voir ses moindres signes suivis, avec la rapidité de l'éclair, de l'exécution de ses volontés.

La scène superbe dans laquelle mademoiselle Colbrand était si grande tragédienne, se termine par un duetto entre la reine et Mathilde,

> Pensa che sol per poco
> Sospendo l' ira mia,

qui se change bientôt en terzetto, par l'arrivée de Leicester.

On nous dit que c'était Rossini qui avait eu l'idée de l'arrivée de Leicester entre ces deux femmes, l'une ne retenant qu'à peine les éclats de sa fureur, l'autre élevée jusqu'à la haute énergie par le désespoir

---

1. Alfieri *Vita*, figure de Louis XV.

de l'amour sincère dans un cœur de seize ans. On peut dire que dans le genre du libretto d'opéra, cette idée est de génie.

Après ce terzetto magnifique, nous eûmes deux airs chantés, l'un par Norfolk (Garcia), l'autre par Leicester (Nozzari) : ils sont bien composés. On peut juger s'ils furent bien chantés par deux ténors rivaux paraissant dans une occasion solennelle, devant tout ce que Naples avait de plus grands personnages et de connaisseurs les plus difficiles. Cependant, pour la composition, ils parurent tomber un peu dans le lieu commun, et n'être pas à la hauteur du reste de l'opéra.

Leicester est mis en prison et condamné à mort par les cours de justice du pays. Quelques moments avant l'exécution, Élisabeth ne peut résister à l'idée de ne plus revoir le seul homme qui ait pu faire pénétrer un sentiment tendre dans un cœur dévoué à l'ambition et aux sombres jouissances du pouvoir. Elle paraît dans la prison de Leicester. Le traître Norfolk y était avant elle, et à son arrivée se cache derrière un pilier de la prison. Les deux amants ont une explication. Ils reconnaissent que Norfolk a voulu perdre Leicester. Norfolk, qui se voit découvert et sans espoir de pardon, se précipite sur Élisabeth, un poignard à la main. Mathilde, la jeune épouse de Leicester, qui venait lui dire un dernier adieu, est assez heureuse pour sauver la reine par un cri qui l'avertit du danger.

Élisabeth, déjà à demi vaincue par sa conversation avec Leicester, pardonne aux amants, et Rossini prend sa revanche des deux airs, peut-être un peu faibles, qui précèdent, par l'un des plus magnifiques *finale* qu'il ait peut-être jamais écrits.

Le cri de la reine,

> Bell' alme generose,

porta jusqu'à la folie l'enthousiasme du public. Nous fûmes plus de quinze représentations avant de pouvoir porter un œil critique sur ce morceau superbe.

Élisabeth pardonne à Leicester et à Mathilde ; voici ses paroles :

> Bell' alme generose,
> A questo sen venite :
> Vivete, ormai gioite
> Siate felici ognor[1].

Quand enfin nous eûmes assez de sang-froid pour examiner, nous trouvâmes que ce chant était doux et tranquille comme le calme après la tempête. Du reste,

---

1. Ames nobles et généreuses, approchez-vous de moi ; vivez, soyez heureuses désormais ; goûtez un bonheur dont je serai la source.

Rossini a réuni, je crois, tous les défauts de son style dans ces vingt ou trente mesures. Le chant principal est étouffé sous un déluge d'ornements déplacés et de roulades qui ont l'air d'être écrites pour des instruments à vent, et non pour une voix humaine.

Mais il faut être juste, Rossini arrivait à Naples ; il voulait réussir, il dut s'attacher à plaire à la prima donna qui gouvernait entièrement le directeur Barbaja. Or, mademoiselle Colbrand n'a jamais eu de pathétique dans son talent ; il a été magnifique comme sa personne ; c'était une reine, c'était Élisabeth, mais c'était Élisabeth donnant des ordres du haut d'un trône, et non pas pardonnant avec générosité.

Quand le génie de Rossini l'eût porté au pathétique, ce que je suis loin d'accorder, il eût dû s'en abstenir à cause de la voix de la célèbre cantatrice à laquelle il confiait le rôle d'Élisabeth.

Dans le morceau *bell' alme generose*, Rossini, par un artifice fort simple rassembla tous les agréments, de quelque espèce qu'ils fussent, que mademoiselle Colbrand exécutait bien. Nous eûmes comme un inventaire en nature de tous les moyens quelconques de cette belle voix, et l'on va juger de ce que peut en musique la perfection de l'exécution. Ces agréments étaient faits avec une telle supériorité, que, malgré l'absurdité flagrante, il ne nous fallut pas moins de quinze ou vingt représentations pour que nous pussions nous apercevoir qu'ils étaient déplacés.

Rossini, qui ne reste jamais court, répondait à nos critiques :

« Élisabeth est reine même en pardonnant. Dans un cœur si altier, le pardon le plus généreux en apparence n'est encore qu'un acte de politique. Quelle est la femme, même sans être reine, qui puisse pardonner l'injure de se voir préférer une autre femme ? »

Alors les vieux dilettanti se fâchaient :
« Toute votre musique pèche par l'ab-
« sence du pathétique, disaient-ils; elle n'est
« que magnifique, comme le talent de votre
« première chanteuse. Elle devait être
« profondément tendre dans le rôle
« de Mathilde, et vous n'avez que le com-
« mencement du terzetto

Pensa che sol per poco,

« qui encore est plutôt simple comme un
« nocturne, que tendre comme un air de
« passion ; mais il repose l'âme de la
« magnificence de tout ce qui l'entoure,
« et il doit au contraste les quatre cin-

« quièmes du plaisir qu'il nous fait. Avouez
« franchement que vous avez toujours
« sacrifié l'expression et la situation dra-
« matique aux broderies de la Colbrand. »
— *J'ai sacrifié au succès*, répondit Rossini
avec une sorte de fierté qui lui allait à
merveille. L'aimable archevêque de T...
vint à son secours. A Rome, s'écria-t-il,
Scipion, accusé devant le peuple, dit
pour toute réponse à ses ennemis :
« Romains, il y a dix ans qu'à pareil jour
je détruisis Carthage ; allons au Capi-
tole rendre grâces aux dieux immortels. »

Il est sûr que l'effet d'*Élisabeth* fut
prodigieux. Quoique fort inférieur à *Otello*,
par exemple, il y a dans cet opéra bien
des choses d'une fraîcheur délicieuse et
entraînante.

Aujourd'hui, de sang-froid, j'y blâme-
rais l'emploi de deux ténors pour les rôles
de Norfolk et de Leicester. Rossini aurait
répondu à ce reproche : « J'avais ces deux
« ténors, et je n'avais pas de voix de basse
« pour le rôle du traître Norfolk. » La
vérité est qu'avant Rossini on ne donnait
jamais des rôles importants aux voix de
basse dans l'opéra séria. Ce maestro est le
premier qui ait écrit, pour ces sortes de
voix, des parties difficiles dans les opéras
de *mezzo carattere*, tels que *la Cenerentola*, *la*

Gazza ladra, Torvaldo e Dorliska, etc.; et l'on peut dire que c'est sa musique qui a fait naître les Lablache, les Zuchelli, les Galli, les Remorini, les Ambrosi.

CHAPITRE XIV

OPÉRAS DE ROSSINI A NAPLES

MADEMOISELLE Colbrand chanta, dans une même année, l'*Elisabeth* de Rossini, la *Gabrielle de Vergy* de Caraffa, *la Cora* et la *Médée* de Mayer, et tout cela d'une manière sublime, et surtout avec une agilité incroyable dans la voix. San-Carlo présentait alors un des plus beaux spectacles que puisse désirer l'amateur le plus passionné et le plus difficile; mademoiselle Colbrand était secondée par Davide le fils, et par Nozzari, Garcia et Siboni. Mais ce beau moment dura peu ; dès l'année suivante, 1816, la voix de mademoiselle Colbrand faiblit, et ce fut déjà une bonne fortune dont on se félicitait, que de lui entendre chanter un air sans fautes. La seule crainte d'être toujours tout près d'une note fausse empêchait le charme de naître ; ainsi, même en musique, pour être heureux, il ne faut pas en être réduit à examiner : voilà ce que les Français ne veulent pas comprendre ; leur manière de jouir des arts, c'est de les juger.

On attendait les premières mesures de l'air de mademoiselle Colbrand ; voyait-on qu'elle eût pris son parti de chanter faux, on prenait aussi le sien, et l'on faisait la conversation, ou l'on allait au café prendre une glace. Au bout de quelques mois, le public, ennuyé de ces promenades, avoua tout haut que la pauvre Colbrand avait vieilli, et attendit qu'on l'en débarrassât. Comme on ne se pressait pas, il murmura ; ce fut alors que la fatale protection dont la Colbrand était honorée parut dans tout ce qu'elle avait de dur pour un peuple qui se voyait enlever à la fois son dernier plaisir et l'éternel sujet de ses vanteries et de son orgueil envers les étrangers. Le public témoigna de mille manières sa profonde impatience; toujours le pouvoir sans bornes se fit sentir, et, comme une main de fer, arrêta tout court l'indignation du peuple le plus bruyant de l'univers. Cet acte de complaisance du roi pour son M. Barbaja, lui a plus aliéné de cœurs que tous les actes de despotisme possibles exercés envers un peuple qui sera peut-être digne de la liberté dans cent ans.

En 1820, pour procurer une vraie joie aux habitants de Naples, ce n'est pas la constitution d'Espagne qu'il fallait leur donner, c'est mademoiselle Colbrand qu'il fallait ôter.

Rossini n'avait garde d'entrer dans toutes les intrigues de Barbaja. On vit bientôt que, par caractère, c'était l'homme le plus étranger à l'intrigue, et surtout à l'esprit de suite qu'elle exige, mais, appelé par M. Barbaja à Naples, lié d'amour avec mademoiselle Colbrand, il était difficile que les Napolitains ne lui fissent pas sentir quelquefois le contre-coup de leurs ennuis. Ainsi le public de Naples, toujours séduit par le talent de Rossini, a toujours eu la meilleure envie de le siffler. Lui, de son côté, ne pouvant plus compter sur la voix de mademoiselle Colbrand, s'est jeté de plus en plus dans l'harmonie allemande, et surtout s'est éloigné de plus en plus de la *véritable expression dramatique*. Mademoiselle Colbrand le persécutait sans cesse pour qu'il plaçât dans ses airs les agréments dont sa voix avait l'habitude.

On voit par quel enchaînement de circonstances fatales le pauvre Rossini a eu quelquefois les apparences de la pédanterie en musique. C'est un grand poëte, et un poëte comique forcé à être *érudit*, et érudit sur des choses tristes et sérieuses. Qu'on se figure Voltaire obligé, pour vivre, à écrire l'histoire des juifs du ton de Bossuet.

Rossini a été quelquefois Allemand, mais c'est un Allemand aimable et plein de feu [1].

Après l'*Elisabeth*, il courut à Rome, où il donna dans le même carnaval (1816) *Torvaldo e Dorliska* et le *Barbier* ; il reparut à Naples et fit jouer *la Gazetta*, petit opéra buffa, demi-succès, et ensuite *Otello* au théâtre *del Fondo*. Après *Otello* il alla à Rome pour *la Cenerentola*, et fit son voyage de Milan pour *la Gazza ladra*. A peine de retour à Naples, il donna l'*Armide*.

Le jour de la première représentation, le public le punit de la voix incertaine de mademoiselle Colbrand, et l'*Armide* réussit peu, malgré le superbe duetto. Vivement piqué de la froideur qu'on lui montrait, Rossini chercha à conquérir un succès sans employer la voix de mademoiselle Colbrand ; comme les Allemands, il eut recours à son orchestre, et de l'accessoire fit le principal. Il prit une revanche complète de l'irréussite d'*Armide* dans le *Moïse*. Le succès fut immense. De ce moment le goût de Rossini fut faussé.

---

[1]. Je demande pardon aux Allemands de parler de leur musique d'opéra avec peu de respect ; je suis sincère. Du reste, l'on ne peut pas douter de mon estime pour le peuple qui a produit Luther. Les Allemands peuvent voir que je ne ménage pas la musique de mon propre pays, au risque de passer pour mauvais citoyen.

Il écrit de *l'harmonie* légère et spirituelle en se jouant : il avait, au contraire, assez de peine, après vingt opéras, à trouver des cantilènes nouvelles. La paresse, d'accord avec la nécessité, lui fit adopter le genre allemand. *Moïse* fut immédiatement suivi de *Ricciardo e Zoraïde*, d'*Ermione*, de *la Donna del Lago* et de *Maometto secondo*. Tous ces opéras allèrent aux nues, à l'exception d'*Ermione*, qui était un essai. Rossini, pour varier, avait voulu se rapprocher du genre déclamé, donné aux Français par Gluck. De la musique sans plaisir physique pour l'oreille n'était pas faite pour plaire beaucoup à des Napolitains. D'ailleurs, dans *Ermione*, tout le monde se fâchait, et toujours, et il n'y avait qu'une seule couleur, celle de la colère. La colère, en musique, n'est bonne que comme contraste. C'est un axiome napolitain, qu'il faut la colère du tuteur avant l'air tendre de la pupille.

Pour les derniers opéras que je viens de nommer, Rossini eut une ressource, la voix de mademoiselle Pisaroni, superbe contr'alto et cantatrice décidément du premier ordre.

Les hommes pour lesquels il a écrit sont Garcia, Davide le fils et Nozzari, tous les trois ténors ; Davide, le premier ténor existant, et qui met du génie dans son chant : il improvise sans cesse, et quelquefois se trompe ; Garcia, remarquable par la sûreté étonnante de sa voix ; et enfin Nozzari, la moins belle voix des trois, et qui cependant a été un des meilleurs chanteurs de l'Europe.

CHAPITRE XV

TORVALDO E DORLISKA

APRÈS l'éclatant succès de l'*Élisabeth*, Rossini fut appelé à Rome pour le carnaval de 1816 ; il y composa, au théâtre *Valle*, un opéra semi-serio assez médiocre, *Torvaldo e Dorliska* ; et au théâtre *Argentina*, son chef-d'œuvre du *Barbier de Séville.* Rossini écrivit *Torvaldo* pour les deux premières basses d'Italie, Galli et Remorini, en 1816 ; Lablache et Zuchelli étaient encore peu connus. Il eut pour ténor Domenico Donzelli, alors excellent, et surtout plein de feu.

Il y a un cri de passion dans le grand air de Dorliska,

> Ah ! Torvaldo !
> Dove sei ?

qui, lorsqu'il est chanté avec hardiesse et abandon, produit toujours beaucoup d'effet. Le reste de cet air, un terzetto entre le tyran, l'amant et un portier bouffon :

> Ah ! qual raggio di speranza !

et l'on peut dire tout l'opéra, ferait la réputation d'un maestro ordinaire, mais n'ajoute rien à celle de Rossini. C'est comme un mauvais roman de Walter Scott, le rival du maestro de Pesaro en célébrité européenne. Certainement un inconnu qui aurait fait *le Pirate* ou *l'Abbé*, serait sorti à l'instant des rangs vulgaires de la littérature. Ce qui distingue le grand maître, c'est la hardiesse du trait, la négligence des détails, le grandiose de la touche ; il sait économiser l'attention pour la lancer tout entière sur ce qui est important. Walter Scott répète le même mot trois fois dans une phrase, comme Rossini le même trait de mélodie, exécuté successivement par la clarinette, le violon et le hautbois.

J'aime mieux une ébauche du Corrège, qu'un grand tableau fort soigné de Charles Lebrun, ou de tel de nos grands peintres.

Le tyran, dans l'opéra de *Dorliska*, lequel a la niaiserie uniforme et visant au sublime du style, et par le manque total d'originalité et d'individualité dans les personnages, me semble une traduction de quelque mélodrame du boulevard, le tyran chante un superbe *agitato* : c'est un des plus beaux airs que l'on puisse choisir pour une voix de basse ; aussi Lablache et Galli ne manquent-ils guère de le placer dans leurs concerts. J'ajouterai, pour diminuer les regrets de ceux des lecteurs qui ne le connaîtraient pas, que cet air n'est autre chose que le fameux duetto de la lettre, dans le second acte d'*Otello*,

Non m'inganno, al mio rivale.

CHAPITRE XVI

IL BARBIERE DI SIVIGLIA

Rossini trouva l'impresario du théâtre Argentina à Rome, tourmenté par la police, qui lui refusait tous les *libretti* (poëmes), sous prétexte d'allusions. Quand un peuple est spirituel et mécontent, tout devient allusion[1]. Dans un moment d'humeur, l'impresario romain proposa au gouverneur de Rome *le Barbier de Séville*, très-joli libretto mis jadis en musique par Paisiello. Le gouverneur, ennuyé ce jour-là de parler mœurs et décence, accepta. Ce mot jeta Rossini dans un cruel embarras, car il a trop

---

1. La guerre du gendarme contre la pensée présente partout des circonstances burlesques. En 1823, l'on ne veut pas permettre à Talma la représentation de *Tibère*, tragédie de Chénier, qui est mort il y a dix ans, de peur des allusions. Allusions à qui ? et de la part d'un poëte mort en 1812 en exécrant Napoléon.

À Vienne, l'on vient de suspendre les représentations d'*Abufar*, charmant opéra de M. Caraffa, comme pouvant porter les peuples à un amour illicite. D'abord, il n'y a pas amour criminel, puisque Farhan n'est pas frère de Salema ; et plût à Dieu que les jolies Viennoises ne pussent être fourvoyées que par le sentiment ! Ce n'est pas l'amour, quel qu'il soit, c'est le châle qui est funeste à la vertu.

d'esprit pour n'être pas modeste envers le vrai mérite. Il se hâta d'écrire à Paisiello à Naples. Le vieux maestro, qui n'était pas sans un grand fonds de *gasconisme*, et qui se mourait de jalousie du succès de l'*Élisabeth*, lui répondit très poliment qu'il applaudissait avec une joie véritable au choix fait par la police papale. Il comptait apparemment sur une chute éclatante.

Rossini mit une préface très modeste au-devant du *libretto*, montra la lettre de Paisiello à tous les dilettanti de Rome, et se mit au travail. En treize jours, la musique du *Barbier* fut achevée. Rossini croyant travailler pour les Romains, venait de créer le chef-d'œuvre de la *musique française*, si l'on doit entendre par ce mot la musique qui, modelée sur le caractère des Français d'aujourd'hui, est faite pour plaire le plus profondément possible à ce peuple, tant que la guerre civile n'aura pas changé son caractère.

Les chanteurs de Rossini furent madame Giorgi pour le rôle de Rosine, Garcia pour celui d'Almaviva ; Zamboni faisait Figaro, et Boticelli le médecin Bartholo. La pièce fut donnée au théâtre d'Argentina, le 26 décembre 1816[1]. (C'est le jour

---

1. En réalité le 20 Février 1816. N. D. L. E.

où la *stagione* du carnaval commence en Italie.)

Les Romains trouvèrent le commencement de l'opéra ennuyeux et bien inférieur à Paisiello. Ils cherchaient en vain cette grâce naïve, inimitable, et ce style le miracle de la simplicité. L'air de Rosine *sono docile* parut hors de caractère ; on dit que le jeune maestro avait fait une virago d'une ingénue. La pièce se releva au duetto entre Rosine et Figaro, qui est d'une légèreté admirable et le triomphe du style de Rossini. L'air de la *Calunnia* fut jugé magnifique et original, les Romains ne comprenaient pas Mozart en 1816.

Après le grand air de Bazile, on regretta sans cesse davantage la grâce naïve et quelquefois expressive de Paisiello. Enfin, ennuyés des choses communes qui commencent le second acte, choqués du manque total d'expression, les spectateurs firent baisser la toile. En cela, le public de Rome, si fier de ses connaissances musicales, fit un acte de hauteur qui se trouva aussi, comme il arrive souvent, un acte de sottise. Le lendemain la pièce alla aux nues ; l'on voulut bien s'apercevoir que si Rossini n'avait pas les mérites de Paisiello, il n'avait pas aussi la langueur de son style, défaut cruel qui gâte souvent les ouvrages, si semblables d'ailleurs, de Paisiello et du Guide. Depuis vingt ou trente ans que l'ancien maître a écrit, le public romain s'étant mis à faire moins de conversation à l'opéra, il lui arrive de s'ennuyer aux récitatifs éternels qui séparent les morceaux de musique des opéras de 1780. C'est comme si, parmi nous, le parterre s'avise, dans trente ans d'ici, de trouver incompréhensibles les entr'actes éternels de nos tragédies actuelles, parce qu'on aura trouvé le moyen de l'amuser dans les entr'actes, soit avec deux ou trois jeux d'orgues, qui se répondent et font assaut[1], soit par des expériences de physique, ou le jeu de loto. Quel que soit l'état de perfection où nous avons porté tous les arts, il faut bien s'attendre que la postérité aura l'impertinence d'inventer aussi quelque chose.

L'ouverture du *Barbier* amusa beaucoup à Rome ; on y vit ou l'on crut y voir les gronderies du vieux tuteur amoureux et jaloux, et les gémissements de la pupille. Le petit terzetto

Piano, pianissimo,

du second acte, alla aux nues. « Mais c'est

---

[1]. Comme à l'église *de Gesù*, à Rome, les 31 décembre et 1ᵉʳ janvier de chaque année.

« de la petite musique, disait le parti
« contraire à Rossini ; cela est amusant,
« sautillant, mais n'exprime rien. Quoi !
« Rosine trouve un Almaviva fidèle et
« tendre, au lieu du scélérat qu'on lui
« avait peint, et c'est par d'insignifiantes
« roulades qu'elle prétend nous faire par-
« tager son bonheur ! »

> Di sorpresa, di contento
> Son vicina a delirar.

Hé bien, les roulades si singulièrement placées sur ces paroles, et qui faillirent, même le second jour, entraîner la chute de la pièce à Rome, ont eu beaucoup de succès à Paris ; on y aime la galanterie et non l'amour. *Le Barbier*, si facile à comprendre par la musique, et surtout par le poëme, a été l'époque de la conversion de beaucoup de gens. Il fut donné le 23 septembre 1819, mais la victoire sur les pédants qui défendaient Paisiello comme *ancien*, n'est que de janvier 1820. (Voir *la Renommée*, journal libéral d'alors.) Je ne doute pas que quelques dilettanti ne me reprochent de m'arrêter à des lieux communs inutiles à dire ; je les prie de vouloir bien relire les journaux d'alors et même ceux d'aujourd'hui, ils ne les trouveront pas mal absurdes, quoique le public ait fait d'immenses progrès depuis quatre ans.

La musique aussi a fait un pas immense depuis Paisiello ; elle s'est défaite des récitatifs ennuyeux et a conquis les *morceaux d'ensemble*. Il est ridicule, disent les pauvres gens froids, de chanter cinq ou six à la fois. — Vous avez raison ; il est même souverainement absurde de chanter deux ensemble ; car, quand est-ce qu'il arrive, même sous l'empire de la passion la plus violente, de parler un peu longtemps deux à la fois ? Au contraire, plus le mouvement de passion est vif, plus on accorde d'attention à ce que dit la personne que nous voulons persuader. Voyez les sauvages[1] et les Turcs, qui ne cherchent pas à se faire une réputation de vivacité et d'esprit. Rien de plus judicieux que ce raisonnement. Ne vous semble-t-il pas parfait ? Hé bien, l'expérience le détruit de fond en comble. Rien de plus agréable que les duetti. Donc, pauvres littérateurs estimables qui appliquez votre dialectique puissante à juger des arts que vous ne voyez pas, allez faire une dissertation pour prouver que Cicéron nous amuse, ou que M. Scoppa vient enfin de trouver le vrai

---

1. *Mœurs et Coutumes des nations indiennes,* ouvrage traduit de l'anglais de Jean Heckewelder, par M. du Ponceau. Paris, 1822.

rhythme de la langue française et l'art de faire de beaux vers.

La vivacité et le crescendo des morceaux d'ensemble chasse l'ennui et réveille un peu ces pauvres gens *solides* que la mode jette impitoyablement dans la salle de Louvois[1].

Rossini luttant contre un des génies de la musique dans *le Barbier*, a eu le bon esprit, soit par hasard, soit bonne théorie, d'être éminemment lui-même.

Le jour où nous serons possédés de la curiosité, avantageuse ou non pour nos plaisirs, de faire une connaissance intime avec le style de Rossini, c'est dans *le Barbier* que nous devons le chercher. Un des plus grands traits de ce style y éclate d'une manière frappante. Rossini, qui fait si bien les finals, les morceaux d'ensemble, les duetti, est faible et joli dans les airs qui doivent peindre la passion avec simplicité. Le chant *spianato* est son écueil.

Les Romains trouvèrent que si Cimarosa eût fait la musique du *Barbier*, elle eût peut-être été un peu moins vive, un peu moins brillante, mais bien plus comique et bien autrement expressive. Avez-vous

---

1. L'Allemand, qui met tout en doctrine, traite la musique savamment ; l'Italien voluptueux y cherche des jouissances vives et passagères ; le Français plus vain que sensible, parvient à en parler avec esprit ; l'Anglais la pale et ne s'en mêle pas. (*Raison, Folie*, tome I, page 230.)

été militaire ? avez-vous couru le monde ? vous est-il arrivé de retrouver tout à coup aux eaux de Baden, une maîtresse charmante que vous aviez adorée, dix ans auparavant, à Dresde ou à Bayreuth ? Le premier moment est délicieux ; mais le troisième ou quatrième jour, vous trouvez trop de délices, trop d'adorations, trop de douceur. Le dévouement sans bornes de cette bonne et jolie Allemande vous fait regretter, sans peut-être oser en convenir avec vous-même, le piquant et les caprices d'une belle Italienne pleine de hauteur et de folie. Telle est exactement l'impression que vient de me faire l'admirable musique du *Matrimonio segreto*, à la reprise qu'on vient d'en donner à Paris, pour mademoiselle de Meri. Le premier jour, en sortant du théâtre, je ne voyais dans Rossini qu'un pygmée. Je me souviens que je me dis : Il ne faut pas se presser de juger et de porter des décisions, je suis sous le charme. Hier (19 août 1823), en sortant de la quatrième représentation du *Matrimonio*, j'ai aperçu bien haut l'obélisque immense, symbole de la gloire de Rossini. L'absence des dissonances se fait cruellement sentir dans le second acte du *Matrimonio*. Je trouve que le désespoir et le malheur y sont exprimés à l'eau rose. Nous avons fait des progrès dans le malheur depuis 1793[1]. Le grand quartetto du premier acte,

Che triste silenzio !

paraît long ; en un mot, Cimarosa a plus d'idées que Rossini, et surtout de bien meilleures idées, mais Rossini a le meilleur style.

Comme, en amour, c'est le piquant des caprices de l'Italie qui manque à une tendre Allemande ; par un effet contraire, en musique, c'est le piquant des dissonances et du genre enharmonique allemand qui manque aux grâces délicieuses et suaves de la mélodie italienne. Rappelez-vous le *ti maledico* du second acte d'*Otello*, ne devrait-il pas y avoir dans le *Matrimonio* quelque chose dans ce genre lorsque le vieux marchand Geronimo, si entiché de la noblesse, découvre que sa fille Carolina a épousé un commis ? Un dilettante auquel j'ai soumis ce chapitre sur le *Barbier*, pour qu'il corrigeât les erreurs de fait où je tombe souvent, comme l'astrologue de La Fontaine dans un puits, en regardant au ciel, me dit : « Est-ce là
« ce que vous nous donnez pour une ana-
« lyse du *Barbier?* C'est de la crème
« fouettée. Je ne puis me faire à ces

---

[1]. Première représentation du *Matrimonio segreto* en 1793 à Vienne. L'empereur Joseph s'en fait donner une seconde représentation dans la même soirée.

« phrases en filigrane. Allons, mettez-vous
« à l'ouvrage sérieusement, ouvrons la
« partition, je vais vous jouer les prin-
« cipaux airs ; faites une analyse serrée
« et raisonnable. »

On sent bien dans le cœur des donneurs de sérénade, qui forme l'introduction, que Rossini lutte avec Paisiello ; tout est grâce et douceur, mais non pas simplicité. L'air du comte Almaviva est faible et commun ; c'est un amoureux français de 1770. En revanche, tout le feu de Rossini éclate dans le chœur

> Mille grazie, mio signore !

et cette vivacité s'élève bientôt jusqu'à la verve et au *brio*, ce qui n'arrive pas toujours à Rossini. Ici son âme semble s'être échauffée aux traits de son esprit. Le comte s'éloigne en entendant venir Figaro ; il dit en s'en allant :

> Già l'alba è appena, e amor non si vergogna.

Voilà qui est bien italien. Un amoureux se permet tout, dit le comte ; on sait de reste que l'amour est une excuse qui couvre toutes choses aux yeux des indifférents. L'amour, dans le Nord, est au contraire timide et tremblant, même avec les indifférents.

La cavatine de Figaro

> Largo al factotum,

chantée par Pellegrini, est et sera longtemps le chef-d'œuvre de la musique française. Que de feu ! que de légèreté, que d'esprit dans le trait :

> Per un barbiere di qualità !

Quelle expression dans

> Colla donnetta.....
> Col cavaliere.....

Cela a plu à Paris, et pouvait fort bien être sifflé à cause du sens leste des paroles. Je ne sais si jamais Préville a joué Figaro autrement que Pellegrini. Dans ce premier acte, cet acteur inimitable a, ce me semble, toute la légèreté gracieuse, toute l'allure scélérate et prudente d'un jeune chat. Lorsque, plus tard, il est dans la maison de Bartholo, sur sa mine seule il est pendable. Je voudrais voir jouer ce rôle aux *Français* aussi bien que Pellegrini. Un des dictons de nos littérateurs estimables est de représenter les acteurs de Louvois comme des bouffons à mille lieues de toute vérité et de toute expression dramatique, et auxquels, par conséquent, il serait impertinent de demander de l'intérêt. Encore hier soir, j'ai entendu développer cette théorie ; un homme à ailes de pigeon l'expliquait à deux pauvres jeunes femmes qui approuvaient du geste, et cela à un théâtre qui vient de voir le second acte de *la Gazza ladra* joué par Galli, sans parler de madame Pasta dans *Roméo*, *Desdemona*, *Médée*, et partout.

Ne serions-nous pas plus ridicules que nos pédants, d'entreprendre de les raisonner ? Oui, messieurs, le vrai pathétique est au Théâtre-Français ; allez-y voir *Iphigénie en Aulide*, et goûtez-y bien ce récitatif lamentable qui n'attend plus qu'un accompagnement de contrebasse pour passer à l'état de mauvaise musique de Gluck.

La situation du balcon, dans le *Barbier*, est divine pour la musique ; c'est de la grâce naïve et tendre. Rossini l'esquive pour arriver au superbe duetto bouffe :

All'idea di quel metallo !

Les premières mesures expriment d'une manière parfaite l'omnipotence de l'or aux yeux de Figaro. L'exhortation du comte

Su, vediam di quel metallo,

est bien, au contraire, d'un jeune homme de qualité qui n'a pas assez d'amour pour ne pas s'amuser, en passant, de la gloutonnerie subalterne d'un Figaro, à la vue de l'or.

J'ai parlé ailleurs de l'admirable rapidité de

> Oggi arriva un reggimento,
> — Sì, è mio amico il colonello.

Il me semble que ce passage est, en ce genre, le chef-d'œuvre de Rossini, et par conséquent de l'art musical. Je regrette de remarquer une nuance de vulgarité dans

> Che invenzione prelibata!

Je trouve, au contraire, un modèle de vrai comique dans ce passage de l'ivresse du comte :

> Perchè d'un che non è in se
> Che dal vino casca giù,
> Il tutor, credete a me,
> Il tutor si fiderà.

J'admire toujours la sûreté de la voix de Garcia dans le passage

> Vado... ma il meglio mi scordavo.

Il y a là un changement de ton, dans le

fond de la scène, sans entendre l'orchestre, qui est le comble de la difficulté.

Je regarde la fin de ce duetto, depuis

> La bottega ? non si sbaglia,

comme au-dessus de tout éloge. C'est ce duetto qui tuera le grand Opéra français. Il faut convenir que jamais plus lourd ennemi n'aura succombé sous un assaillant plus léger. C'est en vain que l'Opéra français assommait les gens de goût dès le temps de La Bruyère, il n'y a guère que cent cinquante ans ; il a résisté à une soixantaine de ministères différents. Il fallait, pour lui porter le dernier coup, l'apparition de la vraie musique française. Les plus grands criminels, après Rossini, sont MM. Massimino, Choron et Castil-Blaze.

Je ne serais point étonné qu'en désespoir de cause, on n'arrivât à supprimer l'opéra buffa ; on le trahit déjà : voir la manière scandaleuse dont on vient de remettre les *Horaces* de Cimarosa.

La cavatine de Rosine :

> Una voce poco fa,

est piquante ; elle est vive, mais elle triomphe trop. Il y a beaucoup d'assurance dans le chant de cette jeune pupille persécutée, et bien peu d'amour. Il est hors de doute qu'avec tant de courage elle attrapera son tuteur.

Le chant de victoire sur les paroles :

> Lindoro mio sarà
> ....
> Una vipera sarò,

est le triomphe d'une belle voix. Madame Fodor y était excellente et l'on pourrait dire parfaite. Sa superbe voix a quelquefois un peu de dureté (école française), et la dureté n'est pas tout à fait hors de place dans le chant d'une fille aussi résolue. Quoique je regarde ce ton-là comme calomniant la nature, même à Rome, j'y vois une preuve nouvelle de l'immense distance qui sépare l'amour mélancolique et tendre des belles Allemandes que l'on rencontre dans les jardins anglais des bords de l'Elbe, du sentiment vif et tyrannique qui enflamme les jeunes filles du midi de l'Italie[1].

L'air célèbre de la calomnie,

> La calunnia è un venticello,

---

1. Voir le croquis des amours de la Zitella Borghèse, dans les lettres du président de Brosses sur l'Italie, tome II, page 250

> Et sequitur leviter
> Filia matris iter.

me donne la même idée que le fameux duetto du second acte de *la Cenerentola* :

Un segreto d'importanza.

J'ai eu le courage de dire que, sans Cimarosa et le duetto des deux voix de basse du *Mariage secret*, jamais nous n'aurions eu le duetto de *la Cenerentola* : je braverai encore une fois l'accusation de paradoxe. L'air de *la Calunnia* ne me semble qu'un extrait de Mozart, fait par un homme d'infiniment d'esprit, et qui lui-même écrit fort bien. Pour l'effet dramatique, cet air est trop long ; mais il fait un contraste admirable avec la légèreté de tous les chants qui précèdent. Le *Matrimonio segreto*, par exemple, manque d'un tel contraste. Cet air était admirablement chanté au théâtre de *la Scala*, à Milan, par M. Levasseur, qui y obtenait un très grand succès. Ce chanteur, quoique Français et la gloire du Conservatoire, n'étant pas applaudi à Louvois, il chante avec timidité ; et la seule sensation qu'il donne, c'est la crainte de le voir se tromper. Voltaire disait que pour réussir dans les arts, et surtout au théâtre, il faut avoir le diable au corps.

MM. Meyerbeer, Morlachi, Paccini, Mercadante, Mosca, Mayer, Spontini et autres contemporains de Rossini, ne demandent pas mieux sans doute que de copier Mozart ; mais jamais ils n'ont trouvé dans les partitions du grand homme un air comme celui de *la Calunnia*. Sans prétendre égaler Rossini à Raphaël, je dirai que c'est ainsi que Raphaël copiait Michel-Ange dans la belle fresque[1] du prophète Isaïe, à l'église de Saint-Augustin, près la place Navone à Rome.

Le *Matrimonio segreto* n'a rien d'aussi fort dans le genre triste que :

  E il meschino calunniato.

Le duetto

  Dunque io son... tu non m'inganni ?

nous représente une jolie femme de vingt-six ans, assez galante et fort vive, qui consulte un confident sur les moyens d'accorder un rendez-vous à un homme qui lui plaît. Je ne croirai jamais que l'amour chez une jeune fille, même à Rome, soit à ce point privé de mélancolie, et j'oserai dire d'une certaine fleur de délicatesse et de timidité.

  Lo sapevo pria di te,

1. Edition de 1824 : « Dans le bel à fresque »
          N. D. L. E.

est une phrase musicale qui, au nord des Alpes, pourrait sembler hors de la nature. C'est, suivant moi, bien gratuitement que Rossini s'est privé d'une grâce charmante : l'amour même le plus passionné ne vit que de pudeur ; le priver de ce sentiment, c'est tomber dans l'erreur vulgaire des hommes grossiers de tous les pays. Je sais que quand on a seize opéras à se reprocher, on cherche le nouveau. Le bon et grand Corneille avoue un sentiment analogue dans l'examen de *Nicomède* ; mais ce n'est pas ainsi que j'explique le manque de délicatesse de cet air de Rossini. Il eut à Rome, précisément pendant qu'il écrivait *Torvaldo* et *le Barbier*, de drôles d'aventures, bien plutôt dans le genre de Faublas que dans celui de Pétrarque. Involontairement, et par suite de cette susceptibilité de sentiment qui fait l'homme de génie dans les arts, il peignit les femmes qui l'aimaient, et que peut-être il aimait un peu. Sans s'en douter, il prenait pour juges de l'air qu'il écrivait à trois heures du matin, les femmes avec lesquelles il venait de passer la soirée, et aux yeux desquelles le sentiment timide et tendre eût passé pour le ridicule *di un colegiale*. Rossini dut des succès incroyables et flatteurs à un sang-froid et à un désintérêt singuliers. L'opéra du *Barbier*, et plusieurs de ceux qu'il a écrits depuis, me portent à redouter ces succès ; ne les devrait-il point à l'absence de toute différence entre les femmes ? Je craindrais que ses succès auprès des grandes dames romaines ne l'aient rendu insensible à la grâce féminine. Dans le *Barbier*, dès qu'il faut être tendre, il devient élégant et recherché, mais ne sort pas du style tempéré ; c'est presque Fontenelle parlant d'amour. Cette manière est fort bien dans l'usage de la vie, mais elle ne vaut rien pour la gloire. Je trouve bien plus d'énergie et d'abandon dans les premiers ouvrages de Rossini : comparez *la Pietra del Paragone, Demetrio e Polibio, l'Aureliano in Palmira* au *Barbier*. Je soupçonne qu'il est devenu un peu incrédule en amour : c'est un grand pas de fait comme philosophe pour un homme de vingt-quatre ans ; tant mieux pour sa tranquillité, mais tant pis pour son talent. Canova et Vigano avaient le ridicule d'aimer.

Une fois le genre du roman de Crébillon adopté pour la couleur générale du *Barbier*, il est impossible de voir plus d'esprit et de cette originalité piquante qui fait le charme de la galanterie, que dans :

> Sol due righe di biglietto
> . . . .
> Il maestro faccio a lei !
> Donne, donne, eterni Dei !

Voilà encore de la vraie musique française dans toute sa pureté et dans tout son brillant. Les partis et les v...... ont beau faire pour nous rendre sérieux, nous pourrons encore longtemps être accusés d'*indifférence* en beaucoup de matières. Il y a peut-être encore un siècle d'intervalle entre nos jeunes gens et le Claverhouse ou le Henri Morton d'*Old Mortality*. Grâces au ciel, la France est encore pour longtemps le pays de la galanterie aimable et légère. Or, tant que cette galanterie fera le trait principal de notre société et du caractère national, *le Barbier de Séville* et le duetto *Sol due righe di biglietto* seront les modèles éternels de la musique française. Remarquez qu'en supposant Rosine une veuve de vingt-huit ans, comme la Céliante du *Philosophe marié*, ou la Julie du *Dissipateur*, l'on ne trouve presque plus rien à reprendre dans le ton de son amour. Rappelons-nous encore que la musique ne peut pas plus rendre un ton affecté, que la peinture peindre des masques. On voit qu'avec une idée, quelque agréable qu'elle soit, Rossini a toujours peur d'ennuyer. Comparez ce duetto, *Sol due righe di biglietto*, avec celui de Farinelli, dans le *Mariage secret*, entre le Comte et Elisetta (mademoiselle Cinti et Pellegrini, les mêmes acteurs qui chantent le duetto du *Barbier*), vous remarquerez à chaque instant, et surtout vers la fin, des phrases que Rossini eût syncopées dans la crainte de paraître long.

Il y a du bonheur véritable, mais toujours du bonheur de veuve alerte, et non pas de jeune fille de dix-huit ans, dans

Fortunati i affetti miei !

Reprenant l'ensemble de ce morceau, il y a peu de duetti tragiques dans lesquels Rossini se soit élevé à cette hauteur de force et d'originalité. J'en conclurais volontiers que si Rossini fût né avec cinquante mille livres de rente, comme son collègue M. Meyerbeer, son génie se fût déclaré pour l'opéra buffa. Mais il fallait vivre ; il trouva mademoiselle Colbrand qui ne chante que l'opéra seria, toute puissante à Naples ; et dans le reste de l'Italie, cette police, aussi ridicule dans les détails qu'impuissante pour les grandes choses, a établi que le billet d'entrée au théâtre se paierait un tiers de plus pour l'opéra *semi-seria*, comme l'*Agnese*, que pour l'opéra buffa, comme *le Barbier* ; ce qui fait voir que les sots de tous les pays, littéraires ou non, s'imaginent que le genre comique est le plus facile. Auraient-ils la conscience du rôle qu'ils jouent dans le monde, et celle de leur nombre ? Ce sont les premières idées de cette même police, inventée il y a quarante ans par Léopold, grand-duc de Toscane, qui ont privé l'Italie de ce beau genre de littérature indigène, la *commedia dell'arte*, celle qu'on jouait à l'impromptu, et que Goldoni crut remplacer par son plat dialogue. Le peu de vraie comédie qui existe encore en Italie, se trouve aux marionnettes, admirables à Gênes, à Rome, à Milan, et dont les pièces non écrites échappent à la censure, et sont filles de l'inspiration du moment et des intérêts du jour. Croirait-on qu'un homme d'État tel que le cardinal Consalvi, un homme qui sait gouverner son maître d'abord, et ensuite l'État pas trop mal, et qui eut jadis l'esprit d'être l'ami intime de Cimarosa, passe trois heures à éplucher les paroles d'un misérable libretto d'opéra buffa (historique, 1821)! Le lecteur est bien loin d'être à même de juger de tout le ridicule de cette conduite. Le cardinal trouvait que le mot *cozzar* (lutter) était répété trop souvent dans le libretto. Il se donnait tant de soins par tendresse pour les mœurs romaines, et pour les conserver pures et sans taches.

Ici je ne puis m'expliquer, même à demi-mot; j'en appelle aux voyageurs qui ont passé un hiver à Rome, ou qui savent, par exemple, les anecdotes de l'avancement de Pie VI et de Pie VII. Ce sont de telles gens que l'on craint de corrompre par les paroles d'un libretto d'opéra. Eh morbleu ! levez quatre compagnies de gendarmes de plus, pendez les vingt juges les plus prévaricateurs tous les ans, et vous aurez fait mille fois plus pour les mœurs. Mettant à part les vols, la justice vendue et autres bagatelles de ce genre, songez à ce que peuvent être les mœurs d'un pays où toute la cour, où tous les employés de l'Etat sont célibataires, et sous un tel climat, et avec de telles facilités ! Depuis les plaisanteries de Voltaire, nous ne voyons plus, il est vrai, arriver au cardinalat que des vieillards prudents et discrets ; mais ces vieillards ont été prêtres dès l'âge de vingt ans, et ils ont eu dans la maison paternelle l'exemple séduisant du bonheur donné par les passions fortes. Les pauvres Romains ont été tellement façonnés par quelques siècles de ce gouvernement que je n'ose décrire [1], qu'ils ont perdu jusqu'à la faculté de s'étonner de pareilles choses, et que leur seule vertu est leur férocité. Plusieurs des plus intrépides officiers de Napoléon sont sortis de Rome ; un Jules II y trouverait encore une excellente armée : mais

1. Burckhardt, *Mémoires de la cour du pape*, dont il était majordome ; de Potter, *Histoire de l'Eglise;* Gorani.

deux siècles du despotisme de Napoléon ne réussiraient peut-être pas à y établir les mœurs décentes et pures d'une petite ville d'Angleterre, de Nottingham ou de Norwich. Mais revenons au *Barbier ;* c'est revenir de loin, dit-on ! Pas de si loin qu'on pense ; une source d'eau limpide, et pleine de vertus singulières pour la santé, jaillit au pied d'une chaîne de hautes montagnes. Savez-vous comment elle a été formée dans le sein de la montagne ? Jusqu'à ce qu'on nous démontre le *comment*, je prétends que chacune des circonstances de ces montagnes, la forme des vallons, le gisement des forêts, etc., tout a influé sur cette source délicieuse et limpide, auprès de laquelle le chasseur vient se rafraîchir et prendre une vigueur qui tient du miracle. Tous les gouvernements de l'Europe établissent des conservatoires ; plusieurs princes aiment réellement la musique, et lui sacrifient tout leur budget ; créent-ils pour cela des êtres comme Rossini ou Davide, des compositeurs ou des chanteurs ?

Il y a donc quelque circonstance inconnue et pourtant nécessaire dans l'ensemble des mœurs de la belle Italie et de l'Allemagne. Il fait moins froid dans la rue Le Peletier qu'à Dresde ou à Darmstadt. Pourquoi y est-on plus barbare ? Pourquoi

l'orchestre de Dresde ou de Reggio exécute-t-il divinement un *crescendo* de Rossini, chose impossible à Paris ? Pourquoi surtout ces orchestres savent-ils accompagner[1] ?
L'air de Bartholo

> A un dottor della mia sorte,

est fort bien. Je voudrais l'entendre chanter par Zuchelli ou Lablache. Je ne puis que répéter ce que j'ai dit trop souvent peut-être de ces airs dans le genre de Cimarosa ; plus d'esprit, un style plus piquant, infiniment moins de verve, de passion et d'idées comiques. Je vois dans le libretto ce vers :

> Ferma olà ! non mi toccate.

A qui connaît les mœurs de Rome, il y a là dedans toute la méfiance de la Romagne, et des malheureux pays soumis depuis trois siècles au génie du christianisme[2] : je parierais bien que l'auteur du libretto n'habita jamais la douce Lombardie.

---

1. Peut-être amour et bonne foi d'un côté ; de l'autre, vanité et continuelle *attention aux autres*.
2. La religion est la seule loi vivante dans les Etats du pape. Comparez Velletri ou Rimini au premier pays protestant que vous traverserez. Le génie froid du protestantisme tue les arts ; voir Genève et la Suisse. Mais les arts ne sont que le luxe de la vie ; l'honnêteté, la raison, la justice, en sont le nécessaire.

L'entrée du comte Almaviva déguisé en soldat, et le commencement du *finale* du premier acte, sont un modèle de légèreté et d'esprit. Il y a un joli contraste entre la lourde vanité du Bartholo qui répète trois fois, d'une manière si marquée,

> Dottor Bartolo !
> Dottor Bartolo !

et l'aparté du comte :

> Ah ! venisse il caro oggetto !

Ce souhait du jeune amant est d'une galanterie délicieuse. Rien de plus léger et de plus piquant que ce *finale* ; il y a dans ce seul morceau les idées nécessaires pour faire tout un opéra de Feydeau. Peu à peu, et à mesure qu'on avance vers la catastrophe, ce *finale* prend une teinte de sérieux fort marquée ; il y en a déjà beaucoup dans l'avertissement de Figaro au comte :

> Signor, giudizio, per carità.

L'effet du chœur

> La forza,
> Aprite quà,

est pittoresque et frappant. On trouve ici un grand moment de silence et de repos, dont l'oreille sent vivement le besoin, après le déluge de jolies petites notes qu'elle vient d'entendre.

Le chant à trois et ensuite à cinq, qui explique la raison du tapage au commandant de la gendarmerie de Séville, est le seul passage de cet opéra décidément mal exécuté à Paris. La coupe de ce morceau rappelle un peu l'explication donnée à Geronimo, à la fin du premier acte du *Matrimonio segreto*. C'est là la grande critique que l'on peut faire du *Barbier* de Rossini ; le spectateur un peu instruit n'y trouve pas le sentiment du nouveau ; on croit toujours entendre une nouvelle édition corrigée et plus piquante, de quelque partition de *Cimarosa*, qu'on a jadis admirée, et vous savez que rien ne coupe les ailes à l'imagination comme l'appel à la mémoire.

L'arrestation du comte, suivie de sa prompte mise en liberté, et du salut que la gendarmerie lui adresse, me rappelle la justice telle qu'elle s'exerçait à Palerme il y a peu d'années. Un Français, fort joli homme, point fat, et plus connu encore par son amabilité douce, que par sa parfaite bravoure, est insulté grossièrement au spectacle par un homme puissant ;

il l'en punit. On avertit le jeune Français de prendre garde à lui à la sortie du théâtre. En effet, le seigneur sicilien l'attaque. Le Français, fort adroit les armes à la main, le désarme sans le tuer, et, se croyant à Paris, appelle la garde. Cette garde avait été témoin de l'attaque, et s'empresse d'arrêter l'assassin ; il se nomme avec hauteur, la garde s'éloigne en lui faisant mille excuses basses ; s'il eût dit un mot de plus, elle arrêtait le Français. Il n'y a donc aucune invraisemblance à ce que nous voyons se passer dans le *finale* du *Barbier ;* ce qui est invraisemblable, c'est l'immobilité dans laquelle tombe le tuteur, à la vue de la justice de son pays ; il doit y être accoutumé de reste : les caractères secs et injustes tels que Bartholo, profitent de la tyrannie de leur pays, loin de la craindre ; ces gens là mangent au budget.

J'ai toujours vu l'immobilité du tuteur, pendant que tout le monde chante

> Freddo e immobile
> Come una statua,

produire un mauvais effet. Dès que le spectateur a le temps de s'apercevoir que le ridicule est outré, il ne rit plus, et partant la farce est mauvaise. Il faut étourdir le spectateur comme Molière ou Cimarosa ; c'est là une des entraves de la musique bouffe. En sa qualité de musique, *elle ne peut pas aller vite*, et les évolutions d'une farce, pour être bonnes, doivent être rapides comme l'éclair. La musique doit vous donner *directement* le rire que ferait naître une bonne comédie jouée avec feu.

SECOND ACTE

Le duetto que le comte, déguisé en abbé, chante avec Bartholo, me semble languissant. Voilà le désavantage pour un maestro d'être sans passion ; dès qu'il n'est pas piquant, il tombe dans le genre ennuyeux. Le comte répète trop souvent :

Pace e gioja.

Le spectateur finit par être presque aussi impatienté que le tuteur. En Italie, on chante, pour la leçon de musique de Rosine, cet air délicieux qui a le malheur d'être trop connu :

La biondina in gondoletta.

Il y aurait mille choses à dire sur le style de la musique vénitienne ; ce serait un livre dans un livre. C'est comme, en peinture, le style du Parmigianino opposé au style sage et sévère du Dominiquin ou du Poussin ; cette musique est comme l'écho affaibli du bonheur voluptueux dont on jouissait à Venise vers l'an 1760. En suivant et vérifiant, par des exemples, les conséquences de cet aperçu, je ferais un traité de politique[1]. On a vu à Paris madame Nina Vigano, la personne du monde qui chante le mieux les airs vénitiens ; sa vocalisation était l'opposé du genre français. Si nous avions du *naturel* dans les arts, c'est cependant ainsi que nous devrions chanter, et non pas comme madame Branchu.

Dans un théâtre bien réglé, Rosine changerait l'air de sa leçon à toutes les deux ou trois représentations. A Paris, madame Fodor, qui du reste chantait ce rôle à ravir, et comme probablement il ne l'a jamais été, nous donnait toujours l'air de *Tancrède* :

> Di tanti palpiti,

arrangé en contredanse, ce qui ravissait les têtes à perruque ; on voyait à cet air toutes les têtes poudrées de la salle s'agiter en cadence.

---

[1]. Voir les Mémoires de Carlo Gozzi, et son éternelle querelle avec le signor Gratarol ; rien de plus opposé à Giacopo Ortiz. Voir les Œuvres de madame Albrizzi.

Rossini raconte lui-même qu'il a voulu donner un échantillon de la musique ancienne, dans l'air du tuteur :

> Quando mi sei vicina.

Et parbleu je lui ai rendu plus que justice, ajoute-t-il. Probablement il est de bonne foi. C'est en effet de la musique de Pergolèse ou de Logrosino, moins le génie et la passion. Rossini voit ces grands maîtres comme, du temps de Métastase (1760), on voyait le Dante, dont la gloire succombait alors sous les efforts des jésuites.

Le grand quintetto de l'arrivée et du renvoi de Basile est un morceau capital. Le quintetto de Paisiello est un chef-d'œuvre de grâce et de simplicité, et Rossini savait bien en quelle vénération il était par toute l'Italie. A la dernière reprise du *Barbier* de Paisiello, à la Scala, en 1814, ce morceau fut encore applaudi avec transport, mais ce fut le seul. J'engage les amateurs à chanter ces deux morceaux dans la même soirée ; ils liront plus de vérités musicales, dans leur âme, en un quart d'heure, que je ne puis leur en dire en vingt chapitres. Le morceau du vieux maître montre, sous un jour comique et nouveau, l'unanimité du conseil que l'on donne à Basile, *allez vous coucher*, et c'est ce qui provoque un rire délicieux et inextinguible comme celui des dieux. Il y a beaucoup de vérité dramatique dans :

> Ehi, dottore, una parola,

de Rossini ; dans

> Siete giallo come un morto ;

dans

> Questa è febbre scarlatina.

Remarquez que ce n'est jamais ou presque jamais dans les moments de sentiment que l'on peut faire compliment à Rossini sur la vérité dramatique ; c'est peut-être une des causes de son grand succès. Il est piquant et nouveau de voir les romans de Walter Scott réussir sans les scènes d'amour qui, depuis deux cents ans, sont l'unique base du succès de tous les romans.

Le fameux bouffe Bassi jouait, avec un art si singulier, la fin de cette scène où Figaro se défend, à coups de serviette, de la fureur du tuteur, qu'on finissait par avoir pitié de ce pauvre tuteur si malheureux et si trompé.

Il y a beaucoup d'esprit dans l'air de la vieille gouvernante Berta :

> Il vecchiotto cerca moglie.

C'est un des airs que Rossini chante avec le plus de grâce et de comique. Peut-être y a-t-il un peu de coquetterie dans son fait ; il aime à faire ressortir un bel air que personne ne remarque, et qui ferait la fortune d'un opéra de Morlachi[1], ou de tel autre de ses rivaux.

Je trouve la tempête du second acte du *Barbier*, fort inférieure à celle de la *Cenerentola*. Pendant la tempête, le comte Almaviva pénètre chez Bartholo ; on le voit arriver par le balcon. Rosine le croit un scélérat et avec raison, puisqu'il a remis sa lettre à Bartholo. Almaviva la détrompe en tombant à ses pieds ; et Rossini ne trouve que des roulades plus insignifiantes encore que de coutume pour exprimer un tel moment. J'hésitais à dire que le chef-d'œuvre de la pièce est, à mes yeux, la fin de ce terzetto, dont la première partie est comme les scènes d'amour de *Quentin Durward* :

Zitti, zitti, piano, piano.

---

[1]. Voir une brochure fort plaisante d'un M. Majer, de Venise, qui nous apprend que M. Morlachi di Perugia est le grand maître de l'époque. Un homme d'esprit, de Paris, fort accrédité dans les journaux depuis que Rossini a refusé son poëme des *Athéniennes*, nous assure, de son côté, que le grand maître de l'époque, c'est M. Spontini. Que va dire M. Berton de l'Institut ?

J'apprends qu'à Vienne, où l'on a eu le bonheur d'entendre à la fois Davide, madame Fodor et Lablache (1823,) on fait toujours répéter ce petit morceau. J'ai le respect le plus senti pour le goût musical des Viennois ; ils ont eu la gloire de former Haydn et Mozart. Métastase, qui habita quarante ans parmi eux, porta le grand goût des arts dans la haute société ; enfin les grands seigneurs les plus riches de l'Europe, et les plus réellement grands seigneurs, ne dédaignent pas d'être directeurs de l'Opéra.

Le seul défaut de ce petit terzetto, écrit avec génie et défaut bien futile, c'est qu'il fait perdre un temps infini dans un moment où l'action force les personnages à courir. Mettons ce terzetto sur d'autres paroles et ailleurs, et il sera sublime de tous points. Il exprime admirablement un parti pris dans une affaire de galanterie ; il conviendrait à un libretto extrait d'une des jolies comédies de Lope de Vega.

J'espère bien que si cette brochure existe encore en 1840, on ne manquera pas de la jeter au feu. Voyez le cas que l'on fait aujourd'hui des écrits de théorie politique publiés en 1789. Tout ce que je viens de dire depuis une heure paraîtra faible et commun dans le salon de Mérilde, cette jolie petite fille de dix ans qui aime tant

Rossini, mais qui lui préfère Cimarosa. La révolution qui commence en musique sera l'éclipse totale du bon vieux goût français : quel dommage ! les progrès faits depuis quatre ans par le public de Louvois, sont fort alarmants ; j'en juge par des témoins irrécusables et mathématiques, les livres de vente de MM. Pacini, Carli, etc. Ce qui paraît obscur et hasardé dans cette brochure, sera faible et commun dès l'an 1833. Le parti des vieilleries n'a qu'une ressource, c'est de chasser les Italiens ou de les recruter avec des Françaises. De belles voix ne sachant pas chanter, perdraient bientôt la musique.

CHAPITRE XVII

DU PUBLIC,
RELATIVEMENT AUX BEAUX-ARTS

Il y a deux peuples en France pour la musique comme pour tout le reste, c'est ce qui fait que jamais la faculté du *mépris* n'y a été en plus grand exercice. Les gens qui ont plus de quarante ans, qui ont fait leur fortune dans les affaires, qui portent de la poudre, qui admirent Cicéron, qui sont abonnés à *la Quotidienne*, etc., etc., auront beau dire, ils ne me persuaderont jamais qu'ils aiment d'autre musique que les refrains vulgaires et sautillants d'un pont-neuf. Ces gens, qui me sont précieux comme les restes vénérables et curieux d'une génération qui disparaît et de mœurs qui s'éteignent, sont à jamais perdus pour la musique italienne. Paris, c'est-à-dire le public qui juge souverainement en France des arts et de la musique, Paris était, avant la révolution, une vaste réunion d'oisifs. Je supplie qu'on arrête sa pensée pour un seul instant sur cette considération unique, mais d'une immense conséquence : le roi, avant 1789, ne nommait à aucune place.

Le droit d'ancienneté le plus rigoureux réglait l'état militaire, et trente ans de paix avaient fait des oisifs de tous les militaires. On achetait une charge de judicature ou de conseiller au parlement, et l'on était classé pour la vie. Après les premiers pas d'un jeune homme entrant dans le monde, ou plutôt après son installation dans la place que son père lui avait achetée, tout était terminé pour lui, il n'avait plus qu'à chercher des plaisirs ; sa carrière était réglée, invariable, immuable ; son habit faisait partie de sa personne et décidait tout pour lui. Si quelque chose pouvait, par impossible, altérer cet arrangement, c'était *la considération personnelle* que ce jeune homme parvenait quelquefois à conquérir ; ainsi M. Caron, fils d'un horloger, devint le fameux M. de Beaumarchais ; mais il avait montré la guitare à Mesdames de France.

Toute la vie se passait en public ; on vivait, on mourait en public. Le Français de 1780 ne savait exister qu'au milieu d'un salon[1] ; celui d'aujourd'hui se cache toujours au fond de son ménage. Chez un

---

1. Un homme, s'il n'est pas marié, dîne trois cents fois par an chez le restaurateur ; en 1780, il n'y eût pas paru deux fois par mois. Un jeune homme se déconsidérait en allant au café. Le quart de la vie se passait à souper, et l'on ne soupe plus

peuple qui passait sa journée à parler ou à écouter, l'esprit devint naturellement le premier des avantages ; un jeune homme en entrant dans le monde, ne désirait pas d'être maréchal de France, mais d'être d'Alembert[1].

Le gouvernement, fort doux, se fût bien gardé d'enchaîner M. Magallon au bras d'un galérien ; on eût cru tout perdu. Ce gouvernement étant un amas de parties incohérentes et de contradictions, restes plus ou moins bien conservés du moyen âge et des coutumes féodales et militaires, il s'établit dans les arts un goût factice et faux[2]. Comme la passion ou l'intérêt vif pour quelque chose ou pour quelqu'un, devenait tous les jours plus rare, on ne demanda bientôt plus à une phrase de dire vite et clairement quelque chose, mais bien d'être agréable *par elle-même* et d'offrir un tour piquant. Dès qu'il ne se rencontra plus dans la nation de goût vif pour rien, on put s'apercevoir que l'*attention* avait perdu de sa force en France. On donnait des batailles ou des fêtes avec une égale légèreté[3].

---

1. Mémoires de Marmontel, de Morellet. Lettres de madame Du Deffant et de mademoiselle de Lespinasse.
2. Nous l'appelons *factice* et *faux* en 1823, mais il était fort naturel et fort réel en 1780. Tout ce que l'on peut dire, c'est que la quantité d'*émotion possible* dans chaque homme (ce qui fait le domaine des arts) était fort restreinte.
3. Voir les Mémoires de Bezenval, bataille de Fillinghausen. Batailles des princes de Clermont et de Soubise. Mémoires de Lauzun, détails de son expédition en Amérique.

Aussitôt qu'il y avait à faire la moindre combinaison raisonnable, on échouait de la manière la plus singulière. Rappelez-vous la bagarre des Champs-Élysées le jour du feu d'artifice à l'occasion du mariage de Louis XVI (1770). Le lendemain, le prévôt des marchands, directeur de la fête, n'en alla pas moins étaler son cordon bleu à l'Opéra. On racontait en riant le mot du maréchal de Richelieu, qui, la veille, au milieu de la presse et de deux mille personnes qui périssaient, s'écriait d'un ton piteux : « Messieurs, Messieurs, « sauvez un maréchal de France[1]. »

Voulez-vous un exemple plus récent, examinez les précautions prises pour l'évasion de Louis XVI à Varennes, et la manière dont on s'y comporta. Il est impossible de douter du zèle, il faut admirer la légèreté du siècle.

Ce siècle élégant et frivole donnait des éloges à l'énergie des Bossuet et des Montesquieu ; mais les admirateurs les plus exclusifs de ces grands écrivains auraient reculé devant la familiarité de leurs expressions, et n'eussent jamais osé s'en servir[2].

1. Mémoires de madame du Hausset, femme de chambre de madame de Pompadour. Mémoires de madame Campan, dans la partie supprimée par des éditeurs prudents.
2. « Sylla, en prenant cette mesure, en connaissait bien le fort et le faible », dit Montesquieu, *Grandeur des Romains*. Jamais Marmontel n'aurait eu le courage d'écrire un tel

La société n'accordait, en apparence, que le second rang dans son estime aux Delille, aux La Harpe, aux Dorat, aux Thomas, aux abbé Barthélemy ; mais, dans le fait, c'étaient là les hommes dont les ouvrages lui donnaient le plus de ce plaisir piquant, le seul dont son goût dédaigneux et froid fût encore susceptible. Le monstre qui eût paru le plus ridicule au milieu de cette société brillante et singulière, dont nous n'avons plus d'idée, c'eût été un cœur simple, susceptible d'une passion sincère et forte. M. Turgot, qui se trouva pour le bien public une passion de ce genre, eut besoin d'avoir l'intérêt d'une des femmes les plus spirituelles de France et du plus haut rang, pour échapper au ridicule ; et encore est-ce un problème, dans le faubourg Saint-Germain, de savoir s'il put y échapper.

Les cœurs passionnés et sincères étant poursuivis dès l'enfance par les sarcasmes et l'ironie, je laisse à penser ce que devint chez les Français la faculté nommée *imagination*.

On se moqua d'elle dès qu'elle fut hardie. Elle dut se réduire à s'exercer sur de petits détails *jolis*, et surtout, avant de se passion-

---

mot ; les littérateurs de la vieille école ne l'oseraient pas même aujourd'hui. Voyez les querelles que l'on a faites à M. Courier pour son admirable Hérodote. Les savants craignent pour Hérodote.

ner, elle dut toujours regarder autour d'elle dans le salon, pour voir si son enthousiasme ferait un spectacle piquant pour les voisins.

L'imagination étant tombée à ce point de marasme dans la France de 1770, on voit aisément ce que pouvait être la musique. Son office principal était de faire danser au bal et d'étonner à l'Opéra, par de grands cris et la *propreté*[1] du chant français. Pour la musique, il y eut un petit événement de détail ; une reine jeune et séduisante nous arriva de Vienne. Les Allemands sont un peuple de *bonne foi* ; comme tels, ils ont de l'imagination, et par conséquent une musique. Marie-Antoinette nous valut Gluck et Piccini, et les excellentes disputes du coin du Roi et du coin de la Reine. Ces disputes donnèrent de l'*importance* à la musique sans la faire sentir davantage ; car encore une fois, il aurait fallu créer une imagination à ce peuple.

Je reprends la suite de mon raisonnement. Le public de 1780 était une réunion d'oisifs ; aujourd'hui, non-seulement il n'y a pas vingt oisifs au milieu de toute la société de Paris, mais encore, grâce aux partis qui se fortifient depuis quatre ans,

1. Mémoires de madame d'Epinay : détail de la matinée de M. d'Epinay.

nous sommes peut-être à la veille de devenir passionnés : ce changement extrême décide toute la question.

Mon ambition est de détourner un bien petit filet d'eau de cette cascade immense, que je viens de dérouler sous les yeux du lecteur ; je ne vous prie de jeter un regard que sur les variations qu'un si prodigieux changement dans la manière d'être du public doit amener dans les arts, et encore, pas dans tous les arts, dans la musique seulement [1].

La musique va se relever en France, par les petites filles de douze ans, élèves de Mademoiselle Weltz et de M. Massimino, et qui vont passer huit mois chaque année dans la solitude de la campagne. Il n'y a pas de vanité à avoir avec ses frères et sœurs, ils connaissent également et la jolie robe écossaise, et votre *grande fantaisie* sur le piano. Si le ciel nous donne un peu de guerre civile, nous redeviendrons les français énergiques du siècle de Henri IV et de d'Aubigné ; nous prendrons les mœurs passionnées des romans de Walter Scott. Au milieu du fléau de la guerre, la légèreté française se renfermera dans de justes bornes, l'*imagination* renaîtra, et bientôt sera suivie par la musique. Toutes

1. Voir *Racine et Shakspeare*, 1828.

les fois que l'on trouve *solitude et imagination* dans un coin du monde, l'on ne tarde guère à y voir paraître le goût pour la musique[1], tout comme il serait contradictoire de demander une passion bien vive pour cet art à un peuple qui passe sa vie en public, et qui se croit ennuyé et presque ridicule dès qu'il se trouve seul un instant[2]. Ce n'est donc pas la faute de nos amateurs à ailes de pigeon s'ils n'aiment dans les grands morceaux de *Tancrède* et d'*Otello* que les délicieuses contredanses qu'une aimable industrie sait en tirer pour les orchestres de Beaujon ou de Tivoli. Comment un homme s'y prendrait-il pour n'être pas de son siècle ? Ce qui me fait croire le triomphe de la musique inévitable en France, quelles que soient les manœuvres de Feydeau et de l'Opéra, c'est que les jeunes femmes de vingt ans, élevées dans nos mœurs nouvelles, dès que le nom de Rossini est prononcé, osent se moquer des vénérables admirateurs de Gluck et de Grétry[3]. Le succès fou du

1. Zurich. *Solitude* et *chant à l'église,* voilà les sources du goût pour l'opéra buffa.
2. *Tableau des Etats-Unis,* par Volney, page 490.
3. Qui s'en vengent bien. Voir les *Annales littéraires,* c'est le journal des bons hommes de lettres ; ils traitent Rossini comme Voltaire. Les Français d'autrefois sentent extrêmement peu la musique ; et comme d'ailleurs ils ne manquent pas de prétentions, il n'est sorte d'absurdités qu'on ne parvienne à leur débiter avec succès, pour peu

Barbier ne vient pas tant de la voix délicieuse et légère de madame Fodor que des valses et contredanses dont il fournit nos orchestres. Après cinq ou six bals, on finit par comprendre le *Barbier* et trouver un vrai plaisir à Louvois [1].

J'aurais à parler de la province, mais j'hésite à attaquer un sujet si imposant. La solitude produite par la peur de se compromettre en paraissant dans la rue

qu'on y mette d'adresse. C'est ainsi que les *Débats*, un de leurs journaux les plus accrédités, en parlant de Monsigny, donnait à ce bonhomme le titre de premier musicien de l'Europe, et soutenait son dire par quatre colonnes de feuilleton. Il est fâcheux pour l'Europe qu'elle ne se soit jamais doutée du nom de son premier musicien. Je prie de croire que j'estime les journaux autant que je le dois, mais ils sont précieux comme thermomètre indiquant l'état actuel de l'opinion de Paris. Un public qui supporte patiemment, et l'on peut dire avec joie trois théâtres tels que les Variétés, le Vaudeville et le Gymnase, qui se soutiennent et font fortune en chantant faux quatre heures de suite chaque soir, ne peut pas, en conscience, prétendre à une grande délicatesse d'oreille. (Mais ce sont les hommes de cinquante ans, et non les jeunes femmes de la haute société qui font les succès du Vaudeville.)

La patrie de Voltaire et de Molière est, ce me semble, la première ville du monde pour l'esprit. On jetterait pêle-mêle dans un alambic l'Italie, l'Angleterre et l'Allemagne, que l'on ne parviendrait jamais à faire *Candide*, ou les chansons de Collé ou de Béranger. Ce dernier mot explique le peu de génie pour la musique. Le Français d'autrefois est attentif à la parole chantée, et jamais *à la cantilène* sur laquelle on la chante ; pour lui, c'est la parole qui peint le sentiment, et *non le chant*.

1. Si jamais on introduit un ballet entre les deux actes de l'opéra italien à Louvois, le mal à la tête, et l'état nerveux du second acte étant prévenus, Louvois amusera autant qu'il intéresse, et Feydeau est perdu. Quel dommage pour la gloire nationale!

ou au café, devrait y créer des passions véritables et y former des imaginations hardies. Il n'en est pas ainsi ; ce que le provincial redoute encore le plus, renfermé seul dans son cabinet, c'est le *ridicule* ; le grand objet de sa profonde et haineuse jalousie comme de son respect sans bornes, c'est toujours Paris. Les idées prétentieuses nées du goût singulier des brillants salons de 1770 sont encore dans toute leur gloire en province. Ce qu'il y a de plaisant, c'est que jamais, et pas même en 1770, ces idées n'y furent naturelles, et filles des sentiments réels et actuels de l'habitant d'Issoudun ou de Montbrison [1].

Un musicien savant, M. Castil-Blaze, a eu l'heureuse idée de mettre des paroles françaises sur la musique des opéras de Rossini. Cette musique pleine de feu, rapide, légère, peu passionnée, et si éminemment française, aurait été aussi ennuyeuse qu'elle est piquante, qu'elle eût trouvé le même succès fou sur les théâtres de province. Pour les hommes, n'est-ce pas là ce *Barbier* qui fait *courir tout Paris* ? Quant aux femmes, représentant en France le goût sincère pour la musique, les airs de Rossini se trouvent sur leurs pianos depuis

---

1. *Le Spleen*, conte de M. de Bezenval, mœurs de Besançon

cinq ans. Je crois que les provinciaux seront respectables comme citoyens bien des années avant de l'être comme gens de goût, jugeant bien des arts, et surtout leur devant des jouissances un peu vives. Chose singulière ! des gens si peu exempts de vanité et, à les voir, si remplis d'assurance, sont, dans le fait, les hommes qui se méfient le plus de leur propre manière de sentir, et qui osent le moins se demander avec simplicité si telle chose leur a fait peine ou plaisir. Uniquement attentif au rôle qu'il joue dans un salon, ce que le provincial redoute le plus au monde, c'est de se trouver seul de son avis ; et il n'est pas sûr qu'il fasse froid au mois de janvier ou que le *Renégat* l'ennuie, s'il n'en voit la nouvelle dans les *Feuilles* de Paris [1].

Je ne sais s'il est dans les probabilités que cette pusillanimité en matière de goût quitte de si tôt les gens de province. Ils seront plutôt des héros comme Desaix ou Barnave, Drouot ou Carnot, que des gens d'un goût *simple*, uniquement fondé sur leurs sensations personnelles, et sur la vue sincère de ce qui leur fait peine ou plaisir.

[1]. J'apprends qu'un grand nombre de petites villes ont eu le malheur de prendre à la lettre les louanges ironiques données à *la Caroléide* et à *Ipsiboé*.

Dans cet état des esprits relativement à la musique et aux Beaux-Arts, l'idée lucrative de M. Castil-Blaze déterminera la même révolution musicale en province que l'enseignement de M. Massimino a opérée à Paris. Feydeau tombera dans dix ans et le grand Opéra vingt ans plus tard. Le gouvernement mettra rue Le Peletier l'Opéra italien, et entre les deux actes nos délicieux ballets dansés par les premiers danseurs de l'Europe. C'est alors que le grand Opéra de Paris sera un spectacle unique au monde. Figurez-vous *Otello* chanté par madame Pasta, Garcia et Davide ; et entre les deux actes, le ballet des *Pages du duc de Vendôme*, dansé par mademoiselle Bigottini, madame Anatole, mesdemoiselles Noblet, Legallois et par Paul, Albert et Coulon.

J'ai substitué le chapitre qu'on vient de lire à un autre chapitre dans lequel j'avais cherché à donner l'histoire exacte de la lutte des deux *Barbiers de Séville* à Paris et de la victoire de Rossini, le tout d'après les journaux du temps et le dire de personnes qui suivirent toutes les représentations, soit lorsque le rôle de Rosine était joué par la jolie madame de Begnis, soit lorsque madame Fodor lui succéda, et y eut un succès si brillant et si mérité. Au lieu de raconter des détails peut-être ennuyeux, j'ai cherché à remonter aux sources du goût musical en France, et à indiquer le sens de la révolution qui s'opère dans cette branche de nos plaisirs [1].

[1]. Sans les aristarques de profession, la révolution des arts se ferait mieux et plus vite ; mais, puisque nous sommes condamnés à avoir une Académie française, estimons-la *juste* ce qu'elle vaut. Tâchons de ne pas nous laisser irriter par une contradiction doctorale et *donnée de haut** ; et si par hasard nos adversaires sont un peu pédants, tâchons de ne pas devenir exagérés.

* Paroles des Débats en racontant les injures élégantes adressées aux romantiques par le célèbre M. Villemain, à la clôture ou à l'ouverture de son cours, mars 1823.

CHAPITRE XVIII

OTELLO

Rossini comme Walter Scott, ne sait pas faire parler l'amour ; et quand on ne connaît que par les livres l'amour passion (celui de Julie d'Étanges ou de Werther), il est bien difficile de se tirer de la peinture de la jalousie. Il faut aimer comme la *Religieuse portugaise*, et avec cette âme de feu dont elle nous a laissé une si vive empreinte dans ses lettres immortelles, ou bien l'on est tout à fait incapable d'éprouver cette sorte de jalousie *qui peut être touchante au théâtre*. Dans la tragédie de Shakspeare, on sent qu'aussitôt qu'Othello aura tué Desdemona, il ne pourra plus vivre. En supposant qu'un accident de la guerre eût fait périr le sombre Jago en même temps que sa victime, et qu'à tout jamais Othello eût cru Desdemona coupable, la vie n'aurait plus eu de saveur à ses yeux, si j'ose hasarder ce néologisme italien ; il n'aurait plus valu pour lui la peine de vivre après la mort de Desdemona.

J'espère que vous conviendrez avec moi,

ô mon lecteur, que pour que la jalousie soit touchante dans les imitations des beaux-arts, il faut qu'elle prenne naissance dans une âme possédée de l'amour à la Werther, j'entends de cet amour qui peut être sanctifié par le suicide. L'amour qui ne s'élève pas au moins jusqu'à ce degré d'énergie, n'est pas digne, à mes yeux, d'avoir de la jalousie ; ce sentiment n'est qu'une insolence avec un cœur vulgaire.

L'amour-goût ne donne pour les arts que des inspirations de gaieté et de vivacité. La jalousie qui peut naître de cet amour d'un genre subalterne, est, à la vérité, *féroce* comme l'autre jalousie, mais elle ne saurait être touchante. Ce n'est qu'une jalousie de vanité ; elle est toujours ridicule (comme l'amour des vieillards dans la comédie), à moins que l'être qui l'éprouve ne soit tout puissant par son rang, auquel cas la jalousie veut du sang, et en obtient bien vite. Mais rien de plus abominable au monde et de plus dégoûtant que le sang versé par vanité ; cela nous rappelle sur-le-champ les exploits des Néron, des Philippe II et de tous les monstres couronnés.

Pour que le malheur d'Othello puisse nous toucher, pour que nous le trouvions digne de tuer Desdemona, il faut que si le spectateur vient à y songer, il ne fasse pas le moindre doute que, seul dans la vie après la mort de son amie, Othello ne tardera pas à se percer du même poignard. Si je ne trouve pas cette certitude au fond de mon cœur, je ne puis voir dans Othello qu'un Henri VIII, qui, après avoir fait couper le cou à l'une de ses femmes par quelque jugement bien juste des cours de justice de son temps, n'en est que plus allègre : c'est comme le fat de nos jours qui s'amuse à faire mourir de chagrin une femme qui l'aime.

Cette grande condition morale de l'intérêt, *la vue de la mort certaine d'Othello dans le lointain*, manque entièrement à l'Otello de Rossini. Cet Otello n'est point assez tendre pour que je voie bien clairement que ce n'est pas la vanité qui lui met le poignard à la main. Dès lors ce sujet, le plus fécond en pensées touchantes de tous ceux que peut donner l'histoire de l'amour, peut tomber rapidement jusqu'à ce point de trivialité, de n'être plus qu'un conte de *Barbe-Bleue*.

Je m'imagine que les considérations précédentes auraient semblé bien ridicules au pauvre homme qui a fait le libretto italien ; son office était de nous donner sept à huit situations extraites de la tragédie de Shakspeare, et de les expliquer bien clairement au public. De ces huit situations, deux ou trois seulement devaient être de *fureur* : car la musique n'a pas le pouvoir d'exprimer longtemps la fureur sans tomber dans le *genre ennuyeux*. La première scène de l'*Othello* anglais nous montre Jago qui, suivi de Roderigo, l'amant méprisé de Desdemona, va réveiller le sénateur Barbarigo, et l'avertir qu'Othello a enlevé sa fille. Voilà le sujet d'un chœur.

La seconde situation, c'est Othello qui, pour justifier sa passion aux yeux de son vieux camarade Jago, va jusqu'à lui en laisser voir toute la folie. Il lui avoue que sa jeune maîtresse lui a fait oublier la guerre et la gloire. Voilà un air pour Othello.

La troisième situation nous montre Othello faisant l'histoire de son amour devant le sénat de Venise assemblé pour le juger, adresse admirable du poëte d'avoir su rendre *nécessaire* un récit aussi délicat et si facilement ridicule. On accuse Othello de magie ; son origine africaine, la couleur sombre de ses traits, les croyances du XVIe siècle, tout tend à rendre plausible l'accusation portée par le vieux sénateur Barbarigo, père de Desdemona. Othello raconte, pour se justifier, la manière simple dont il a su gagner le cœur de sa jeune épouse ; il lui a fait l'histoire de sa vie, remplie d'événements étranges et de périls

extrêmes. Un sénateur s'écrie : « Je ne vou-
« drais pas que ma fille eût entendu les
« récits d'Othello. » Desdemona arrive récla-
mée par son père ; et devant cette auguste
assemblée, cette jeune fille timide, mécon-
naissant la voix de l'auteur de ses jours, se
jette dans les bras d'Othello, auquel le
vieux sénateur irrité crie : «*Maure, rappelle-
« toi qu'elle a trahi son père, elle pourra bien
« un jour trahir son époux.* » Voilà, ce
me semble, un quintetto admirable, car
il y a de l'amour tendre, de la fureur, de la
vengeance, une progression marquée, un
chœur de sénateurs vivement touchés de
l'étrange scène qui vient troubler leurs
délibérations au milieu de la nuit ; et le
spectateur comprend bien clairement tout
cela.

Voilà trois scènes de suite qui nous mon-
trent Othello amoureux à la folie, et qui de
plus nous intéressent à son amour, en nous
faisant connaître en détail comment,
malgré la couleur cuivrée de son teint, il a
pu gagner le cœur de Desdemona, chose
fort nécessaire ; car nous ne pouvons plus
voir de défauts physiques dans un amant
préféré. Si jamais un tel homme tue sa
maîtresse, ce ne sera pas par *vanité*, cette
idée affreuse est à jamais écartée. Par quoi
le faiseur de libretto italien a-t-il remplacé
cette situation parfaite d'Othello racontant

devant nous l'histoire de ses amours ? Par une entrée triomphale d'un général vainqueur, moyen heureux et neuf, qui depuis cent cinquante ans fait la fortune du grand Opéra français, et paraît sublime au provincial étonné.

Cette entrée triomphale est suivie d'un récitatif et d'un grand air,

Ah ! si per voi gia sento,

qui ne manquent pas de nous montrer d'abord Othello à travers son orgueil, et ses mépris superbes pour l'ennemi qu'il a vaincu. Or l'orgueil dans le cœur d'Othello était précisément la chose au monde dont il fallait le plus écarter toute idée.

Après cette cruelle ineptie d'être allé choisir un lieu commun qui fait contre-sens, il n'y a plus rien à dire du *libretto.* Il fallait que le génie de Rossini sauvât l'opéra, non pas malgré la sottise des paroles, rien de plus commun, mais malgré le *contre-sens des situations*, ce qui est bien autrement difficile.

Pour opérer un tel miracle, il fallait à Rossini un genre de mérite que peut-être il n'a pas. J'avoue que je le soupçonne violemment de n'avoir jamais aimé jusqu'au point d'en être *ridicule*. Depuis que la grande passion est en faveur dans la haute société[1], tout le monde voulant être comme la haute société, j'ai le malheur de ne pouvoir croire à l'amour-passion qu'autant qu'il se trahit par des effets ridicules.

Le pauvre Mozart, par exemple, a été toute sa vie bien près de ce ridicule ; il est vrai que cette vie s'est terminée avant trente-six ans. Dans le plus gai des sujets, *les Noces de Figaro*, il ne peut s'empêcher de faire de la jalousie sombre et touchante : rappelez-vous l'air

> Vedrò mentr'io sospiro
> Felice un servo mio !

et le duetto

> Crudel perchè finora ?

Le spectateur voit à l'instant que quand cette jalousie-là conduirait à un crime, il faudrait en accuser le délire d'un cœur torturé par la plus affreuse douleur dont l'âme humaine soit susceptible, et non par la *vanité blessée*. Rien de pareil dans tout l'opéra de Rossini ; nous trouverons toujours de la *colère* au lieu du profond malheur ; nous verrons toujours la vanité

---

[1]. L'abbé Girard, observateur ingénieux, écrivait en 1746 : « L'usage, qui permet la galanterie aux femmes mariées leur défend la passion ; elle serait ridicule chez elles. » (*Synonymes*, article *Amour*.)

blessée d'un être tout puissant sur le sort de sa victime, au lieu de la douleur horrible et digne de pitié de l'amour-passion trahi par ce qu'il aime.

Il fallait deux *duetti* avec Jago : le premier, dans lequel le monstre donne à Othello les premiers germes de jalousie. Othello aurait répondu aux perfides insinuations de Jago par des transports d'amour et des louanges de Desdemona.

La fureur aurait été réservée pour le second duetto au second acte, et même dans ce duetto il y aurait eu deux ou trois retours de tendresse. Mais l'auteur du libretto était un littérateur trop instruit pour imiter un barbare tel que Shakspeare, il a bravement volé la lettre sans adresse qui fait le dénouement des tragédies de Voltaire ; et un moyen qui chez nous ne tromperait pas un joueur à la rente pour une affaire de deux cents louis, abuse sans difficulté des hommes tels qu'Orosmane, Tancrède, Othello. Par je ne sais quel patriotisme d'antichambre, dont on lui sut fort bon gré à Naples, le poëte voulut en revenir à l'antique légende italienne[1] qui a fourni à Shakspeare les incidents de sa tragédie. Il est vrai que ménageant mal les moyens qu'il pille, il ne met pas même

1. *Cento novelle* di G. B. Giraldi Cinthio, partie 1, décade 3, nouvelle 7, pag. 313-321, édition de Venise, 1608.

d'incertitude et de retour à l'amour expirant dans le cœur d'Othello : on peut dire que de toutes les niaiseries du libretto, celle-ci est la plus plaisante. Le moindre roman copié de la nature eût appris au littérateur estimable que je prends la liberté de critiquer, que le cœur humain rend plus d'un combat, est agité par plus d'un doute, avant de renoncer pour toujours au bonheur suprême et le plus grand qui existe sur cette terre, de ne voir que des perfections dans l'objet aimé. Ce qui sauve l'*Otello* de Rossini, c'est le souvenir de celui de Shakspeare. Ce grand poëte a fait d'Othello un personnage aussi historique et aussi réel pour nous que César ou Thémistocle. Le nom d'Othello est synonyme de jalousie passionnée, comme le nom d'Alexandre de courage indompté ; et l'on ferait fuir Alexandre sur la scène, qu'il ne nous paraîtrait pas un lâche pour cela ; nous dirions : C'est le poëte qui ne sait pas son métier. Comme la musique d'*Otello* est admirable sous tous les rapports *autres que celui de l'expression*, nous nous faisons une illusion facile sur le mérite qui lui manque ; car rien ne dispose mieux à *imaginer* un mérite qui n'existe pas, que l'admiration soudaine ; c'est le secret connu des improvisateurs italiens. Nous sommes si étonnés de voir faire aussi vite que la parole des vers, chose fort difficile à nos yeux, que presque toujours ces vers nous semblent admirables le soir, sauf à les trouver fort plats le lendemain, si quelque indiscret commet la double trahison de les écrire et de nous les montrer.

Dans *Otello*, électrisés par des chants *magnifiques*, transportés par la beauté incomparable du sujet, nous faisons nous-mêmes le *libretto*.

Les acteurs d'Italie, entraînés par la magie que Shakspeare a attachée à ce nom fatal d'Othello, ne peuvent s'empêcher de dire le récitatif avec une nuance de sensibilité *vraie et simple* qui manque trop souvent aux morceaux de musique écrits par Rossini. Les acteurs qui représentent Othello à Paris ont trop de talent pour que je puisse les citer en exemple de cet effet, en quelque sorte involontaire, que produit le grand nom d'Othello ; mais je puis assurer que je n'ai jamais vu chanter d'une manière insignifiante les récitatifs de Desdemona. Tout Paris connaît l'entrée de madame Pasta, et la manière simple et sombre dont elle dit :

Mura infelici ogni dì m'aggiro !

Avec de tels talents, toute illusion devient

facile, et nous parvenons bien vite à trouver pleine de sensibilité et de cette empreinte fatale qui fait dire à Virgile que Didon *est pâle de sa mort future*[1], une partition, d'ailleurs écrite avec beaucoup de feu, et qui est un chef-d'œuvre dans le style magnifique[2].

Si l'on veut absolument trouver de l'amour dans les œuvres de Rossini, il faut avoir recours à son premier ouvrage, *Demetrio e Polibio* (1809); dans *Otello* (1816), il n'a deviné les accents du cœur que dans le rôle de Desdemona, et particulièrement dans le charmant duetto :

Vorrei che il tuo pensiero ;

car, dussé-je vous impatienter et tomber tout à fait dans le paradoxe à vos yeux, la romance est *triste* et non pas *tendre*. Demandez aux femmes coquettes combien l'un de ces tons est plus facile à trouver que l'autre.

M. Caraffa, compositeur qui n'est pas au

---

1. *Pallida morte futura.*

2. Les tableaux de Paul Véronèse, *Venise triomphante*, par exemple, sont aussi des chef-d'œuvre dans le *style magnifique;* ce style est beaucoup plus généralement goûté que celui de Raphaël ; mais enfin, pour la juste expression des passions, il faut en revenir aux chambres du Vatican.

rang de Rossini, a un air d'*adieu* (à la fin du premier acte des *Titans de Vigano* [1] qui donne sur-le-champ l'idée de l'*extrême tendresse*. Qu'Othello chante un tel duetto au premier acte, en quittant Desdemona, à la suite d'un rendez-vous périlleux, il y aura des larmes dans tous les yeux, et cette tendresse sera d'autant plus touchante que le spectateur sait bien quel genre de mort est réservé à Desdemona. Je ne vois que de la *colère* dans les cris d'Othello, et, ce qui est bien pis, de la colère provenant de vanité offensée.

Le principal motif et le *crescendo* de l'ouverture sont plus éclatants que tragiques ; l'*allegro* est fort gai.

J'approuve beaucoup cette idée au commencement d'un drame aussi sombre ; car ce qui m'intéresse, c'est le *changement* qui a lieu dans l'âme d'Othello, si heureux au moment où je le vois enlever sa maîtresse, et digne d'être cité en exemple des misères humaines lorsqu'il la tue au dernier acte. Mais, je le répète, pour que ce contraste sublime, parce qu'il est dans la nature des choses, et que tout amant passionné peut craindre un sort semblable, se

---

1. Cet air appartient à la *Gabrielle de Vergy*, l'un des chefs-d'œuvre de M. Caraffa. C'est le duetto.

Oh istante felice

retrouve dans l'opéra, il faut qu'il commence par une peinture vive et fortement colorée du bonheur d'Othello, et de son amour tendre et dévoué. Dans ce système, l'expression de la fureur serait réservée pour la fin du second acte ; au troisième, c'est un parti pris, Othello accomplit un sacrifice [1].

[1]. Voir la manière admirable dont M. Kean joue ce dernier acte, et l'enthousiasme de tendresse avec lequel, entendant la prière de Desdemona, il s'écrie : *Amen! amen! With all my soul!* Je ne trouve rien de comparable à l'Angleterre pour la déclamation et les jardins.

CHAPITRE XIX

SUITE D'OTELLO

Le solo de clarinette, dans l'ouverture, inspire des idées touchantes, mais non pas touchantes par suite de malheurs vulgaires (effet ordinaire de nos romances qui ont de l'effet). Il y a une grâce noble..

Je trouve plus de grâce et de légèreté que de majesté et de grandiose dans le premier chœur :

> Viva Otello, viva il prode !

ce chœur est écrit avec infiniment d'esprit.

Le récitatif d'Othello qui s'avance :

> Vincemmo, o padri !

est entremêlé de teintes de tristesse dans l'accompagnement. Au moment où le chant d'Othello triomphe, l'accompagnement dit : *Tu mourras*.

Rossini s'étant une fois résigné à suivre les contre-sens du *libretto*, il a dû renoncer à peindre le bonheur d'Othello, et placer des teintes de mélancolie dès son premier air :

> Ah ! si per voi gia sento.

Nozzari, qui chanta le rôle d'Othello que Rossini avait écrit pour Garcia, exprimait avec un rare bonheur les nuances de tristesse placées sur ces paroles :

> Deh ! amor dirada il nembo
> Cagion di tanti affanni !

Sa superbe figure, qui a quelque chose d'imposant et de mélancolique, l'aidait beaucoup à rendre sensibles au spectateur certains effets auxquels le faiseur du libretto n'avait probablement pas songé. Je me souviens que les Napolitains virent avec étonnement la beauté des gestes et la grâce toute nouvelle que Nozzari trouvait pour le rôle d'Othello ; il n'était pas coutumier du fait. Peut-être tous les rôles qui présentent les extrêmes des passions sont-ils assez faciles à jouer. J'ai toujours vu essayer avec succès le rôle du père dans *l'Agnese* (opéra de M. Paër) ; nous avons à Paris sept ou huit bons acteurs, MM. Perlet, Lepeintre, Samson, Monrose, Bernard-Léon, etc., etc. Remarquez qu'ils brillent tous dans des rôles chargés, tandis que je ne vois pas au théâtre un seul amoureux passable. Peu de personnes ont vu les extrêmes des grandes passions ou des ridicules ; nous rencontrons tous les jours des amoureux.

Il y a beaucoup de feu dans le duetto entre le sombre Jago et le jeune fat Roderigo :

No, non temer : serena il mesto ciglio,
Fidati all' amistà, scorda il periglio.

Je ne doute pas que l'un des grands secrets du *maestro* qui est destiné à faire oublier Rossini, ne soit de revenir entièrement, et de bonne foi, au genre simple. Si l'on met une si grande force et un tel tapage d'orchestre dans un simple duetto entre deux personnages secondaires, et qui de plus sont d'accord entre eux, que nous restera-t-il pour les fureurs d'Othello et pour ses *duelli* avec Jago ?

La grande louange que mérite cette partition de Rossini, son chef-d'œuvre dans le style fort et allemand, c'est qu'elle est pleine de feu : c'est un volcan, disait-on à *San-Carlo*. Mais aussi cette force est toujours la même ; il n'y a point de nuances ; nous ne passons jamais du grave au doux, du plaisant au sévère ; nous sommes sans cesse dans les trombones. Ce qui ajoute encore à cette monotonie de la force, qui est le sublime aux yeux des gens peu doués pour les arts, c'est l'absence des récitatifs ordinaires. Les récitatifs d'*Otello* sont toujours obligés comme ceux du grand opéra français. Il fallait réserver cette ressource pour le dernier acte. Vigano montra bien plus de génie dans son ballet d'*Otello*, qu'il eut la hardiesse de commencer par une *fourlane*[1].

Dans le second acte, Vigano eut encore le bon esprit de placer une grande scène dans le genre noble et doux : c'est une fête de nuit qu'Othello donne dans ses jardins ; c'est au milieu de cette fête qu'il devient jaloux. Aussi, en arrivant au dernier acte du ballet de Vigano, nous n'éprouvions pas la satiété du *terrible* et du fort ; et bientôt les larmes étaient dans tous les yeux. J'ai très rarement vu pleurer à l'*Otello* de Rossini.

Dans l'*Otello* tel qu'on l'a arrangé pour Paris, le superbe récitatif de madame Pasta

Mura infelici ogni di m' aggiro,

compense en partie les inepties du libretto et de la fausse route dans laquelle il a contribué à entraîner Rossini. Mais le

---

[1]. Sorte de danse fort vive, nationale dans le Frioul ; la seconde partie est toute mélancolique. Vigano est un homme de génie, connu seulement en Lombardie, où il est mort en 1821, après avoir donné les ballets d'*Otello*, de *Myrrha*, de *la Vestale*, de *Prométhée*, etc., etc.

mérite en est uniquement à madame Pasta ; ce récitatif, dit par une grande cantatrice du Nord, par madame Mainvielle, par exemple, ne serait nullement remarqué, et ne donnerait plus cette belle teinte de douce mélancolie dont je sens si cruellement l'absence dans la partition de Rossini. Madame Pasta y place des agréments que l'on peut dire sublimes ; aussi le public l'applaudit-il encore plus dans le récitatif que dans l'air

O quante lagrime
Finor versai,

qu'on a pris dans la *Donna del Lago* de Rossini, et qui fut écrit par ce grand maître pour la superbe voix de contre-alto de mademoiselle Pisaroni. Je ne puis trouver de louanges assez frappantes pour la manière dont madame Pasta dit ces mots :

Ogn' altro oggetto
È a me funesto,
Tutto è imperfetto,
Tutto detesto[1].

1. « Toute autre vue est funeste pour moi ; tout m'importune, tout me semble odieux. »
Il y a un feu et une *force contenue* admirable dans la manière dont madame Pasta dit ce mot, *detesto*, tout à fait dans le bas de sa superbe voix. Ce son retentit dans tous les cœurs.

Heureuse et belle langue italienne, dans laquelle on peut écrire de telles choses sans paraître exagéré et sans encourir le ridicule! Et pourtant ces paroles peignent sans nulle exagération, et avec une naïveté parfaite, une manière de sentir, une époque de sentiment, si j'ose parler ainsi, qui se rencontre toujours dans l'amour-passion. Cet air est magnifique, mais je le trouve d'une tristesse trop profonde et surtout trop sérieuse. L'effet général de l'opéra aurait gagné à ce que le choix de madame Pasta tombât sur un air d'*amour tendre*, écrit dans un style doux et touchant. Mais peut-être a-t-on redouté le reproche d'uniformité, le caractère que je viens d'indiquer étant précisément celui que Rossini a donné à l'admirable duetto

Vorrei che il tuo pensiero,

qui commence avec tant de génie sans être précédé d'aucune ritournelle. Ce duetto, quand il a le rare bonheur d'être bien chanté, m'a toujours semblé le chef-d'œuvre de la pièce. Il rappelle la pureté et la simplicité de style de l'auteur de *Tancrède*, et il a plus de feu et de hardiesse dans la cantilène. Je n'ai jamais rencontré ce duetto au théâtre tel qu'il peut être dit. En revanche, il y a un salon à Paris où j'ai eu le bonheur de l'entendre chanter cet hiver d'une manière sublime, et par deux voix françaises : je trouvais la perfection de madame Barilli réunie à une chaleur de sentiment que cette grande cantatrice laissait quelquefois désirer.

Il y a encore de bien beaux souvenirs des idées fraîches et jeunes de *Tancrède* dans le chœur

Santo imen, te guidi amore !

C'est toute la suavité de la jeunesse du génie unie à une vigueur que le jeune maestro n'osait pas encore se permettre dans *Tancrède* et dans *Demetrio e Polibio*. Ce chœur, bien chanté, est l'un des plus beaux morceaux que l'on puisse placer dans un concert. C'est encore un exemple de la perfection de l'union de l'harmonie allemande avec la mélodie de la belle Parthénope[1].

Le *finale* qui suit,

Nel cuor d'un padre amante,

passe en général pour un des chefs-d'œuvre de Rossini. On peut dire avec vérité qu'aucun des rivaux de ce grand maître n'a pu s'élever à un morceau semblable. On ne l'a

---

1. .... *Tenet nunc, Partenope.* (VIRGILE).

jamais entendu à Paris tel qu'il était à Naples. Nous avions à *San-Carlo*, Davide pour le rôle de Roderigo, et Benedetti, une excellente voix de basse, pour le rôle du père de Desdemona. Ce n'est pas qu'à Paris la voix de M. Levasseur ne soit magnifique, mais cet acteur est timide.

Davide était au-dessus de tout éloge dans

Confusa è l'alma mia,

et dans toute la suite du *finale*[1]. Quelle que soit la niaiserie des paroles, Davide était divin dans

Ti parli l'amore,
Non essermi *infida*.

Ce terzetto entre mademoiselle Colbrand, Davide et Benedetti, était ce que l'amateur le plus difficile peut désirer de plus parfait. Il se passe quelquefois des années, dans les théâtres les plus célèbres, sans que l'on rencontre un morceau chanté comme le fut celui-ci. A Paris, par exemple, où nous avons eu Galli et madame Pasta, ces grands

---

[1]. Il ne faut qu'un petit accident dans la santé de cet aimable artiste pour rendre extrêmement déplacées toutes ces louanges. Je parle du Davide de 1816 et 1817. Je prie le lecteur de placer ce correctif à côté de tous les jugements que l'on porte des voix des chanteurs dans le courant de cette biographie.

artistes ne se sont fait entendre ensemble que dans la *Camilla* de M. Paër.

L'entrée d'*Otello* est superbe. Voici enfin une de ces situations que réclame la musique, et il faut convenir que Rossini l'a traitée avec tout le feu possible. C'est là que les richesses du style et de l'harmonie à la Mozart sont bien placées. Mais, suivant ma manière particulière de sentir, ici seulement elles devraient paraître pour la première fois. Garcia s'acquitte fort bien à Paris du rôle d'Othello ; il le joue avec feu et fureur ; c'est le véritable Maure.

La lutte des deux ténors Nozzari et Davide était au-dessus de toute louange dans ce dialogue :

> Roderigo. — E qual diritto mai,
> ....
> Per renderlo infedel ?
> Otello. — Virtù, costanza, amore.

Dans la cantilène de ces trois mots, Rossini a été l'égal de Mozart, c'est-à-dire qu'il a su se placer au niveau de ce grand homme, dans le genre où Mozart a le plus approché de la perfection. Il est impossible de rien écrire de plus beau comme musique et en même temps de plus vrai, de plus fidèle au véritable accent de la passion, et de plus éminemment dramatique ; mais il faut absolument Davide et Nozzari luttant ensemble de perfection, et animés par l'émulation la plus vive. Quant à la partie de Desdemona, madame Pasta la chante et surtout la joue vingt fois mieux que mademoiselle Colbrand. Elle dit d'une manière sublime

> È ver : giurai.

Tout le monde connaît

> Impia, ti maledico[1].

Voilà l'effet le plus fort que la musique puisse produire. Haydn n'a rien de mieux. Rossini vola ce passage dans l'*Adelina* de Generali.

Le chœur qui suit est superbe :

> Ah ! che giorno d'orror !

Si l'auteur du libretto n'était pas le dernier des hommes comme poëte, la musique de

> Impia, ti maledico

aurait dû exprimer ces paroles d'Othello,

> Va, je ne t'aime plus,

qu'Othello hors de lui aurait adressées à

1. Va, malheureuse ! je te maudis.

Desdemona en lui montrant le mouchoir fatal qu'elle vient de donner à son rival Roderigo.

Qu'avons-nous à faire, dans un tel sujet, du sénateur *Elmiro*, père de Desdemona, et de sa colère d'orgueil ? Il s'agit d'un spectacle bien autrement touchant, bien autrement près de tous les cœurs, un amant passionné qui maudit la femme qu'il adore et qui va lui donner la mort.

Il n'est point d'amour véritable, quel que soit son bonheur actuel, qui ne puisse redouter cette catastrophe, l'apercevoir en quelque sorte dans le lointain ; et toutes les grandes passions sont craintives et superstitieuses. Voilà l'aperçu sublime qu'on a sacrifié à la colère d'orgueil d'un vieux sénateur plus ou moins Cassandre, et qui ne veut pas de mésalliance dans sa famille. Mes regrets sont si profonds, que j'espère que quelque âme charitable refera des paroles qui aient le sens commun pour la musique de Rossini.

Incerta l'anima

exprime, avec un rare bonheur, le premier moment de repos par fatigue, par impossibilité de continuer à être ému à ce point, qui succède dans le cœur humain à une impression horrible. C'est ici que le feu du génie de Rossini le sert admirablement. Mozart est sujet à manquer un peu de vivacité et de rapidité dans des moments semblables.

Smanio, deliro e tremo,

de *Desdemona*, termine dignement ce magnifique *finale*. Je m'arrête et cesse de louer, de peur de paraître exagéré. Telle est la beauté de ce morceau, qu'on ne sait comment en faire l'éloge ou la description. Je rappelle seulement que, quel que soit le succès de ce finale à Louvois, nous n'en avons ici que la copie, et une copie décolorée. Il faut un Davide pour le rôle de Roderigo, et un père qui chante sa partie avec l'*abandon* que Galli portait dans le second acte de la *Gazza ladra*, lorsqu'il paraît devant le tribunal [1].

SECOND ACTE

Le manque d'un grand chanteur pour

---

1. Les savants disent que le trio du *finale* du premier acte d'*Otello* rappelle un trio de *Don Juan;* l'accompagnement de clarinette est le même. L'accompagnement de l'orchestre pendant qu'Othello lit le billet fatal que Jago lui a remis (duetto du second acte) est à ce qu'on assure, un fragment d'une symphonie de Haydn, en *mi bémol*.

le rôle de Roderigo, fait que l'on passe, à Paris, l'air

> Che ascolto ! ohimè ! che dici ?

C'est une esquisse brillante de la situation que Corneille a rendue avec tant de force dans *Polyeucte*, la douleur d'un amant qui, au plus fort de sa passion, apprend que la femme qu'il aime est mariée à un autre. Ici Roderigo reçoit cette déclaration fatale de la bouche de Desdemona.

Dans le grand duetto entre Othello et Jago,

> Non m'inganno, al mio rivale,

le cruel auteur du libretto a enfin consenti à nous laisser jouir d'une des situations de ce beau sujet. Voici enfin Jago entraînant dans le précipice le malheureux Othello. La musique est fort bien. Il y a une grande expression et beaucoup de vérité dramatique dans ce dialogue :

> JAGO. — Nel suo ciglio il cor li vedo.
> OTELLO. —*Ti son fida*... Ahimè ! che vedo?
> JAGO. — Quanta gioja io sento al cor.

A la représentation d'hier (26 juillet 1823), une des plus sublimes que madame

Pasta ait jamais données, ce rôle de *Jago* a enfin été bien joué par un débutant digne des encouragements du public[1] ; il a fort bien dit cette cantilène si vraie :

> Gia la fiera gelosia.

En revanche, où trouver des paroles pour exprimer l'accident fâcheux arrivé au terzetto

> Ah vieni, nel tuo sangue,

si divinement chanté à Naples par Davide et Nozzari ? Madame Pasta seule est au niveau de la musique dans la fin de ce beau terzetto

> Tra tante smanie e tante.

La manière dont elle s'évanouit est sublime de simplicité et de naturel. Elle parvient à rendre intéressant un accident trivial à la scène, un accident qui peut-être est du nombre de ces effets de la nature qui, déshonorés par l'ironie moderne, ne sont touchants que dans la réalité, et doivent être abandonnés par l'imitation dramatique.

1. M. Giovanola de Lodi. Il m'a un peu rappelé l'inimitable Bocci, qui faisait Jago dans le ballet de Vigano.

Il y a un fort beau passage d'orchestre, *agitato*, dans l'air de *Desdemona* au moment de l'arrivée de ses femmes :

> Qual nuova a me recate ?

On remarque dans cet air un moment de joie qui produit un bel effet, surtout à cause du contraste avec l'expression sombre et terrible de tout le second acte :

> Salvo del suo periglio ?
> Altro non chiede il cor.

Rossini s'élève de nouveau à toute la hauteur de la situation, dans le passage si célèbre à Paris, grâce à madame Pasta,

> Se il padre m'abbandona,

C'est un des moments où j'ai senti avec le plus d'évidence la supériorité de cette grande actrice sur mademoiselle Colbrand.

Si nous n'étions pas accoutumés à l'esprit de l'auteur du libretto, nous lui dirions encore ici : Qu'avons-nous à faire de la douleur d'un père ? Apprenez que le cœur humain n'est susceptible que d'une grande passion à la fois, et que c'est à son amant, furieux de jalousie, et non à son père, que *Desdemona*, abandonnée par sa famille et perdue de réputation, doit dire :

> Se Otello m'abbandona
> Da chi sperar pietà ?

Le troisième acte est beaucoup mieux en situation que les deux autres. L'enchaînement des douleurs de la pauvre Desdemona est ménagé avec assez d'art. Elle paraît dans sa chambre à une heure avancée de la nuit ; elle avoue à son amie les sombres pensées où la plonge la nouvelle de l'exil d'Othello son époux, que le conseil des Dix vient de bannir des pays vénitiens : on entend un gondolier qui, en passant sur la lagune, chante ces beaux vers du Dante :

> Nessun maggior dolore
> Che ricordarsi del tempo felice
> Nella miseria [1].

La pauvre Desdemona, hors d'elle-même, s'approche de la fenêtre en s'écriant : Qui es-tu, toi qui chantes ainsi ? C'est alors que son amie lui fait cette réponse touchante :

> È il gondoliere che cantando inganna
> Il cammin sulla placida laguna
> Pensando ai figli, mentre il ciel s'inbruna.

1. Il n'est pas de plus grande douleur que de se souvenir des temps heureux au sein de la misère.

Il y a du bonheur dans la manière dont est écrit ce petit morceau de récitatif obligé. Le chant du gondolier rappelle à la jeune Vénitienne le sort de l'esclave fidèle qui, achetée en Afrique, éleva son enfance et mourut loin de sa patrie. Desdemona, en parcourant sa chambre à pas précipités, se trouve auprès de sa harpe, qui, dans les grands théâtres d'Italie, reste immobile au côté gauche de la scène. Le lit fatal est au milieu. Desdemona cède à la tentation de s'arrêter près de sa harpe ; elle chante la romance de l'esclave africaine sa nourrice :

Assisa al piè d'un salice.

Il était difficile de mieux amener ce chant, il faut le dire à la gloire de l'auteur du libretto (M. le marquis Berio, aussi aimable comme homme de société qu'il était privé de talents comme poëte). Il y a peu à dire à la gloire de Rossini. Cette romance est bien écrite, elle est d'un style sage, et voilà tout. Elle doit son grand effet à la situation, et, à Paris, à la manière admirable dont madame Pasta la joue.

Au milieu de la romance, la pauvre Desdemona, égarée par sa douleur, oublie le chant de sa nourrice. A ce moment, un coup de vent violent vient briser un panneau de vitrage de la croisée gothique de sa chambre ; ce simple accident paraît un présage du plus sinistre augure à la pauvre affligée[1]. Elle reprend un instant sa romance, mais les larmes l'empêchent de continuer. Elle se hâte de quitter la harpe et de congédier son amie. Il est impossible, dans une telle situation, de ne pas se rappeler Mozart, et ici un souvenir est un regret profond[2].

Desdemona, restée seule au milieu de cette nuit terrible, et pendant que les éclats du tonnerre continuent à faire trembler le palais qu'elle habite, adresse au ciel une courte prière, dont le chant n'est pas encore tout ce qu'il pourrait être, mais qui parut cependant bien supérieur à la romance.

Elle s'approche de son lit dont les rideaux qui tombent la dérobent aux spectateurs.

Ici s'exécute, dans les grands théâtres d'Italie, une ritournelle superbe, que la mesquinerie pitoyable de la décoration de Louvois a obligé de supprimer à Paris. Pendant cette ritournelle, on aperçoit à une grande distance, tout à fait au fond de la scène, Othello qui, une lampe à la

---

1. Il était d'un grand effet à Naples, où l'on croit à la *jettatura*.
2. Chant de la statue dans *Don Juan;* désespoir de D. Anna quand elle aperçoit le cadavre de son père.

main et son *cangiar* nu sous le bras, pénètre dans l'appartement de son amie en descendant l'escalier étroit d'une tourelle. Cet escalier, qui se déploie en tournant, fait que la figure frappante d'Othello, éclairée par sa lampe, au milieu de cette vaste obscurité, disparaît plusieurs fois pour reparaître ensuite, suivant les détours du petit escalier qu'il est obligé de suivre ; la lame du *cangiar* nu, que l'on voit briller de temps à autre éclairée par la lampe, apprend tout au spectateur et le glace d'effroi. Othello arrive enfin sur le devant de la scène, il s'approche du lit, il écarte le rideau. Toute description est ici superflue. Il faut se rappeler la figure superbe et la profonde émotion de Nozzari. Othello pose sa lampe ; un coup de vent l'éteint. Il entend Desdemona qui s'écrie dans son sommeil : *Amato ben !* Les éclairs se succèdent rapidement désormais, comme dans un orage des pays du Midi, et portent la lumière dans cette chambre funeste. Heureusement pour le spectateur qu'il n'entend pas la cruelle sottise de l'auteur du libretto, qui, dans un tel moment, songe encore à faire de l'esprit. Othello s'écrie :

    Ah ! che tra i lampi, il cielo
    A me più chiaro il suo delitto addita[1]. !

---

1. *Ah! le ciel par ses feux rend son crime plus clair à mes yeux!* Cela veut dire que l'éclair lui fait voir que Desdé-

Desdemona se réveille : il y a un duetto assez peu digne de la situation. Othello saisit son *cangiar*, Desdemona se réfugie vers son lit ; comme elle y arrive, elle reçoit le coup mortel. Les rideaux cachent l'affreux spectacle qui a lieu tout au fond de la scène. Au même moment on entend de grands coups à la porte, et le doge paraît... La suite est connue.

Ce fut à une représentation d'*Otello*, à Venise, dans une de ces soirées de tristesse, ou plutôt de pensive mélancolie, qui, dans les pays du Midi, se rencontrent au milieu de la vie la plus heureuse, qu'à propos des malheurs qui poursuivent les amants véritables, madame Gherardi, de Brescia, nous conta l'histoire d'Hortensia et de Stradella. Elle produisit sur nous un effet que peut-être elle ne fera pas sur le lecteur ; cette histoire est d'ailleurs fort connue : malgré tant de désavantages, la voici. Rien n'est ajouté à la vérité ; le trait est historique, et peint les mœurs et même le gouvernement de Venise.

Alessandro Stradella était en 1650 le chanteur le plus célèbre de Venise et de toute l'Italie. La composition de la musique

---

mona est endormie, et que les mots *caro ben* (toi que j'aime) sont adressés en songe à l'homme qu'elle aime, et non pas à lui Othello, qui s'avance, et qu'elle ne peut pas voir s'approcher, puisqu'elle dort.

était fort simple à cette époque ; le maestro n'écrivait presque qu'un canavas ; le chanteur était beaucoup plus créateur qu'il ne l'est aujourd'hui, et c'était son génie qui devait trouver presque tous les traits qu'il exécutait. C'est Rossini qui s'est avisé le premier d'écrire exactement tous les ornements, toutes les *fioriture* que le chanteur doit exécuter. On était bien éloigné de ce système en Italie, vers 1650. Il suivait de là que le charme de la musique était bien plus inhérent à la personne du chanteur, et l'on trouvait qu'aucun de ceux qui étaient alors à la mode n'approchait de Stradella : c'était un proverbe qu'il était le maître du cœur de ses auditeurs. Il vint jouir de sa gloire à Venise, alors la capitale la plus brillante de l'Italie et la ville la plus renommée pour les plaisirs dont on y jouissait et la galanterie de ses mœurs. Stradella fut reçu avec empressement dans les maisons les plus distinguées, et les dames de la première noblesse se disputèrent l'avantage de prendre de ses leçons. Il rencontra dans le monde Hortensia, dame romaine d'une haute naissance, alors veuve, et qui était publiquement courtisée par un noble vénitien d'une des familles les plus puissantes de la république. Il s'en fit aimer. Stradella, dont madame Gherardi nous fit voir le portrait dans le palais d'une de ses amies, le lendemain du jour où elle nous conta son histoire, portait sur une superbe figure une empreinte profonde de mélancolie, et de grands yeux noirs remplis de ce *feu contenu* qui fait tant d'impression. La perfection où l'école du Titien et du Giorgione avait porté à Venise l'art du portrait, permet encore aujourd'hui de juger parfaitement de la physionomie de Stradella. On n'a pas de peine à croire qu'un tel homme, distingué d'ailleurs par un grand talent, ait pu être aimé avec passion et l'emporter sur un grand seigneur, quoique lui-même sans fortune ; il enleva Hortensia au noble vénitien. Les deux amants ne devaient plus songer qu'à sortir rapidement du territoire de la république. Ils se retirèrent à Rome, où ils se firent passer pour mariés. Mais, redoutant la vengeance du Vénitien, ils ne se rendirent point directement dans la patrie d'Hortensia ; ils firent de grands détours, et, une fois arrivés, prirent un logement dans une partie de Rome fort déserte, et évitèrent de paraître dans les lieux fréquentés. Les assassins que le noble vénitien avait lancés à leur poursuite furent longtemps à les découvrir. Après les avoir inutilement cherchés dans les principales villes d'Italie, ils arrivèrent à Rome un soir qu'il y avait une grande *funzione* accompagnée de musique dans l'église de Saint-Jean-de-Latran; ils y entrèrent avec la foule, ils virent Stradella. Ravis d'avoir enfin trouvé leur victime au moment où ils désespéraient presque de la rencontrer, ils résolurent de ne pas perdre de temps et d'exécuter la commission pour laquelle ils étaient payés, au sortir même de Saint-Jean-de-Latran ; ils se mirent à parcourir l'église dans tous les sens, pour voir si Hortensia ne serait pas parmi les spectateurs. Ils étaient tout occupés de leurs recherches, lorsque, après d'autres morceaux exécutés par des artistes vulgaires, Stradella commença enfin à chanter. Ils s'arrêtèrent, ils écoutèrent malgré eux cette voix sublime. Ces assassins l'avaient à peine entendue quelques instants, qu'ils se sentirent touchés : il n'y avait au monde qu'un seul artiste de cette perfection, et ils allaient éteindre pour jamais une voix si touchante ! Ils eurent des remords, ils répandirent des larmes, et enfin le grand morceau de Stradella n'était pas fini qu'ils ne songeaient plus qu'à sauver les amants, dont, en recevant leur salaire, ils avaient juré la mort sur le livre des saints Évangiles. La cérémonie terminée, ils attendent longtemps Stradella en dehors de l'église ; ils le voient enfin sortir par une petite porte dérobée, avec Hortensia. Ils s'approchent, le remercient du plaisir qu'il vient de leur donner, et lui avouent que c'est à l'impression que sa voix a faite sur eux et à l'attendrissement qu'elle leur a donné qu'il est redevable de la vie ; ils lui expliquent l'affreux motif de leur voyage, et lui conseillent de quitter Rome sans délai, afin qu'ils puissent faire croire au Vénitien jaloux qu'ils sont arrivés trop tard.

Stradella et son amie comprennent toute l'importance du conseil qu'on leur donne, frètent un navire, s'embarquent le même soir sur le Tibre, vont par mer jusqu'à la *Spezzia*, et de là gagnent Turin par des chemins détournés. Le noble vénitien, de son côté, reçoit le rapport de ses *buli*, n'en devient que plus furieux, prend la résolution de se charger lui-même du soin de sa vengeance, et commence par se rendre à Rome auprès du père d'Hortensia. Il fait entendre à ce vieillard qu'il ne peut laver sa honte que dans le sang de sa fille et de son ravisseur. Les républiques du moyen âge avaient laissé dans les cœurs italiens cet esprit de vengeance si oublié aujourd'hui : c'était l'honneur de ces temps féroces, le seul supplément aux lois, la seule défense de la sûreté personnelle [1], dans un pays où le duel eût semblé ridicule. Le noble vénitien et le vieillard firent exécuter des recherches dans toutes les villes d'Italie. Quand enfin on eut appris de Turin que Stradella s'y trouvait, le vieux Romain, père d'Hortensia, prit avec lui deux assassins connus pour leur adresse, se pourvut de lettres de recommandation pour M. le marquis de Villars, qui était alors ambassadeur de France à la cour de Turin, et partit pour le Piémont.

De son côté, Stradella averti par son aventure de Rome, avait fait des démarches à Turin pour se procurer des appuis. Son talent lui avait valu la protection de la duchesse de Savoie, alors régente de l'État. Cette princesse entreprit de soustraire les deux amants à la fureur de leur ennemi ; elle fit entrer Hortensia dans un couvent, et donna à Stradella le titre de son premier chanteur ainsi qu'un logement dans son palais. Ces précautions parurent suffisantes, et les amants jouissaient depuis quelques mois d'une parfaite tranquillité ; ils commençaient à croire qu'après l'aventure de Rome, le noble vénitien s'était lassé de les poursuivre,

---

1. Voir les Mémoires de Benvenuto, et l'excellente *Histoire de Toscane* de Pignotti, 1814. C'est un livre de bonne foi, et bien supérieur à celui de M. Sismondi, qui ne sait pas peindre les mœurs et la physionomie d'un siècle.

quand un soir Stradella, qui prenait l'air sur les remparts de Turin, fut assailli par trois hommes qui le laissèrent pour mort avec un coup de poignard dans la poitrine. C'était le vieux Romain, père d'Hortensia, et ses deux assassins, qui, aussitôt le crime commis, cherchèrent un asile dans le palais de l'ambassadeur de France. M. de Villars, ne voulant ni les protéger après un assassinat qui fit la nouvelle du jour à Turin, ni les livrer à la justice après que son palais leur avait servi d'asile, prit le parti de les faire évader[1].

Cependant, contre toute apparence, Stradella guérit de sa blessure, qui le mit hors d'état de chanter, et le Vénitien vit échouer ses projets pour la seconde fois, mais sans abandonner le soin de sa vengeance. Seulement, rendu prudent par le manque de succès, il prit un nom obscur, et vint s'établir à Turin, se contentant, pour le moment, de faire épier Hortensia et son amant.

On sera peut-être étonné de cet acharnement, mais tel était l'*honneur* de ces temps ; si le noble vénitien eût abandonné sa vengeance, il eût été méprisé[2].

1. Fait absolument semblable à Chambéry, juillet 1823.
2. Anecdote de mon ami de Bergame, obligé, par la rumeur publique, d'assassiner d'un coup de fusil, dans la rue, un sbire qui l'avait regardé de travers (1782). Il en fut quitte pour un séjour de six semaines en Suisse.

Un an se passa ainsi ; la duchesse de Savoie, de plus en plus touchée du sort des deux amants, voulut rendre leur union légitime et la consacrer par le mariage. Après la cérémonie, Hortensia, ennuyée du séjour du couvent, eut envie de voir la rivière de Gênes ; Stradella l'y conduisit, et le lendemain de leur arrivée à Gênes, ils furent trouvés poignardés dans leur lit.

FIN DE LA PREMIÈRE PARTIE

TABLE
DU PREMIER VOLUME

Préface de l'éditeur	i
Préface	1
Introduction. § I. Cimarosa	5
§ II. Différence de la musique allemande et de la musique d'Italie	8
Anecdote sur Torquato Tasso, en 1816.	13
La mémoire paralyse l'imagination	15
Conditions *physiques* du plaisir musical ; grandeur des salles ; position commode du corps : air pur et souvent renouvelé.	20
Le demi-jour nécessaire à l'effet de la musique	21
§ III. Histoire de l'*interrègne* après Cimarosa et avant Rossini, de 1800 à 1812	23
Coup d'œil sur les Œuvres et le talent de Mayer	24
Duetti d'*Ariodant* et de la *Rosa Bianca*, les chefs-d'œuvre de Mayer	28
M. Paër et ses principaux ouvrages	34
§ IV. Mozart en Italie	37
Un prince fait un *pari* sur Mozart, et le fait connaître en Italie	43
Un mot sur le style de Mozart	47
Différence de styles de Mozart, Cimarosa et Rossini	54

Chap. Ier. Ses premières années 57

La civilisation prend naissance sur les rives de la Méditerranée ; encore aujourd'hui on y aime mieux aimer et jouir que combattre ; de là les malheurs de l'Italie........................... 58
La France et l'Angleterre par rapport aux Beaux-Arts. 61
Les parents de Rossini sont musiciens. 62

Chap. II. *Tancrède*, premier *opera seria* de Rossini 71

Le premier chœur de *Tancrède* plus pastoral que guerrier................. 74
La Malanote refuse un air que Rossini avait composé pour l'entrée de Tancrède ; il trouve l'air *di tanti palpiti*. 77
L'harmonie joue en musique le rôle de la *description* dans les romans de Walter Scott..................... 83
Duetto guerrier : *Ah! se de' mali miei*... 88

Chap. III. *L'Italiana in Algeri* 98

Manière de se servir du libetto d'un opéra, à la première représentation... 103
Caractères de la musique de *l'Italiana*. 110
Singulière bonté du public de Louvois.. 117

Chap. IV. *La Pietra del Paragone* 121

Air célèbre *Ecco pietosa*, supprimé à Paris par des gens qui espéraient dérober Rossini à la France....... 127
La Pietra del Paragone finit par un grand air comme *l'Italiana in Algeri* et la *Cenerentola*........................... 134

TABLE DES MATIÈRES

Chap. V. La conscription et les envieux 136
    M. Berton et *le Miroir*.............. 138
    Rossini fait des fautes de syntaxe et manque de pureté dans le style ; ce qui est inexcusable, dit M. Berton.. 139

Chap. VI L'impresario et son théâtre 148
    Réponse de Rossini au *Monsignore* pédant. 153
    Comédie de *Sografi* sur les prétentions des chanteurs....................... 157
    La *prima sera* (première représentation). 158

Chap. VII. Guerre de l'harmonie contre la mélodie............................ 162
    Les aliments d'un goût piquant font oublier le parfum de la pêche........ 164
    Epoques où ont brillé les principaux maîtres de l'école italienne.......... 168

Chap. VIII. Irruption des cœurs secs. — Idéologie de la musique 174
    Négligences de Rossini marquées d'une +. 176
    En compliquant les accompagnements, on diminue la liberté du chant...... 182
    Les accompagnements de Rossini pèchent plutôt par la *quantité* que par la *qualité*. 183
    L'orchestre de Louvois................ 184
    Le piano est regardé comme un signe de faiblesse 185

Chap. IX. *L'Aureliano in Palmira* 186
    Duetto superbe, *Se tu m'ami, o mia regina* 187
    Demetrio e Polibio, premier opéra composé par Rossini, au printemps de 1809. 188
    Ouverture du théâtre de Como........ 190

Chap. X. *Il Turco in Italia* 198
Chap. XI. Rossini va à Naples 209
   Scrittura contracté par Rossini avec M. Barbaja...................... 210
   Influence de la voix de la *prima donna* de Naples sur le talent de Rossini.... 213

Chap. XII. L'*Elisabetta*................. 216

Chap. XIII, Suite de l'*Elisabetta* 224
   Ode italienne sur la mort de Napoléon, à comparer à l'ode anglaise de lord Byron, et à la méditation de M. de Lamartine sur le même sujet...... 226
   Critique du style de Rossini par les vieux amateurs de Naples, contemporains de Cimarosa et de Paisiello........... 232

Chap. XIV. Rossini compose dix opéras à Naples 235

Chap. XV. *Torvaldo e Dorliska* 241

Chap. XVI. Analyse musicale du *Barbier de Séville*............................ 244
   Cimarosa n'a pas fait usage de *dissonances* dans le *Matrimonio segreto;* il venait cependant de voir applaudir tous les chefs-d'œuvre de Mozart........ 251
   Aventures de Rossini à Rome. 262

Chap. XVII. Du public relativement aux beaux-arts, solitude et chant à l'église, sources du goût pour l'opéra............ 279
   De la province relativement aux Beaux-Arts............................. 287

Chap. XVIII. Analyse musicale d'*Otello* 292
Quelle est la jalousie qui peut être touchante au théâtre.................. 293
Singulière observation de M. l'abbé Girard sur l'usage qui, en 1746, permet la galanterie aux femmes mariées et leur défend l'amour-passion.............. 298
L'auteur du libretto d'*Otello* n'a pas donné les situations qui appartiennent à ce beau sujet........................ 299
M. *Kean*, le premier acteur tragique de l'époque, n'a jamais été vanté à l'Europe par un écrivain à la mode comme madame de Staël.;................ 304

Chap. XIX. Suite d'*Otello* 305
Quel est le plus beau morceau de cet opéra............................. 310
La musique du vers *Impia, ti maledico* devait être sur ces paroles d'Otello : *Va, je ne t'aime plus*.............. 314
Romance du saule.................... 321
Pantomime de la mort de Desdemona dans les théâtres d'Italie................ 323
Histoire de la mort de Stradella...... 324

FIN DE LA TABLE DU PREMIER VOLUME

ACHEVÉ D'IMPRIMER LE 28 DÉCEMBRE 1928
SUR LES PRESSES
DE L'IMPRIMERIE ALENÇONNAISE
F. GRISARD, Administrateur
11, RUE DES MARCHERIES, 11
ALENÇON (ORNE)

www.ingramcontent.com/pod-product-compliance
Lightning Source LLC
Chambersburg PA
CBHW070442170426
43201CB00010B/1183